幼兒園、家庭與社區：親職教育的規劃與實施

洪福財　審閱

洪福財、涂妙如、翁麗芳、陳麗真、蔡春美　著

目錄

審閱者簡介

洪福財

學歷
- 國立臺灣師範大學教育學博士
- 國立臺北師範學院初等教育學士

經歷
- 國立臺北教育大學教務處出版組、註冊組、課務組組長
- 國立臺北教育大學教育發展中心主任
- 國立臺北教育大學主任秘書
- 中國幼稚教育學會理事長
- 臺北市教育審議委員會委員
- 新北市幼教諮詢委員會委員
- 臺北市幼兒園評鑑委員

現任
- 國立臺北教育大學教育經營與管理學系教授
- 中國幼稚教育學會常務理事
- 中華民國師範教育學會理事

作者簡介 (按筆畫順序排列)

洪福財 (第四、五、六、七章)

請見審閱者簡介

涂妙如 (第二、九、十章)

學歷

- 國立臺灣師範大學人類發展與家庭學系幼兒教育組博士
- 國立臺灣師範大學家政教育研究所幼兒教育組碩士
- 輔仁大學家政系幼兒教育組學士

經歷

- 輔仁大學學校財團法人輔仁大學附設新北市私立幼兒園執行長
- 輔仁大學學校財團法人輔仁大學附設新北市私立幼兒園園長
- 弘光科技大學幼兒保育系副教授
- 弘光科技大學臺中縣海線社區保母系統主任
- 弘光科技大學師資培育中心主任
- 弘光科技大學幼兒保育系系主任
- 弘光科技大學幼兒保育系講師
- 輔仁大學生活應用科學系附設托兒所教師

現任

- 輔仁大學學校財團法人輔仁大學兒童與家庭學系副教授
- 輔仁大學學校財團法人輔仁大學兒童與家庭學系系主任
- 教育部核定幼兒園教保活動課程大綱宣講人員暨輔導人員
- 幼兒園基礎評鑑委員

翁麗芳（第三章）

學歷

- 日本東京大學教育學博士
- 日本東京大學學校教育學碩士
- 國立中興大學公共行政學士

經歷

- 臺灣省國民學校教師研習會助理研究員
- 國立臺北師範學院幼兒教育學系副教授
- 國立臺北師範學院幼兒教育中心主任
- 國立臺北師範學院幼兒教育學系主任
- 臺北市、臺北縣、基隆市、宜蘭縣、桃園縣幼稚園評鑑委員
- 國立臺北教育大學幼兒與家庭教育學系教授

現任

- 幼兒園評鑑委員

陳麗真（第八、十章）

學歷
- 英國雪非爾大學 University of Sheffield 教育博士
- 國立臺灣大學農業推廣研究所碩士

經歷
- 南亞技術學院幼兒保育系主任
- 新北市幼兒園基礎評鑑委員
- 國立臺灣師範大學教育研究中心助理研究員
- 士林高商輔導教師

現任
- 南亞技術學院幼兒保育系助理教授
- 教育部核定之幼兒園輔導人員

蔡春美（第一、二、六、七章）

學歷
- 國立臺灣師範大學教育研究所碩士
- 國立臺灣師範大學教育學系學士
- 臺北女師普師科畢業

經歷
- 國民小學教師三年
- 師專助教、講師、副教授、教授
- 省立新竹師專特殊教育中心主任
- 省立臺北師專幼兒教育師資科主任

- ．國立臺北師範學院幼兒教育學系教授兼系主任
- ．國立臺北教育大學幼兒與家庭教育學系兼任教授
- ．臺北市、臺北縣、基隆市、宜蘭縣幼稚園評鑑委員
- ．教育部發展與改進幼兒教育計畫研究委員
- ．財團法人中華幼兒教育發展基金會董事
- ．國際兒童教育學會（ACEI）常務理事
- ．教育廣播電臺「親子樂園」協同主持人
- ．新北市幼兒教育學會理事長

現任
- ．財團法人成長文教基金會董事
- ．幼兒園評鑑委員
- ．教育部核定之幼兒園輔導人員
- ．《巧連智》兒童雜誌監修

審閱者序

　　人的一生不斷地學習如何扮演各種角色，無論在家庭、社區或是專業職場裡，各種角色的獲得與改變，都是個體發展必須面對的重要挑戰。在家庭中，親子關係是重要的一環，為提供孩子良好的成長環境與適宜的學習機會，家長除了盡力提供資源與協助外，同時藉由學習與省思來檢視親職角色的適切性。有鑑於良好親子關係對孩子成長的助益，相關法令陸續將親職教育列入推動項目，教育機構也將親職教育列入辦學的推動要項，以期家長能在子女學習與成長過程中扮演積極的協助角色。

　　對家長而言，縱使擁有愛護子女的天性，營造良好的親子關係仍必須仰賴不斷地學習。除了家庭成員齊心協力經營良好親子互動環境外，教育機構是可以尋求協助提供親職教育知能的便捷且專業管道。隨著幼兒入園率的逐年提升，可以看到家長對幼兒園提供教保服務的殷切需求；另一方面政府為提供家庭良好的育兒支援，近年來陸續推動鼓勵幼兒入園政策外，同時透過專業輔導、課程精進、園務評鑑等管道督促幼兒園積極發展親職教育相關課程或活動，期許幼兒園能扮演好社區教保資源中心與家長諮詢的專業角色，將親職教育列為各園提供的專業服務要項。

　　教育部發布《國內專科以上學校教保相關系科認可辦法》規定，教保相關系科學生應依規定修畢教保專業課程至少32學分且成績及格，獲得學分證明並取得專科以上學校畢業證書者，始得認定具教保員資格。前述教保專業課程包含教育基礎課程、教育方法課程，以及教育實踐課程等三類，不僅提列教保相關系科開設的參考科目，更進一步提列五大專業素養及其對應指標與課程核心內容。在前述提列的參考科目中，列有「幼兒園、家庭與社區」一科，並指出該科目旨在涵養學生「了解教育發展之理

念與實務」、「規劃適切之課程、教學及多元評量」，以及「建立正向學習環境並適性輔導」等層面的專業素養，該辦法並列出相對應的專業素養指標與課程核心內容，便成為此科目規劃的主要依據。

　　本書以教保服務人員為主要撰寫對象，以「幼兒園、家庭與社區」科目所提列的專業素養指標與課程核心內容為基礎，從親子關係的本質開始，進一步開展出親子互動、家長參與、社區關係、親職教育、親師溝通、社區資源應用等議題。其次，為使讀者了解親職教育的多元樣貌，闢有兩專章探討社會變遷與不同家庭型態的親職教育內涵。再次，為利於教學現場的應用，另闢四專章介紹幼兒園親職教育方案與社區資源應用的內容、規劃、實例等，除了有豐富的學理論述外，進一步就幼兒園教學現場實例加以分析討論，期能有利於讀者在教學現場轉化應用。

　　本書得以順利完成，首要感謝所有作者在繁忙的教學、研究與推廣工作之餘，歷經多次聚會討論底定章節並協調撰文內容，讓全文能在最短時間內完稿。感謝心理出版社林總編輯敬堯協助出版事宜，高編輯碧嶸細心齊一作者的撰寫風格與用字、增益全書的易讀性，特致謝忱。少子女化社會的來臨，讓幼教的發展較以往更受到各界的關注，同時意味著教保服務人員將承擔更多元的專業責任。幼兒園是多數幼兒與家庭接觸的第一所教育機構，如何藉由幼兒入園的機會，結合幼兒園、家庭及社區的力量共同打造良好的成長環境，並為親職教育立下良好的起點基礎，有賴所有關心幼兒教保服務工作者多加支持與承擔，共勉之！

洪福財
於國立臺北教育大學
2021.02

CHAPTER

1

親子關係的本質

蔡春美

■ 第一節　親子關係的定義與重要性

■ 第二節　親子關係的形成與法律規範

■ 第三節　親子關係的類型、特性與發展

幼兒教育的對象是幼兒，有幼兒才有幼兒園，而每位幼兒生活在其所屬的家庭。因此，我們必須先了解家庭中的親子關係，才能進一步探討「幼兒園、家庭與社區」。

「親子關係」是許多人常掛在嘴上的用語，但親子關係的本質到底如何，則很少有人用心去思考。每一個人在世上無可避免的角色是為人子女，長大成人之後，也有可能為人父母或為人之師，而在父母與教師所面對的複雜人際關係裡，「親子關係」無疑是相當重要的一環。因為父母要面對自己的子女，而教師則須了解教育的對象——學生，每位學生與其父母之間的親子關係是提供教師了解學生的重要線索。本章擬分三節，說明親子關係的定義與重要性、形成與法律規範，以及其類型、特性與發展。

第一節　親子關係的定義與重要性

一、親子關係的定義

子女與父母親的關係是狹義的親子關係，如果做更廣義的解釋，則親子關係可包括孩子與祖父母、外公、外婆，甚至叔伯姑姨、保姆等長輩照顧者間的關係。親子關係乃一個人一生中最早經驗到的關係，也是人際關係中最重要的一環，假如這層關係發展良好，它將成為孩子一生中一連串和他人良好關係的基礎；反之，則對以後人際關係的發展，可能會有不良的影響。

二、親子關係的重要性

許多年來，心理學家一直強調，早期親子關係對嬰兒之態度及其行為發展有極大的重要性。例如：有人從嬰兒期母愛被剝奪的經歷去研究親子關係的重要性（黃慧真譯，1989：213-214），發現生活於收容機構中，因

雙親雙亡或無力撫養的孩子，常顯現出智力功能低落，且有時會有嚴重的精神困擾。心理學家們更指出，如果幼兒與母親分離的時間不超過三個月，則親子關係容易再建立，嬰兒的發展也很快可以恢復；若在五個月以上，則親子間的關係受到很大的阻滯，孩子的發展與同年齡幼兒比較，會有繼續衰退的傾向（胡海國編譯，1976：164）。

　　總之，我們確信，一個人的基本態度、行為模式與人格結構，在嬰兒期的親子互動過程中已奠定基礎，再經其後的兒童期、青年期等身心發展的重要階段，逐漸形成個人的獨特人格。親子關係直接影響子女之生理健康、態度行為、價值觀念及未來成就，茲舉其對孩子之語言發展、人格形成與社會人際關係等三方面之影響，說明其重要性。

（一）對語言發展之影響

　　語言的學習是親子關係所產生之重要教育功能。語言是連接自然與文化的重要工具，也是聯絡人與人之間感情與思想的工具。在代代相傳之接替間，也要語言來說明，因為傳統的文化內容是以語言作為媒介的。語言本身是客觀的，沒有主觀的成分存在，它可以用一種社會的溝通工具來比擬；同時語言也是教育的媒介，父母與子女之間是用語言來對話，語言包括肢體語言在內，對聽覺障礙或語言發音困難的孩子，則常運用肢體語言來表達意思。在一個需要一種共通性的生活裡，語言促進了社會的關聯與共同生活，所以語言成了思想的表達、意見的溝通、輿論的形成及陶冶協同體中最重要的工具（詹棟樑，1983b）。

　　兒童的語言學習，首先接觸到的通常是母親，然後是家人，再其次才是玩伴。兒童語言學習最初要靠母親的教導，採用重複、簡單到複雜、單字到成句，及耐心地矯正錯誤（包括發音、意義、字的順序等錯誤）。兒童把語言的正確使用方法學好，就是奠定以後接受教育的有利基礎，在學習方面可以達到事半功倍的效果。根據 Hurlock 研究：幼兒的語言能力發展有很大的差異，主要是由於學習機會多寡的不同，很少是由於智力的差

別。例如：很多家庭中的老大，因為有較多與父母互動學習語言的機會，所以比弟妹們會說話。生長在救濟院、慈善機構或生病住院太久的兒童，語言方面的發展會較為遲滯，因為那些環境無法給孩子較多練習說話的機會，也較無親子互動溝通的可能。社會經濟階層較高家庭中的兒童，由於有良好的語言模範可仿效，又受到較多長輩鼓勵，所以語言發展較好，句子的使用也較正確（胡海國編譯，1976：204-205）。可見父母與子女間的親子關係如果互動良好，常可教給子女較正確優美的語言，促進孩子的語言發展。

（二）對人格形成之影響

　　根據近代心理學家〔如佛洛伊德（Freud）、艾瑞克森（Erikson）等〕的研究結果，認為人類在四歲之前，尤其自出生到週歲這一段時期，是一個人一生人格基礎的建立時期，這一時期中嬰兒的境遇，將決定其未來人格的趨向。兒童出生的最初教育場所是家庭，而家庭中以母親為中心的各種活動對孩子的人格發展影響最大；沒有獲得母愛教育的兒童，其心理的正常發展將受到很大的影響（陳幗眉、洪福財，2001：201）。例如：在育幼院裡的兒童，由於沒有父母的照顧，缺乏感覺刺激，情緒反應較不豐富，不僅表情呆板，也顯示出一些特殊的癖性。又如一般家庭中的兒童，常會因父母喜好無常、多愁善感，或家中缺乏溫暖喜悅的氣氛，而有情緒困擾、緊張易怒，甚至口吃現象；再如父母失和、家庭破碎，往往也會造成孩子長大後容易產生精神官能症和少年犯罪傾向。可見在兒童人格的形成與發展過程中，親子關係是多麼重要。

（三）對社會人際關係之影響

　　孩子在良好的親子關係中感受到被愛、被需要、被欣賞、被接受，就奠定了孩子與他人間良好適應的基礎。親子關係不和諧，或常被家長[1]冷淡對待的孩子，長大後不易信任別人，常產生和別人相處困難的情形，當

然也就不易和他人建立和諧的友誼。親子互動，不僅提供家長教育子女的機會，也為孩子提供行動的榜樣，讓孩子藉由親子互動與父母同化，逐步發展合宜的社會行為模式與觀念，以及如何與他人合作的態度，這對孩子社會人際關係有莫大的助益。而一個有人緣、能和別人和睦相處的孩子，其學業及其他方面的表現皆能維持一定的水準。

可見良好親子關係的維持，不但可增進父母與孩子之間的感情，幫助孩子語言正常發展，有效教養孩子人格的健全發展，對其社會人際互動能力的提升亦頗有助益，親子關係的重要性由此可見一斑。

第二節　親子關係的形成與法律規範

親子關係的形成，最主要的是靠血緣關係與法律關係兩種，而在法律上有其基本的規範，茲分別說明如下。

一、親子關係的形成

（一）血緣的親子關係

所謂血緣的親子關係，是指子女一誕生，親子關係便成立，這是自然的關係或天生的關係。有些父母對於子女的行為無法加以約束，或其他某些原因，乃登報聲明於某年某月的某一天起脫離父子（母子）關係，其子女所作所為概與其無涉。這是一個值得深究的問題，也就是父（母）子關係可以脫離嗎？其答案是不能脫離的。因為父（母）子關係由血緣所造成，是自然的形成，無論怎麼聲明，永遠是父（母）子關係，不管一個無奈的父（母）親認不認其子女，他們的親子關係都是永遠存在，充其量只能做到互相不往來而已！

所以，登報聲明，只能是當事人告訴親朋好友，其與子女之間的情分（親情）已盡。至於子女之所作所為概與其無涉，這也並不完全如此，如

果其子女成年，有行為能力，其所作所為應由孩子自己負責，但如果牽涉到父（母）子二人共同的事情，父（母）親就不能說是無涉。

　　血緣關係可用科學鑑定來證明，近年來報章雜誌常報導以 DNA 檢驗來判定非婚生子女的關係，就是一種科學鑑定的方法，常用以判定證明親子關係，可見血緣的親子關係是有依據且無法否定的。

（二）法律的親子關係

　　法律的親子關係，一般是指缺少血緣關係所形成之親子關係。一些家庭由於無兒無女，想找孩子來做伴，或出於愛心而領養子女，這種親子關係是後天的關係。不過仍有少數的例外，那就是前述非婚生子女的領養，是屬於有血緣的關係再透過法律認定的親子關係。

　　領養必須經過法定程序，那就是要辦理領養手續，手續合乎規定後，親子關係就成立，被領養者成為家庭中的一分子。不過法律的親子關係與血緣的親子關係不同的是：法律的親子關係可以脫離，只要辦理終止領養手續，其親子關係便消失。這種關係似乎含有「合得來則合，合不來則退」的意味，但是人是感情的動物，不至於隨隨便便就終止領養關係。

　　親子關係的形成，對人類的生活具有非常重要的意義。在子女小的時候，因為有親子關係，所以為家庭帶來忙碌與快樂，使一個家庭較為健全。此外還有一個重要的意義，那就是延續下一代。人必須繁衍下一代，才能生生不息、子孫綿延不斷，如果人不繁衍下一代，那麼人類只有在地球上消失或滅種！

　　在子女長大成人的時候會形成家族，家族是關係許多家庭的結合，這種結合會產生力量，因為他們是同宗、同一支，也就是本省所稱的「派下」。這些人通常較有組織，有組織就有力量。因此人們會有「家族企業」這個名詞，所謂的「家族企業」就是集合了那些家族的財力所創辦的事業（詹棟樑，1983b）。

二、親子關係的法律規範

　　家庭是親子關係最基本的溫床，也是子女健全成長的安樂窩。父母是孩子的第一位老師，也是最佳代言人與教育團隊伙伴，好的家庭有親密的親子關係，讓子女認同家庭，對家庭有向心力，而家庭也負起教養子女茁壯成長、知書達禮之責任。在各國法律上都保障孩子的生存權，例如我國憲法第 15 條規定：「人民之生存權應予保障。」可見每一個人都沒有殺害另一個人之權利，這是犯法的，親子之間亦然。

　　在西德有關親子關係的著作中，都會談到有關「父母的權利」（Elternrecht）的問題。父母的權利問題，就一般的意義而言，父母對待子女的規則要依據情況、需要、法令和義務，尤其是父母對子女有照顧的權利與義務。西德的《國家基本法》（*Grundgesetz*）（等同於憲法）第 6 條第二款規定：父母有要求子女受教育之權，並保護子女，這是父母的基本權利，也就是說：國家賦予父母的權限，使父母的權利具有法律的基礎（詹棟樑，1983b）。

　　以上的情形，另有重要的意義，那就是父母如沒有其他原因，不得隨便迫使子女離開家庭，而不予照顧。下列是我國有關親子關係與親職教育的重要法規。

（一）憲法的規定

　　在保護婦孺方面，《中華民國憲法》第 153 條第二項規定：「婦女兒童從事勞動者，應按其年齡及身體狀態，予以特別之保護。」及第 156 條：「國家為奠定民族生存發展之基礎，應保護母性，並實施婦女兒童福利政策。」我國憲法是以保護婦女及兒童入手，使他們負起奠定民族生存發展之基礎。

　　在教育方面，《中華民國憲法》第 159 條規定：「國民受教育之機

會，一律平等。」及第 160 條：「六歲至十二歲之學齡兒童，一律受基本教育……已逾學齡未受基本教育之國民，一律受補習教育……」

（二）《兒童及少年福利與權益保障法》（2020 年修正）的規定

《兒童及少年福利與權益保障法》乃專為保障未滿 18 歲之兒童及少年的福利所訂定之法律，共 118 條，包括總則、身分權益、福利措施、保護措施、福利機構、罰則，以及附則等七章，茲舉與本節最有關聯之法條如下：

第 3 條

父母或監護人對兒童及少年應負保護、教養之責任。對於主管機關、目的事業主管機關或兒童及少年福利機構、團體依本法所為之各項措施，應配合及協助之。

第 4 條

政府及公私立機構、團體應協助兒童及少年之父母、監護人或其他實際照顧兒童及少年之人，維護兒童及少年健康，促進其身心健全發展，對於需要保護、救助、輔導、治療、早期療育、身心障礙重建及其他特殊協助之兒童及少年，應提供所需服務及措施。

第 5 條

政府及公私立機構、團體處理兒童及少年相關事務時，應以兒童及少年之最佳利益為優先考量，並依其心智成熟程度權衡其意見；有關其保護及救助，並應優先處理。

兒童及少年之權益受到不法侵害時，政府應予適當之協助及保護。

（三）《特殊教育法》（2019 年修正）及《特殊教育法施行細則》（2020 年修正）中有關家長參與的相關規定

1. 參與鑑定安置組織。
2. 參與教育安置過程。
3. 參與個別化教育計畫（IEP）的擬定與修正。
4. 接受各級學校提供之相關支持服務。
5. 使用申訴服務。

（四）《幼兒教育及照顧法》（2018 年修正）第五章家長之權利及義務的規定

第 30 條

幼兒園得成立家長會；其屬國民中、小學附設者，併入該校家長會辦理。前項家長會得加入地區性學生家長團體。

幼兒園家長會之任務、組織、運作及其他相關事項之自治法規，由直轄市、縣（市）主管機關定之。

第 31 條

父母或監護人及家長團體得請求直轄市、縣（市）主管機關提供下列資訊，該主管機關不得拒絕：

一、教保服務政策。

二、教保服務品質監督之機制及作法。

三、許可設立之教保服務機構名冊。

四、教保服務機構收退費之相關規定及收費數額。

五、幼兒園評鑑報告及結果。

第 32 條

教保服務機構應公開下列資訊：

一、教保目標及內容。

二、教保服務人員及其他人員之學（經）歷、證照。

三、衛生、安全及緊急事件處理措施。

四、依第十六條及第十七條規定設置行政組織及員額編制情形。

五、依第二十九條第一項規定辦理幼兒團體保險之情形。

六、第三十八條第三項所定收退費基準、收費項目及數額、減免收費
　　之規定。

七、核定之招收人數及實際招收人數。

第 33 條

父母或監護人對教保服務機構提供之教保服務方式及內容有異議時，
得請求教保服務機構提出說明，教保服務機構無正當理由不得拒絕，
並視需要修正或調整之。

第 34 條

直轄市、縣（市）層級家長團體及教保服務人員組織，得參與直轄
市、縣（市）主管機關對幼兒園評鑑之規劃。

第 35 條

教保服務機構之教保服務有損及幼兒權益者，其父母或監護人，得向
教保服務機構提出異議，不服教保服務機構之處理時，得於知悉處理
結果之日起三十日內，向教保服務機構所在地之直轄市、縣（市）主

管機關提出申訴，不服主管機關之評議決定者，得依法提起訴願或訴訟。

直轄市或縣（市）主管機關為評議前項申訴事件，應召開申訴評議會；其成員應包括主管機關代表、教保與兒童福利團體代表、教保服務人員團體代表、家長團體代表、教保服務機構行政人員代表及法律、教育、兒童福利、心理或輔導學者專家，其中非機關代表人員不得少於成員總數二分之一，任一性別成員應占成員總數三分之一以上；其組織及評議等相關事項之自治法規，由直轄市、縣（市）主管機關定之。」

第 36 條第一項

父母或監護人應履行下列義務：

一、依教保服務契約規定繳費。

二、參加教保服務機構因其幼兒特殊需要所舉辦之個案研討會或相關活動。

三、參加教保服務機構所舉辦之親職活動。

四、告知幼兒特殊身心健康狀況，必要時並提供相關健康狀況資料，並與教保服務機構協力改善幼兒之身心健康。

第三節　親子關係的類型、特性與發展

「親子關係」之定義雖說明如第一節，但其本質仍有待深入探究。因為親子關係可以從心理學、精神醫學、社會學、文化人類學、比較動物學、法學、文學等各種不同角度來解析，本節擬從親子關係的類型，分析親子關係的特性，再從親子關係的發展過程，詮釋親子關係所隱含的複雜內涵。

一、親子關係的類型

日本學者岡堂哲雄於 1978 年發表〈家族心理學〉（引自劉焜輝，1983a），其中探討親子關係類型之專節，將一般親子關係分為下列七類，茲加以整理如表 1-3-1。

表 1-3-1 岡堂哲雄之親子關係類型表

類型	血緣的	社會的	心理的	說明
甲	○	○	○	通常的血緣之親子關係。
乙	○	○		有血緣關係的真實親子，卻無心理溝通。
丙	○		○	有血緣關係，也有心理溝通，因某種理由未入籍者。如非婚姻的父子關係、離婚後的親子等。
丁		○	○	收養的親子關係。如養父母與養子（女）關係。
戊	○			只有血緣關係，無社會、心理的關聯，亦即其親子關係有血緣而未實質建立。
己		○		名義上的親子關係。
庚			○	當事人間的約諾而表明親子關係者，如乾爹（媽）與乾女兒（兒子），或未約諾也未表明，但建立親子情誼者。

表 1-3-1 中的血緣關係亦即生物條件的天生自然親子，換言之，有血緣的兩代稱為親子；社會條件係指在法律上或制度上被視為親子者，雖然無血緣關係──如入贅或婚姻，卻形成親子關係；心理條件是指當事人雙方以親子互許，也有親子的感情交流。通常所謂親子大都是指甲型或乙型；丙型係屬於「父母離婚與子女的問題行為」之類的研究對象；丁型則有繼父母與子女、媳婦與公婆間的關係、女婿與岳父母的關係、養父母和子女之間的關係等問題；戊型乃指有血緣關係的親子，未辦法律認定手續，也沒有實質建立心理上的親子關係，形同陌生人的狀態；而己型則指無血緣

關係但經法律認可，卻未建立親子情誼的親子；庚型則指前節所提之在自然人際互動情境下培養出情同父子（女）或母女（子）的親子關係。從此表所列之七種型態的親子關係，就可體會影響親子關係構成之複雜因素。

二、親子關係的特性

雖然親子關係的類型可細分為七類，但是在我們實際社會生活中最常見的仍是血緣的親子關係，這種血緣的、天生的親子關係具有下列四種特性。

（一）親子關係無選擇的餘地

子女無選擇父母的機會，父母也不可能選擇自己的子女，親子關係是無法選擇，也無法替換的，你可以換配偶，也可以疏遠兄弟姊妹，但親子關係是無法改變的。也許與生活壓力有關，無法生育的夫婦比例愈來愈高，現代父母好不容易才能生下子女，但一旦生下孩子，彼此的關係就此決定，在撫養孩子成長的過程中相當辛苦，也要付出財力與人力，因此有人稱孩子是甜蜜的包袱，而親子關係就是無從選擇的負擔。

（二）親子關係是靠親情來維繫的

一般而言，父母是愛子女的，不管是血緣或法律所產生的親子關係，做父母的對子女都具有深厚的愛情，視如自己的一部分，子女則依賴父母而生存，企求獲得父母的關心。由於人類的幼稚期可長達 20 年（王文科等人，1995：42），父母得以教養孩子遵從社會群體的要求，協助子女發展適當的自我概念及促進社會化。父母的教導與指引，滿足子女自我控制、智力發展及道德發展的需要。相對地，養育子女的過程中，父母可再體驗童年時期的經驗，看著子女的成長，滿足了父母的被需要感、生產創造感及自我實現感（施欣欣等人，1995：180）。在這親子互動過程中，親子雙

方孕育了濃厚的親情，彼此促進對方成長，良好親子關係乃得以維持，這是親子關係很重要的特性。

（三）親子關係是永久的

血緣的親子關係無法像法律的親子關係那樣可以脫離，血緣的親子關係是永久的、無法否認的。日本學者山根常男於 1954 年發表〈集體農場中的親子關係〉（引自劉焜輝，1983a：71），他發現以色列的集體農場（Kibbutz）創辦者原認為兒童的教育是國家的責任，故以色列設立嬰兒之家、幼兒之家、兒童之家、青年之家，由受過專業訓練者擔任養育工作，但在長達 60 年的經驗之後，他們對親子關係提出下列兩項重要的觀念：

1. 親子關係是永久的，不會因孩子在國家設立的專門機構裡，由專業人員養育就消失。
2. 親子間的情感關係是子女養育上不可缺少的。這也是親職教育所以受重視的原因之一。

（四）親子關係與友伴關係迥然不同

父母對子女採取保護、指導的態度，子女對父母則表現順從或反抗的態度，親子之間有成熟者對未成熟者的關係，有些雙親對待子女有上對下之權威感；子女在漫長的成長期接受父母的管教，學習人際關係的技巧與生活基本知能，並且向父母尋求認同。這與朋友間平等對待，合則來不合則去的交往模式並不相同。雖然有些父母對待子女如朋友般，但仍有許多場合須以父母角色來指導、勸告孩子，或替子女解決問題。父母對子女通常是無怨無悔、完全付出，甚至犧牲自己成全子女，這不是一般朋友情誼所能做到的。

從上述四項親子關係的特性，可以協助我們澄清若干對親子關係認識不清之盲點，以下將從兒童成長的過程來說明親子關係是如何發展的。

三、親子關係的發展

（一）親子關係的起始

　　從生理上分析，母親受孕之時就是為人之母的開始，然而為什麼相同生理條件開始的母和子的情況，卻會演變出各式各樣的母子關係？這與母子關係成立時不同的心理條件，以及母親的養育行為有密切關係（周念麗、張春霞，1999：223）。黃正鵠（1973）則認為嬰兒離開母體出生之後，有許多基本的生理需求，如呼吸、睡眠、飲食、排泄等，其中飢與渴的需求，對親子關係的影響最大。因為嬰兒不能自己解除飢渴的需求，必須依賴外界（父母）的供給，於是嬰兒與父母產生交互作用，生理的需求就成為心理上親子關係發展之根源。

　　茲將有關嬰兒的生理與心理需求及其對親子關係建立之影響說明如下。

1. 生理的需求──以餵奶為例

(1) 餵奶的情境對親子關係的影響

　　對嬰兒來說，飢與渴兩種生理的需要是無法區分的，因為嬰兒在餵奶之後，兩者均得到滿足。餵奶的情境是嬰兒最早經驗到的親子關係，和母親的接觸乃是最早、最重要的人際關係的發軔。若母親在輕鬆愉快的情境中餵奶，嬰兒會將得到滿足、快慰及鬆弛的經驗和母親連結在一起，於是母親為嬰兒追求的正價目標，母親的出現（嬰兒的視覺、聽覺感受到母親的走近出現）即意味著能消除緊張，得到快慰與滿足。

　　反之，假如餵奶的情境不能給嬰兒帶來滿足與快感，則嬰兒對母親發展出一種消極的態度。譬如母親將給嬰兒餵奶視為例行公事，刻板、缺乏柔情，或是緊張、憤怒，使嬰兒感到痛苦、不舒服，於是這份經驗便與母親的出現相連結，自此之後，嬰兒每感飢餓，心理的衝突便發生──他需要食物來解除飢渴帶來的痛苦，但是經驗告訴他，痛苦的解除

過程會伴隨著不快，這是衝突的一面；在另一方面，他對母親的態度亦是一種衝突的狀態：母親的出現一方面與飢渴解除所得到的快感與滿足相連結，另一方面，母親又與餵奶時帶來的痛苦與不適相結合。假如母親餵奶時常使嬰兒感到痛苦，則嬰兒會認為母親本身即是一種痛苦的刺激，使嬰兒用應付痛苦刺激的方式來應付母親，如退縮或轉過頭去（黃正鵠，1973）。

Papousek 夫婦（1983）曾以錄影方式研究親子間的互動，他們觀察母親餵奶時的母子間互動，是以突發活動伴隨著靜止交替出現的（Alberts, Kalverboer, & Hopkins, 1983）：當嬰兒吸吮時，母親安靜；當嬰兒暫停時，母親變得活躍——撫摸孩子且對他（她）說話。餵奶成為建立社會—情緒關係的機會，透過此種連續、雙邊的刺激和反應，嬰兒和照顧者變成彼此的重心（游恆山等人編譯，1991：152）。

(2) 餵奶的方式與親子關係

從精神分析學派大師佛洛伊德的觀點而言，初生至週歲左右的嬰兒最大的快樂是來自吮吸動作，故餵奶除可消除飢渴緊張外，還可滿足口腔與嘴唇的活動。有關餵奶方式有主張定時餵奶，建立行為準則，乃受行為學派理論影響；另有主張依嬰兒需求餵奶，如 Alarich、Ribble 等人均主張不按一定的時間餵奶，只要嬰兒啼哭叫喊，表示出飢餓的狀態就餵奶，同時餵奶時要愛撫、擁抱、相互嬉戲來表露愛心，培養充滿母愛的親子關係。

Brody 曾對 32 位餵奶時的母親做重複的觀察，觀察的資料內容分為身體接觸、母子交流、親情態度等三項，以說明「成功的母親」與「失敗的母親」（good-mothers and poor-mothers）的特徵，如表 1-3-2（Brody, 1956）。

表 1-3-2　Brody 成功與失敗母親之餵奶方式

成功的母親	失敗的母親
餵奶時的身體接觸：	
a 母親抱緊嬰兒 b 母親與嬰兒之情緒均放鬆 c 餵奶之情緒一致並適中 d 母親等待嬰兒吃飽、推開奶頭為止	a 餵奶的姿態使嬰兒感到不舒適 b 母親的情緒緊張，打擾了嬰兒喝奶 c 餵奶過程時而中斷，增加情緒之緊張
親子間的互動：	
a 母親對嬰兒有反應 b 母親溫柔而親切地與嬰兒談話 c 母親與嬰兒經常相視而笑 d 母親表露出溫柔、親愛與驕傲	a 母親不斷督促嬰兒快吃 b 母親時常抽出奶頭又塞入奶頭 c 母親有時威脅嬰兒，不給奶吃
態度之表露：	
a 母親採用有彈性的餵奶方式，因為嬰兒的情緒有變化 b 斷乳期安排在一歲左右，並漸漸行之	母親知道嬰兒自求方式餵奶較佳，但不願行之

資料來源：Brody (1956).

　　表 1-3-2 說明了定時餵奶或嬰兒自求餵奶只是外表不同的方式而已，良好親子關係最重要的核心，實存於母親與嬰兒間複雜情緒的交互表露及身體的接觸中，否則機械式的接觸、冷漠的交往，雖然使嬰兒不匱衣食，但發展出的性格是焦慮、害怕和膽怯，親子間更無法存有和諧的關係。

2. 心理的需求——以愛與被愛為例

　　嬰兒是有心理需求的，愛與被愛是指「有所愛」與「被愛」，前者為主動對某人或事物表現喜愛，後者是指有被愛的感覺，雖為被動感受，但仍是發自內心的喜悅感。胎兒在母體內的安全與舒適感，隨著出生而變化，嬰兒需要母親的拍撫與偎抱，因此母親的出現能給嬰兒一種安全感與慰藉。

(1) H. F. Harlow 的代理母猴實驗

　　為了證實被愛是嬰兒心理的基本需求，許多心理學家用動物做了很多

實驗，其中最有名的是 Harlow 的幼猴實驗。Harlow 將出生後數日的一組幼猴和母猴分開，由象徵性的母親來撫養；一個象徵性的母親用金屬網製造，另一個用布料等柔軟的材料製成，並在兩個母體的適當部分，裝上可以置放乳汁的器具，幼猴飢渴時可像自母猴處一樣地吮吸，得到滿足與營養。這兩個象徵性的母親「有耐性，能日夜不遠離，且對幼猴不打不罵」，布料做的母親更具有柔軟、親切、溫順之感。在各種不同的情境下實驗的結果發現：

①幼猴與母體相聚的時間（指睡眠時貼近或攀附的時間）：幼猴出生後 5 天和布製母體相聚時間，每日平均約 8 小時，至 20 天以後增至每天 15 小時以上。和金屬母體相聚，出生後 5 天的幼猴平均為 2 小時左右，20 天之後無增減。由此觀之，雖然均可自兩種母親處吸取乳汁，但哺乳似非幼小動物最重要者，他們所需要的是偎依在溫柔的物體上，藉以獲得安全與舒適。由是證之以人類的嬰兒，母親哺乳時最重要是親情的流露，讓嬰兒得到安全與信賴，從而深植良好親子關係的基礎。

②母親消失之反應：Harlow 把幼猴置於空地上，如母體仍在附近，幼猴無明顯之特別反應；但若母體未出現或消失，則立即表現恐懼不安；等到一段時間之後，再使母體出現，幼猴立即歡欣跳躍，一再攀附，甚至咬嚙撕扯。由是說明，母親不在會使小動物失去憑依，因而產生不安全感；待母親再現後，則宛如失而復得，有極大的快樂。這種情緒的變化，在人類的嬰兒亦復如此：母親不在，則茫然若有所失，反應都變得遲鈍了；若母親再度出現，必會表露出歡欣雀躍的動作。

③兩種母體對幼猴情緒之反應：前已敘述幼猴多愛攀附布製母體，抓之揉之。若發出巨大聲響以驚嚇幼猴時，則牠們立刻奔向布製母體以求取安全。由布製母體「養育」的幼猴與金屬母體「養育」者相較，發現前者較大膽，較多探究行為，較能忍受外界刺激。

進一步由對動物的實驗，可以推論出人類的幼兒亦有強烈被愛的需求。前項所言之生理的需求，當其發生時，固然使嬰兒感到緊張和不適，但一經滿足後，緊張便完全解除，而生理需求對嬰兒來說，畢竟一天中次數並不多；反觀對母體溫柔親切的愛心的感覺，醒時存在，睡時亦復如是，如睡眠時缺乏母愛的感受，則會不能安睡、驚夢、啼哭，這就是嬰兒一直保持著需要母愛的緊張的緣故。因之對嬰兒來說，母親是愛之泉源，是安全的保證，在充滿母愛氣氛中長大的人，較易建立良好的人際關係；反之，母愛遭受剝奪或被忽略，則易養成猜忌暴戾之性格，為不良人際關係之張本。是故在心理上愛的需要，實是親子關係發展之根源。

(2) J. Bowlby（1907～1980）的依附（亦有譯為依戀）理論

依附（attachment）是由 Bowlby 最先提出的一個心理概念，乃指嬰兒與母親（或能夠代理母親的照顧者）之間所形成的持續社會及情緒關係（游恆山等人編譯，1991）。依附對嬰兒的精神發展和健康都不可或缺。哺乳是讓嬰兒得到生理的滿足，而嬰兒的依附乃為滿足情感上的滿足（周念麗、張春霞，1999）。研究親子關係必須同時考量母對子、子對母這種雙向的相互影響過程（錢杭，1994）。依附行為大約在嬰兒 6～8 個月大時明顯表現，至少從下列三種行為可以看到依附關係已經形成的證據（郭靜晃、吳幸玲合譯，1993）：

①嬰兒試圖維持與依附對象的接觸。

②當依附對象不在時，嬰兒表現出痛苦。

③嬰兒與依附對象在一起時表現出放鬆、舒適，而與其他人在一起時則焦躁不安。

嬰兒是用啼哭與微笑來和養育照顧者保持接近的關係，解決其身心的問題。Bowlby 認為：嬰兒與成人之間的這種雙向交流過程（發出啼哭或微笑信號→養育者採取措施→嬰兒做出反應→養育者進一步採取措施……），對於嬰兒的生長發展是不可缺少的歷程（錢杭，1994），也是形成親子關係的重要因素。Bowlby 認為，依附行為是一種本能，這種行為

基本上是先天的，也會以不同形式出現於人生各發展階段，其共同點就是「尋求與人親近」（蘇建文等人，1991）。如果在嬰兒期沒有形成穩定的依附關係，將來就很可能出現精神性障礙，並難以適應社會的變化。換言之，早期的依附關係對其後人格的形成，具有決定性的重要意義（錢杭，1994）。有關依附的研究文獻很多 [2]，在此我們要進一步探討親子安全依附。所謂「安全依附」，乃指母子或父子間有安定的依附關係。心理學家研究安全依附的成因，提出兩種假設：一是養育者方面的照顧行為（caregiving hypothesis），另一是嬰兒氣質（temperament hypothesis）（周念麗、張春霞，1999；蘇建文等人，1991）。提出安全依附實驗的研究者是追隨 Bowlby 的英國著名心理學者 Mary Ainsworth，她與同事共同設計一個陌生情境測驗（strange situation test），以客觀的方法來測量一歲左右嬰兒對於母親依附關係的品質，整個測驗包括八個步驟，詳細過程請參見表 1-3-3。

　　Ainsworth 等人（1978）根據嬰兒在陌生情境測驗中的行為反應，將其分為三種不同的依附類型：[3]

　　①安全依附型（secure attachment）

　　安全依附型的嬰兒在陌生情境中，只要母親在身邊，會主動地玩玩具，探索環境，看見陌生人時也會主動積極地反應。當母親離去以後，嬰兒的遊戲活動減少，顯得情緒苦惱甚至於哭泣，陌生人也安慰不了他；但是母親回來時，嬰兒的緊張情緒立即鬆弛下來，會主動地歡迎母親，尋求身體的接觸與母親的安慰，一會兒工夫，嬰兒就能夠恢復平靜，再繼續遊戲了。根據 Ainsworth 等人的研究結果顯示，美國嬰兒受試約 70%屬於此種類型。

　　②不安全依附型——焦慮與抗拒

　　　　（insecure attachment－anxious and resistant）

　　焦慮與抗拒母親的嬰兒又簡稱為抗拒型，這一類型的嬰兒，在陌生情境中顯得相當焦慮，喜歡纏住母親，不肯好好地玩耍與探索環境，隨時隨地會哭鬧發脾氣，母親離去時會顯得強烈的抗議與苦惱，與母親重逢時，

表 1-3-3　陌生情境測驗的八個步驟

步驟	參與測驗的人物	時間	測驗情境簡介
1	母親、嬰兒、觀察者	30 秒	觀察者帶領嬰兒與母親進入觀察室，室內地板上有很多玩具，觀察者指示母親將嬰兒放在地板上玩玩具，母親坐在自己的座位上，然後離去。
2	母親、嬰兒	3 分鐘	母親繼續坐在自己的位子上，無須參與嬰兒的遊戲，若是嬰兒不肯玩玩具，可於兩分鐘之後，鼓勵嬰兒玩玩具。
3	陌生人、母親、嬰兒	3 分鐘	陌生人進入室內，頭一分鐘，陌生人坐在自己的位子上保持緘默，然後陌生人與母親交談一分鐘，最後陌生人趨近嬰兒一分鐘，三分鐘後母親安靜的離去。
4	陌生人、嬰兒	3 分鐘或較短	陌生人的行為視嬰兒的反應而配合。
5	母親、嬰兒	3 分鐘或較長	母親與嬰兒第一次重逢。母親進入室內，招呼嬰兒、安慰嬰兒，讓嬰兒安靜下來，重新開始玩耍，然後母親離去，對嬰兒說再見。
6	嬰兒	3 分鐘或較短	第二次分離。
7	陌生人、嬰兒	3 分鐘或較短	陌生人進入室內，配合嬰兒的行為而反應。
8	母親、嬰兒	3 分鐘	母親與嬰兒第二次重逢。母親進入室內，招呼嬰兒，然後將之抱起，陌生人安靜地離去。

資料來源：引自蘇建文等人（1991：126）。

對母親表現出矛盾的情感：一方面尋求接近母親，另方面卻又表現出憤怒的情緒，拒絕母親的接觸，使母親很難安慰他；母親抱起他時，他會發脾氣，掙脫母親的懷抱，扔掉母親給他的玩具。大約有 10% 的 1 歲嬰兒屬於此種類型。

　　③不安全依附型——焦慮與逃避

　　（insecure attachment−anxious and avoidance）

　　焦慮與逃避母親的嬰兒又簡稱為逃避型，這一類型的嬰兒顯示出與母

親之間缺乏情感的聯繫，他們的遊戲活動完全不受母親是否在旁的影響；母親離去時，他們會無動於衷照樣玩耍，母親再回來時，通常也不會去理會她。當他們單獨留在陌生情況中，顯示不安時，只要有人出現，他們就會顯得安然無事，並不在乎是不是母親。此種類型嬰兒約占 20%。

總之，依附是一種主動、情深、雙向的關係，尤其是存在於兩人之間，而與其他所有人有所差別。雙方的互動繼續增強並強化了彼此的聯繫。或許如 Ainsworth（1979）所說的：「嬰兒依附於一個母親形象，是人類基本計畫中的一個必要成分。」——該形象不一定得是親生母親，而可能是作為嬰兒最初照顧者的任何人。研究依附現象的原因之一，來自許多人一致認為：個體日後形成親密關係的能力，可能受到嬰兒期所形成依附的本質所影響。

（二）親子關係發展的分期

有關親子關係發展分期的文獻眾說紛紜[4]，本文擬從發展心理學行為的發展分期來印證親子關係的發展，茲綜合各家所言，就胎兒期、嬰兒期、幼兒期、兒童期、青年期之親子關係發展做一簡要敘述。

1. 生理共生期（自懷胎到嬰兒出生 3 個月）

親子關係始於母親受孕之時，在胎兒時期，孩子與母親之間有相互感應之情形。當胎兒在母親體內發出一些刺激訊號時，母親就會把這當作自身的感覺，如胎兒往下墜時，母親會坐下來休息，而胎兒也有相應的反應，如不再拚命亂動。在生理共生時期，母子間的關係是渾為一體的。剛出生之嬰兒因無法區分自己與外物，因之把能供給生理上飢與渴需求滿足的母親的奶頭，視為自己的一部分，新生兒靠兩方面得到滿足，一是吮吸母親的乳汁，二是母親的撫摸。這期間的母性行為（mothering），亦即指母親抱、逗嬰兒，唱歌給嬰兒聽，跟嬰兒說話等充滿母愛的行動，對嬰兒情緒等心理發展有重要的意義（周念麗、張春霞，1999）。嬰兒在此時期

雖不會識別特定的人，但已會向人表現出哭或笑的信號行為，這種行為容易激發母親的母性行為。母親和嬰兒在一起的時間逐漸增多，使得幼兒漸漸認識母親的面孔，留存記憶的痕跡，而能開展親子關係。此時期的重要現象如下。

(1) 對人的無差別反應

　　嬰兒在此時期，只要能夠滿足其需求，對其發出之啼哭或微笑等信號做出反應的人，嬰兒都會對之發生與依附相似的關係，這是屬於對所有照顧者皆一視同仁的階段（錢杭，1994）。嬰兒以十分相同的方式對大多數人做反應，剛出生的嬰兒就喜歡聽人的聲音、注視人的臉，且能轉頭用視線追視他所注意的臉。Bowlby認為此乃嬰兒發展其社會性微笑的基礎（錢杭，1994）。

(2) 運用信號行為維持與照顧者的親近關係

　　嬰兒出生後3週左右，常有閉眼微笑現象，這不算社會性微笑；大約第五週開始，嬰兒才會表現較強烈對某人的社會性微笑。嬰兒在出生至3個月期間，會使用吸吮、拱鼻子、抓握、微笑、啼哭、注視、摟抱和視覺追蹤等行為來維持與照顧者親近或吸引照顧者，但這些行為並不是專為特定的人，只是透過這些接觸，嬰兒可以逐漸了解照顧者的特徵（郭靜晃、吳幸玲合譯，1993）。不少的父母在開始時，把嬰兒當成無法親近的物體，只顯露出對外人一般的感情（Robson & Moss, 1971）。直到嬰兒開始出現微笑、注視母親（約出生2個月時），母親才開始把嬰兒看成真實的人，具有獨特的人格。可見嬰兒的一舉一動，會加強父母對嬰兒的愛。從誕生的第一天開始，嬰兒便具有接受與反應社會訊息的能力，而且很快地便發展出與照顧者步調一致的行為，彼此的行為能夠相互配合呼應。嬰兒能發出訊號使照顧者了解其需要，而嬰兒也了解照顧者行為的意義，予以配合，則其互動行為間的默契增加，親子互動關係也就愈令人滿意（蘇建文等人，1991）。

2. 萌芽時期（約自 3 個月到 6 個月）

此時期嬰兒會對特定人物進行定位和表現信號行為，對母親或其他代理行使母親職責的人，表現出自發性的喜悅情緒反應，且明顯地表現與眾不同的依附行為，茲說明如下。

(1) 有選擇的社會反應行為

嬰兒在 3 個月左右，許多反射行為，如抓握、覓食、驚跳等逐漸消退，其社會性反應變得更有選擇。例如在 3 個月到 6 個月之間，嬰兒的微笑、咿呀學語、哭聲往往只對於熟悉的人，而當他們看到陌生人時，通常只是注視著。嬰兒的咿呀學語也同樣表現其選擇性的反應；在 4 或 5 個月時，他們只在認識的人面前咕咕作聲，他們的哭聲也容易被一個更喜愛的形象平息。5 個月時，嬰兒也會表現竭力抓住照顧者身體的某部位，尤其是頭髮，但只限他們喜歡的兩、三個人，且會針對最細心、能覺察其信號行為而相互關係最愉快的那一位。嬰兒到 6 個月左右已開始發展出強烈的依附行為（郭靜晃、吳幸玲合譯，1993；錢杭，1994）。

(2) 母親或照顧者的親近態度增強親子關係

從有生命開始，母親供給嬰兒生理之需求，3 個月之後的嬰兒能夠用口腔的吮吸來接觸母親，用目光來注視母親，用聲音來打動母親的心弦，雖然嬰兒的感覺器官和知覺能力都沒有完全成熟與分化，但母親的態度與愛心的表露足以影響嬰兒的情緒（黃正鵠，1973）。

3. 穩定時期（約自 6 個月至 8 個月）

此時期的嬰兒開始對一個或幾個人的固定信號做出反應，對始終照顧自己、哺育照料的父母親，明顯地表現與眾不同的依附行為。一般認為，在 8、9 個月時，依附關係就已經正式形成。本期的重要現象如下。

(1) 反應集中於熟悉的特定對象

嬰兒的反應限於熟悉的人，通常有兩、三位，但其中一位是主要的依附對象，可能是母親或父親或照顧者。

(2) 尋求與依附對象的身體親近

　　這時期的嬰兒會主動尋求與依附對象的身體親近，具有爬行和伸手與抓握動作的協調力，使嬰兒更好控制其親近的行為，而母親對嬰兒的擁抱、撫愛、逗弄更加深親子之情。如果遇到陌生的人則會產生排斥行為，表現焦慮的情緒，如躲在大人身後，或拉母親衣角蒙臉，甚或尖叫啼哭。因為嬰兒已能分辨父母或照顧者的面孔與陌生人不同。此時，親子關係日趨穩定。

4. 進展時期

(1) 嬰兒後期的親子關係（約自 8 個月至週歲）

　　此時期嬰兒開始懂得成人的命令與手勢，其動作的發展、情緒發展、認知發展較前幾期進步。語言能力與行動能力的進步，使嬰兒形成了最早有關於照顧者的內部表徵，包括有關照顧者特定表徵和其對嬰兒行為做出反應的預期模式；所有這些被組織成為一種複雜的依附基模，即預期照顧者反應的內在心理表徵（郭靜晃、吳幸玲合譯，1993）。例如 8、9 個月後嬰兒會搖頭就是與母親的禁令同化作用的結果，是一種積極的、自發的、有意的姿態，用之與成人表情達意（黃正鵠，1973）。嬰兒學會否定姿態後，他不必像以前需以接觸外物，如用雙手推開奶瓶，才能表示否定的意思，於是親子間產生更密切的溝通，嬰兒與父母的親子關係也就更主動、積極、親密。

(2) 幼兒期的親子關係（約自週歲到 6 歲左右）

　　嬰兒週歲後大多已能行走，語言能力也更發達，其依附關係也由特殊依附關係進入多重依附關係，如父親、祖父母及兄姊等。至 18 個月大時，至少與三人以上建立依附關係，在諸多不同的依附關係中，各有其特殊功能，例如不舒服時喜歡接近母親，想玩遊戲則找父親，並無一定的偏愛順序（蘇建文等人，1991）。在 3 歲左右，孩子的依附行為會逐漸增加強度與排他性，會激烈地反對與依附對象的分離，此乃所謂的「分離焦慮」。

親子間所建立的依附關係不但有助於嬰幼兒的生存，使孩子能在母親的照顧下成長，同時孩子將母親視為安全堡壘，從中獲得安全感與安慰。安全的依附關係有助於孩子情感與各方面的發展，基於對母親的依附，孩子才能承受與母親分離，探索環境，發展自己的信任與自我價值。幼兒期的孩子會使用種種行為來影響依附對象的行為，以滿足其安全和親近的需要。例如：孩子會要求為他們唸故事，就寢時擁抱一下，外出辦事要帶著他們。這一切都是孩子自己發展出來的策略，以此來促成照顧者的行為，滿足他們不斷對身體接觸、親近和愛的需要。

日本學者柏木惠子等人於 1978 年發表〈親子關係的心理〉（引自劉焜輝，1983a），其中指出現代婦女就業者逐漸增加，有的甚至將嬰幼兒送到托兒所或找人代為照顧，每週抱回家裡一次，此類母子分離現象對子女可能有下列影響：

①母子分離如果從 1 歲起連續三年，子女在身心發展上，尤其語言、智力及人格發展方面恐有重大阻礙。但是分離的狀況在嬰幼兒年齡愈小時停止，則愈可能恢復。

② 1 歲以後，母子分離時嬰幼兒的年齡愈大，分離中的經驗愈平穩，阻礙愈容易消失。但是兩歲以後正需要母愛時如果母子分離，嬰幼兒的人格發展容易受到阻礙。

③僅僅一次的短期間分離所導致的人格發展上阻礙，只要給予良好的發展條件，其阻礙將很快消失。如果分離時間有太強烈的經驗，停止分離仍然無濟於事。

(3) 兒童期的親子關係（約自 6 歲至 12 歲左右）

嬰幼兒所依賴的是父母，尤其是母親，因此，企求母親的稱讚與關心，害怕被母親拒絕，逐漸學習生活上所必須的習慣，這種親子關係是直接的，是由父母給予的關係。兒童期的生活空間擴大，對社會環境及學校的適應問題應運而生。換言之，兒童期的親子關係已經不再是只由父母給予單向的增強。父母對兒童的行為或加以限制或加以接納，已經有互動的

關係。

兒童期應該達成的社會化課題如下（劉焜輝，1983a）：

①需要在學業上有所成就。即成就動機（achievement motive）的問題。

②學習適當的性角色行為。男孩要像個男孩，女孩要像個女孩，性角色行為是否適當，對兒童的評價有影響。

③確立道德標準。即確立社會生活上善惡的判斷與道德判斷的標準。

④維持與友伴團體的適當關係。例如與友伴相處的方法，學習友伴團體的價值與態度，適應與友伴的關係等。

嬰幼兒期的親子關係係建立在父母給予的社會化（socialization）或社會學習（social learning）等直接的關係。到了兒童期，除來自父母的社會學習之外，認同（identification）的作用亦很重要。認同的對象同時由父母擴大到教師和友伴，因此兒童期的親子關係較為間接。母親對於子女的行為，在感情方面不會有很大的變動，換言之，凡是嬰幼兒期能接納子女的母親，到了兒童期多半亦對子女維持其感情。至於行為方面則不盡然，如果子女仍然太依賴母親，母親會加以糾正；反之，則不會加以干涉。這正是親子相互作用的結果。

在兒童期，重要依附關係的種種特徵仍保持十分穩定，除非照顧者顯著地改變其反應。據研究：凡是被父母所接納的兒童（accepted children），具有情緒較為穩定、社會化良好、平靜而慎重、熱忱而有興趣的個性；反之，被拒絕的兒童（rejected children），其人格呈現情緒不穩、活動過多、慌張、反抗社會等特徵。由此可見，兒童不良適應的行為是受到父母親不良行為或態度的影響：較專制的父母（dominating parents），其子女的人格傾向於有禮貌、誠實、慎重等特徵，對於權威較為順從，依賴性較強；較依順子女的父母（submissive parents）所教育出來的子女，其人格特徵是攻擊性強、拒絕權威、粗心、固執、不服從等，其行為趨於獨立、有信心。因此，如果父母對兒童的活動或行為能設置適合其年齡的標

準，兒童會具有自信，能夠負責任。然而，即使父母是民主的管教態度，倘若鬆弛合乎年齡的行為約束，子女將陷於自我中心，在家裡會不順從父母（劉焜輝，1983a）。

(4) 青年期的親子關係（約自 12 歲至 20 歲左右）

兒童期以後的思春期、青年期被認為是發展的危機時期。有人稱為颶風期，由此可見一斑。重視遺傳因素的學者，強調順乎生理變化的適應問題；重視環境因素的學者，則主張從社會中去尋找不良適應的原因。

青年要從兒童期走向成人期，必須逐漸從家庭獨立，能適應性的成熟，確立與友伴的和諧關係，尋找自己認為有意義的職業。在此過程中，青年必須發展其人生觀，建立道德判斷的標準，因此，青年期的親子關係至少有下列兩項特徵：

①擺脫成人的束縛：青年前期，親子關係與兒童期並無兩樣，只是心理上逐漸向家庭之外發展，到青年中期則渴望能擺脫成人的束縛，故有時會與父母發生衝突，尤其國中階段；但到 20 歲左右，能理解父母的苦心與想法，對父母的感情又可恢復到兒童期那麼濃厚。這可能因為青少年重新反省其早期的依附性質並重新解釋其意義，而領悟到以一種更有信心、友善的方式達成新的親子關係。

②衛星化的過程：此乃劉焜輝（1983a）引用 Ausubel 的用語，以衛星化（satellization）的概念闡明青年期的親子關係。由於青年期的子女身心發展迅速，想否定一切權威，想放棄過去十年左右一直維持做父母衛星之地位，Ausubel 稱之為衛星脫離（desatellization）。青年擺脫父母仍需另覓依賴的對象。如果父母能完全接納青年的獨立需求，不加任何束縛，則青年不需任何掙扎，親子間無衝突可言，但沒有衝突卻意味著父母未曾努力去促使兒童達成社會化，則可能不易與別人相處。可見青年期是重新省悟親子關係之依附結構，改變依附表徵，且能擴展愛他人能力之最佳階段。

（三）依附行為的發展分期

前段是從發展心理學的發展分期來印證親子關係的發展，本段將從依附的重要研究文獻說明依附的發展分期以印證親子關係的發展。由於個體發展逐漸成熟，增加了幼兒行為能力，也豐富其依附行為的表現。Bowlby 將個體依附行為的發展，分成下列四個階段（Belsky & Cassidy, 1992; Waters, Kondo-Ikemura, Posada, & Richters, 1991）：

1. **沒有區辨的社會反應**（undiscriminating responsiveness）：發生於嬰兒出生至 2～3 個月大，此期嬰兒運用嗅覺與聽覺來區辨身邊的人，對每一個人的反應都相同。Bowlby 指出，嬰兒在這個階段的機制是透過生理反射行為，例如抓握、吸吮、哭泣等，吸引照顧者，進而增加照顧者和嬰兒相處的時間。此期，嬰幼兒照顧方式的安排與親子依戀間尚無明顯的關聯性出現。

2. **僅對一個或少數幾個對象有反應**（differential responsiveness and focusing on one or a few figures）：發生於嬰兒 2～3 個月至 7 個月大，開始會區分熟悉與不熟悉的人，基於父母親的照顧行為與嬰兒的認知發展，使得嬰兒逐漸將焦點集中於一個或少數幾個對象上。此時期，如果嬰兒與父母親接觸的時間較少，例如採用全日托育且較少探視者，即不易與父母親形成依戀關係。

3. **安全堡壘行為的出現**（secure base phenomenon）：發生於孩子 6～24 個月大，以主要照顧者為安全堡壘往外探索，同時開始抗議與熟悉的對象分離。因為依附源起於彼此的互動，因此不同的互動經歷即會形塑嬰兒不同的依附類型。此時期強調照顧者敏銳、有回應的照顧，對嬰兒依附發展將產生影響。在這個階段，孩子最容易表現出分離焦慮，例如送孩子至保母家時，孩子會有哭鬧、追隨父母等的行為表現；亦或出現孩子不願意跟隨父母回父母家的情形，均是親子間的依附關係的表現。

4. **目標修正的夥伴關係**（goal-corrected partnership）：約開始於孩子24〜30個月大。由於認知能力和語言發展的成熟，孩子可以了解照顧者的行為與計劃，進而調整自己的行為，逐漸地形成親子彼此間的內在運作模式，建立目標修正的夥伴關係。當嬰幼兒的照顧方式是屬於長期性且規律性的安排時，孩子逐漸了解規律的接送模式與親子間互動的關聯，即了解父母的行為與計畫，進而調整自己的行為。例如天黑時，期待父母的出現；或假日時，期待回父母家中。至於嬰幼兒的照顧方式是屬於不規律的親子互動方式時，例如數週探視一次，則可能使得孩子不易了解父母親的行為與計畫，而無法形成親子間彼此的內在運作模式。

Waters、Kondo-Ikemura、Posada 和 Richters（1991）認為 Bowlby 對於依附發展階段的分法過於簡略、未充分考慮較廣的行為情境脈絡、未系統化地提出依附發展各個機制的影響效應、過於強調早期的影響而未充分考量同時期的影響力與傳統的學習機制，以及最重要的是忽略安全堡壘的角色。因此，Waters 等人提出依附發展的修正版，共分成下列八個階段加以說明：

1. **從互動到建立親密關係**（from interaction to familiarity and preference）：一開始嬰兒以感覺動作為基模，成為與他人互動的媒介。透過平日互動與日常的照顧，嬰兒學習到與主要照顧者間的親密感，並能預測環境中的刺激。Ainsworth 等人（1978）也為早期的照顧行為和隨後發展出安全堡壘行為間的關聯提出實證（引自 Waters et al., 1991）。在此階段強調，成人對嬰兒的日常照顧提供了日後依附發展的重要基礎。因此，在嬰幼兒期照顧方式上，也突顯了母親照顧與他人照顧之間所產生親子依附關係的差異。

2. **能區分自我與他人的階段**（mother as the intersection of sensorimotor schemes）：約發生於嬰兒 3〜5 個月大。隨著認知發展的成熟，嬰兒慢慢地學會辨識物與物之間的差異，同時也將母親（照顧者）視

為一個客體，是獨立的、持續存在的。因此，嬰兒的目標追尋也逐漸地規律化。此時期，主要照顧者所營造的環境，成為引發嬰兒行為的最大動力，提供了嬰兒發展第一個依附關係的重要基礎。依據照顧者持續存在的觀點而言，無論採用任何一種嬰幼兒期照顧方式，如果父母親能給予孩子持續性、規律的、可預期的照顧安排，嬰兒應該也能在這樣的照顧環境中，發展出親子依附關係。

3. **自我為客體的階段**（self as object）：此時期類似於 Bowlby 的第二階段，發生於嬰兒 3～6 個月大。嬰兒可以區分自己與母親（照顧者），並將母親（照顧者）客體化，進而發展至下一個階段，嬰兒類推自己也是一個客體，形成自我表徵。在此階段，若嬰兒感受到正向的情感，將有助於形成好的自我表徵與客體表徵。

4. **安全堡壘行為的初始階段**（initiation of secure base behavior）：此階段類似 Bowlby 模式的第三階段，約發生於嬰兒 12 個月大，開始尋求特定的依附目標。敏銳的照顧者透過遊戲和照顧的互動，將有助於嬰兒組織感覺動作基模，並提供安全堡壘行為的相關資訊，至嬰兒可移動的階段。由恆河猴母子的觀察研究中發現，安全堡壘行為不僅僅是習得的，而是被教導的。特別是當嬰兒感受到威脅時，依附行為系統會引導依附行為導向固定的對象，一般指的是主要照顧者—母親而言。在遇到壓力的情境中，孩子總是傾向較熟悉的照顧者。而在此階段中孩子依附的特定對象，因為孩子認知的發展，除了主要照顧者（托育者）外，亦可能包括了母親、父親以及手足，彼此互動的歷史即成為孩子選擇依附對象時參照的依據。例如，當個體需求有待滿足時（如飢餓、想睡覺），孩子通常找母親或托育者；遇到要外出散步、遊戲時，孩子轉而找父親；至於操作玩具，需要同伴時，則找手足等。

5. **分離抗議逐漸減弱的階段**（the decline of separation protest）：約發生於嬰幼兒 12～30 個月大之間，相當於 Bowlby 模式第三階段的末

期。此期，嬰幼兒變得比較能忍耐苦惱，而不會失控；較能預期照顧者的行為，同時監控照顧者的位置與行為；較有能力調節自己，例如獲得某種程度的控制，讓情境減少新奇和脅迫性；對不同的環境較有經驗，能減少使力於情境的細節上，轉而能專注於監控和小心對應於較廣泛的環境上；對於不同環境的調適較有經驗，較能掌握自己適應不同環境的能力，減少早先以母親（照顧者）為避風港的行為。此時期，受到不同照顧方式的幼兒將逐漸發展出適應環境的能力，同時也有能力監控照顧者（包括托育者、父母親等）的行為，進而調整自己的反應方式。

6. **依附行為的鞏固時期**（consolidating secure base behavior）：依照 Bowlby 的依附發展模式，依附行為出現於一歲以前，在 2 歲左右分離抗議開始逐漸減弱，到了 3 歲時，形成所謂「目標調整的夥伴關係」。Waters 等人由自然觀察的結果，反對此種看法，認為 Bowlby 的第四階段可能更晚出現。依據依附 Q-set 90 個行為描述的觀察發現，安全堡壘的現象會隨著年齡增加。當孩子愈大時，有愈佳的能力以母親為安全堡壘來探索。且因為依附行為是習得的，即便是被教導的，同樣需要時間。因此，Waters 等人將此期更細分為三個階段（6、7、8），第六階段是形成夥伴關係的前提，依附行為在此階段形成鞏固，對類似的刺激會出現固定的依附行為。因此，穩定、持續性的照顧方式較容易與孩子形成目標導向的夥伴關係。

7. **萌發對依附對象的內化階段**（identification）：約發生於 3 歲半至 7 歲。此階段，幼兒由認同父母的行為和家庭系統規則，進而發展出自己的社會化行為，為幼兒由依附到社會化的中間過程。所以，在此階段的認同與內化乃是幼兒社會化的基礎，並為以後和父母建立夥伴關係做準備。在此階段，無論幼兒期是採用何種照顧方式，孩子已有足夠的能力了解照顧方式與父母行為間的關聯，例如父母出現的時間、與父母互動的方式等，進而成為幼兒社會適應的基礎。

8. **保持聯繫和接受監督的夥伴關係**（a supervision partnership）：此期
約發生於 6～16 歲。基於先前的互動經歷，在自我分化完成時，孩
子會對自我與父母間，形成雙邊互惠的平等關係。例如兒童會願意
在父母預知的時間內返家；父母難過時，會去安慰他們；自己心情
不好時，想要獨處等。此階段是發展成人親密關係的雛型。

Waters 等人所提出的八階段模式，比 Bowlby 的四階段模式，更詳盡
地描述個體依附行為的發展，除了說明依附隨著年齡增長的發展情形之
外，對於親子互動在依附發展之重要性與解釋範圍也更廣。父母主動的行
為與傳統的學習機制，在依附行為發展上，都扮演了重要的角色。同時，
安全堡壘行為並不單單由於早期照顧所引發，父母行為只是提供極大化的
機制，持續協助嬰兒日後的發展。說明了依附的行為發展是一連串人際互
動的結果，是個體以一生的時間「學習去愛」的歷程。無論是 Bowlby 的
四階段模式或是 Waters 等人提出的八階段模式，均強調滿 3 足歲後，幼兒
依附行為逐漸鞏固，形成親子間的內在運作模式，建立目標修正的夥伴關
係。

以上說明人類自懷胎出生後，經嬰兒、幼兒、兒童至青年等時期親子
關係與依附行為的發展歷程。從整個人生的角度來說，嬰兒期形成的依附
品質，與日後人際關係的形成有許多牽連（Ainsworth, 1989）。嬰幼兒期
的依附行為及父母的養護關係，將影響一個人成年後的戀愛關係與友伴關
係，因此如何把握各階段孩子的發展重點，經營良好的親子關係，就成為
每位家長必須擔負之重責大任。

附　註

1 本書為行文方便，有時用「家長」，有時用「父母」，有時用「兒童照顧者」來代表「親子關係」或者「親職教育」中的「親」。

2 有關依附的研究主題，如依附的歷程、父母與子女依附關係的比較、依附的品質、在陌生情境中孩子所表現的三種依附關係——安全、逃避和阻抗等，可參考各家出版的發展心理學專章。

3 Ainsworth 於 1978 年依據 Bowlby 依附理論的觀點以及長期的觀察與蒐集相關資料，而設計出陌生情境測驗（strange situation test）。此測驗以陌生人出現的壓力情境，以及以依附對象為安全堡壘的現象，觀察依附對象離去以及重聚時嬰兒的反應，作為評量依附系統適應性作用的參考。觀察結果依嬰兒對於母親離去、陌生人出現以及與母親重聚的行為反應，將親子間的依附品質除如本章之分類外，亦有分為 A、B、C 三種類型（蘇建文、丁心平、許錦雲，1990）：(1)安全型依附（secure attachment）（A 型）；(2)逃避型依附（avoidant attachment）（B 型）；(3)抗拒／焦慮矛盾型依附（resistant/anxiousambivalent attachment）（C 型）。1990 年 Main 與 Solomon 又提出第四種陌生情境的依附類型稱之為解組型（disorganized/disoriented），將無法落入前述 A、B、C 三個類型之嬰兒，分析其特徵歸為 D 型。

4 有關親子關係發展分期的文獻，可參考黃正鵠（1973）《嬰兒期親子關係之研究》第四章，乃以精神分析學派佛洛伊德之理論來說明出生至週歲嬰兒之親子關係的發展；劉焜輝（1983a）則對嬰幼兒期、兒童期、青年期的親子關係問題加以解析，以說明各期親子關係的特徵。

研究題目

1. 試述親子關係的重要性。

2. 何謂血緣的親子關係？何謂法律的親子關係？

3. 試述親子關係的特性。

4. 何謂「依附」（attachment）？其對親子關係的意義為何？

5. 試簡述親子關係發展的分期。

6. 試以「依附行為發展八階段模式」說明幼兒園中、大班的幼兒，其依附行為發展屬於哪一階段？其主要表現如何？

延伸活動

1. 試以表 1-3-1 之七種親子關係類型，任擇兩種類型，尋訪符合之親友，撰寫訪問過程紀錄，並寫下心得。

2. 試回憶自己的童年生活，分析自己與父親或母親之親子關係的發展歷程。

親子互動理論、實態與經營

蔡春美、涂妙如

親子關係並不是單向的關聯，而是雙方雙向互動發展而建立的。我們從前一章親子關係的發展歷程可以了解，剛出生的嬰兒雖然還不會語言，但已具有接受與反應社會訊息的能力，而照顧嬰兒的父母或保姆也能了解嬰兒一舉一動所代表的意義。父母或保姆愈能及時覺察嬰兒的訊息，滿足其需求，嬰兒愈能發展出吸引照顧者注意的行動，此種相互配合呼應的行為，Stern（1977）稱之為親子同步互動現象（interactional synchorony），親子之間互動行為的默契愈增加，親子的關係就愈令人滿意。親子互動關係是雙親與子女雙方面互相回應行為的循環累積關係，絕非單方面愛得多或愛得少的問題。父母為子女無限付出，而子女也帶給父母許多歡笑與成就感；父母與子女可以說是處於同步成長的狀態，所以我們常聽到一些父母的告白是「我從孩子身上學到很多」。本章將從親子互動的理論基礎說明親子互動系統，並介紹親子互動行為之研究，以描繪當前社會之親子互動實態。

第一節　親子互動的理論基礎

親子互動的理論與人類個體發展、家庭生活有密切的關聯，本節將介紹五種與親子互動有關的發展理論。

一、佛洛伊德的精神分析論

佛洛伊德（Sigmund Freud, 1856-1939）是奧地利精神科醫生，也是精神分析研究的大師。他在治療和研究精神病患者的基礎上，創造了精神分析學派，提出他的人格發展理論，其理論與親子互動較有關的是個體發展的分期。他以不同發展階段「性心理」的特徵，將個體的發展分為五個階段（陳幗眉、洪福財，2001；蘇建文等人，1991）。

（一）口腔期（The oral stage；出生至 1 或 1 歲半）

嬰兒透過口腔活動來獲得滿足，如吮吸、咬嚼及吞嚥等活動。母親或家人對嬰兒口腔活動之限制與否，會影響其長大後之性格是否畏縮、悲觀或開放、樂觀。

（二）肛門期（The anal stage；1 或 1 歲半至 3 歲）

一歲後，孩子性本能的滿足由口腔區域轉向肛門區域，孩子會以肛門排泄作用為滿足的來源，此時期正值父母開始實施大小便訓練，父母教養態度是否嚴格，也會影響孩子是否頑固、剛愎、吝嗇或隨和、慷慨。

（三）性器期（The phallic stage；3 歲至 5、6 歲）

此時期的幼兒常撫摸性器官以獲得快感，戀母或戀父情結（Oedipus complex or Electra complex）亦在此時期發生，男孩會愛戀母親，女孩會愛戀父親，同性親子關係因而會爭寵而緊張或敵對，兒童為了害怕同性父母的報復，會轉而認同同性的父母，吸收他們的價值觀與人格特質，而趨向與生理性別相同的性別角色發展。

（四）潛伏期（The latency stage；5、6 歲至 11、12 歲）

兒童自 5、6 歲以後，性衝動暫時隱沒而轉向學校的課堂與遊戲當中，對各種活動都很有興趣；對性別非常敏感，是同性相吸階段，男女生皆把自己局限於同性的群體。

（五）兩性期（The genital stage；11、12 歲至 20 歲）

隨著青春期來臨，性器官成熟，性荷爾蒙分泌增加，致使性本能復甦，性器官再度成為身體的敏感區域，青少年男女開始以異性為愛慕對象。由於社會與家庭中的性禁忌很多，會讓青少年感到緊張，為消除性威

脅，有些青少年會從家庭中退縮，也會貶抑父母，造成親子衝突，直到他們與同儕建立較密切關係後，親子關係才會恢復正常（黃德祥，1997）。此階段與前述口腔、肛門、性器等階段不同的是，青少年已從一個追求肉體快感（直接目標）的孩子，轉化到追求更具價值目標的青少年，這些目標如形成友誼、從事職業活動與婚姻準備等，以便完成生兒育女的終極目的。

佛洛伊德的精神分析論受到許多正反面不同之評論，例如：戀母、戀父情結並非普遍存在於每個兒童，從精神病人的研究是否可以推論到一般人的發展等，但是他所提出的兒童早期經驗影響長大成人後的人格特質，及父母教養態度對子女人格發展之影響等論點，則是不可否認的貢獻。

二、艾瑞克森的心理社會發展論

艾瑞克森（Erik H. Erikson, 1902-1994）是美國人，師承精神分析學派，但對佛洛伊德之理論提出修正，建立現代精神分析學派之人格發展理論。他認為人是社會的產物而非性本能的產物，因此其理論命名為心理社會發展論（The theory of psychosocial development）。依照他的看法，人格發展並非止於青春期，而是終其一生的歷程；人的一生共分為八個階段，由於個人身心發展的特徵與社會文化的要求不同，每一階段都有其獨特的發展任務與所面臨的發展危機（crisis），茲整理文獻列如下頁表 2-1-1。

艾瑞克森認為人的一生是由一連串的「童年」（childhoods）所構成，由生到死，一連串生理的、心理的、社會的經驗，造成了進化的過程，其人生八階段的理論，說明了每個人終其一生都在家庭、友伴、學校、鄰居、社區等環境中面對或應付各種心理危機的挑戰，修正自己，形成並發展自己的人格，每個階段都有一些對他有影響的人（significant others），幫助他或阻礙他的發展，尤其父母在孩子發展過程中更是舉足輕重的（黃迺毓，1988）。每一階段危機皆與家庭中的成員，如父母與子女、兄弟姊妹、夫妻、祖孫……等互動人際關係的態度與行為有關。

表 2-1-1　艾瑞克森的心理社會發展階段分期與重點

階段	年齡	階段危機	重要內容及社會影響	發展重點
I 嬰兒期	出生～1歲	對人基本的信任感 vs. 不信任他人	此階段的主要發展任務是建立對照顧者的信任感，照顧者若是持拒絕或不一致的態度，嬰兒則學習到世界是一個充滿危險的地方，他人是不可信任的。 ※母親或照顧者是主要社會代理人。	親子關係是信任與不信任發展的主要力量。
II 兒童初期	1～3歲	活潑自動 vs. 羞愧懷疑	兒童必須學習飲食、穿衣、衛生等自助技能。缺乏獨立自主性將導致兒童懷疑自身的能力而感到羞愧。 ※父母乃重要社會代理人。	兒童需要學習自我控制、建立自主感。
III 學前期	3～6歲	創新 vs. 退縮內疚	兒童開始肩負責任，有時表現不符父母期望的行為與活動，這些活動往往使兒童感覺內疚，如果能夠成功的解決這個衝突，一方面是兒童能保持自動自發的精神，另方面又尊重他人而不至於侵犯到他人的權益。 ※家庭乃重要社會代理人。	兒童需要保有自由與好奇心以掌握環境。
IV 就學期	6～12歲	勤奮努力 vs. 自貶自卑	學習重要的社會與讀寫算技能。與友伴之間做社會比較。勤奮努力掌握社會與學習技能，增加兒童的自信心，否則將導致自卑感。 ※教師與友伴為重要社會代理人。	兒童需要學習面對不當幻想，努力完成學業，並獲得成就。
V 青春期	12～20歲	自我認定 vs. 角色錯亂	介於兒童到成人間的過渡期。青少年對於自我認定的問題很有興趣，諸如我是誰？建立基本的社會與自我認定，否則在將要扮演成人角色時，會發生角色錯亂現象。 ※友伴是主要社會代理人。	青少年需要獲得自我的獨特感，並學習獲得社會中有意義的角色與地位。
VI 成年期	20～40歲	友愛親密 vs. 孤獨疏離	建立友誼，獲得愛與伴侶之親密人際關係，否則將感受孤獨、疏離、寂寞。 ※配偶與密友乃主要社會代理人。	成人需要學習如何愛人與付出愛。
VII 中年期	40～65歲	精力充沛 vs. 頹廢遲滯	由工作中獲得成就，建立美滿的婚姻家庭生活，協助滿足下一代的需要，個人的成就標準由文化所決定，個人如不願或不能肩負社會責任，或不願對社會有所貢獻，將會頹廢或自我中心，不關心他人。 ※配偶、兒女乃主要社會代理人。	成人需要具有創造力與生產性，包括了思想、產品與子女。
VIII 晚年期	65歲以後	自我統整無憾 vs. 悲觀絕望	回顧一生，生命旅程具有意義並有所成就，快樂充實、滿足無憾，否則只覺來日不長而人生的願望與目標多未能實現，充滿悔恨失望，人生的經歷與社會經驗決定最後的危機結果。	老年人需要滿足於過去的一切，但不迷戀，能肯定一生所作所為。

資料來源：參考修改自蘇建文等人（1991：25-26）、黃德祥（1997：38）。

三、班都拉的社會學習論

班都拉（Albert Bandura, 1925- ），美國人，提倡社會學習理論，認為人類的行為並不完全像行為主義學者 J. B. Watson、B. F. Skinner 所說的，是由刺激與反應的制約歷程，而主張個體行為的養成多數是經由觀察與模仿而形成的。其理論兼顧認知因素與環境因素，並認為個體主要模仿的對象是父母、同儕、老師。

社會學習論認為人類的學習，係透過人際與環境因素的交互作用，獲得有用的訊息所產生，這也是個人社會化的過程。所謂社會化（socialization），乃指個體經由社會中的交互作用，運用增強（reinforcement）、模仿（imitation）、認同作用（identification）等方式，使個人生物的、唯我的反應逐漸減少，而社會的、從眾的行為逐漸增加，從而建立個人的行為模式（萬家春，1992）。因此，家庭是提供兒童社會化的最佳場所；父母提供良好示範與正確行為模式，將可提供子女觀察與模仿，產生正向的行為。

班都拉認為觀察學習包括下列四個歷程（蘇建文等人，1991）。

（一）注意歷程

在日常生活中，兒童接觸形形色色的社會楷模，諸如父母、師長、友伴或電視人物等，但是並不能保證兒童一定會去模仿他們的行為，因此觀察學習的第一個步驟乃是去注意楷模的行為，正確知覺到楷模行為的特徵與重點，才可能模仿楷模的行為。

（二）保留歷程

兒童在觀察楷模的行為之後，必定要將行為編碼，轉換為符號表徵，以意象或語言的方式儲放在記憶之中，以便需要時喚回，或是在原來的楷模不在的情形下，模仿其行為動作。

（三）模仿動作歷程

　　觀察學習的第三個步驟是將符號性記憶訊息轉變成為具體的模仿行為，觀察者必須根據楷模原先的動作順序，經由認知過程與記憶線索做出反應，並檢查自己的動作，依照回饋訊息加以校正。

（四）動機歷程

　　觀察者雖然注意到楷模所示範的行為，清楚地記憶楷模的行為順序，也具備能力做出類似的行為，但他不一定具體表現模仿的行為；模仿行為是否出現，端視其是否具有模仿行為的意願與動機，因此增強因素確實影響到行為的表現，而非行為的學習。

　　從這四個兒童觀察模仿的歷程描述，可幫助我們體認親子互動的過程。

四、維高斯基的社會文化論

　　維高斯基（L. S. Vygotsky, 1896-1934）為蘇俄人，他提出的社會文化論，初期並未受到注意，直到近年來，其理論漸受學界的重視與肯定。維高斯基認為個體所處的社會文化環境對個體的成長，尤其是認知發展具有重大的作用。他提出「最近發展區」（zone of proximal development）的概念（Vygotsky, 1978: 86-91），認為人的心理機能並不是人自身固有的，而是在與周遭人們互動的過程中所產生和持續發展的。兒童的發展有兩種發展水準，一種是兒童現有真正的發展水準，另一種是經由大人指引或與較有能力的同儕互動而可能達到的潛在較高發展水準；在兒童現有的發展水準與可能達到的較高水準之間的距離，即被稱為「最近發展區」。維高斯基認為孩子的學習是一種社會過程，需有機會與兒童周圍的人（成人或同

儕）互動才能產生效果，他主張採用鷹架法的學習環境，讓孩子獲得成功的學習經驗。其所提出的「鷹架」（scaffolding）是指一種支持孩子努力的系統，且非常敏銳地融入孩子的需要。成人調整對孩子目前能力所需要的溝通，供給孩子精熟活動所需要的協助，並且在他們的能力逐漸增加時，要他們負起更多的責任。例如：孩子在嬰兒期，父母或保姆會和嬰兒玩躲貓貓或輪流遊戲，有時互換角色，學習對話，這種遊戲可延伸到幼兒階段的想像、幻想等虛構遊戲，對孩子的溝通情感和社會技巧的發展有很大的貢獻，父母或保姆所提供的就是遊戲的鷹架行為（谷瑞勉譯，1999）。

五、家庭生活週期理論

　　既然親子互動是以家庭為基點，則有關家庭生活之各項因素皆可能影響親子互動。人生發展的歷程相當八、九十年，有人將之分期或階段，我們認知的嬰兒期、兒童期、少年期、青年期、壯年期、老年期就是其中一種分期，其他尚有職業週期、經濟週期、人際關係週期等的說法，在此簡介影響孩子關係較深的家庭生活週期理論。

　　「家庭生活週期」（family life cycle）即指從家庭建立到終止的發展過程。許多經濟學家、社會學家、統計學家、家政學者等都曾提出他們的學說，有的區分太細瑣，有的則太籠統，本節引用的是 Duvall（1977）的家庭生活週期學說（黃迺毓，1988）。

　　Duvall 將家庭生活分為下列兩個主要的時期：

1. 擴張期（expanding stage）：從建立家庭到子女長大。
2. 收縮期（contracting stage）：子女建立自己的家庭，以及父母進入晚年。

　　此二時期又可分為八個階段，以第一個孩子的發展來劃分這些階段（如圖 2-1-1）。

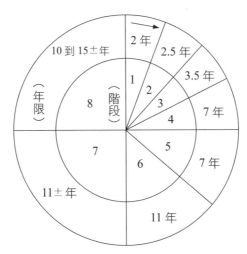

圖 2-1-1　家庭生活週期的八階段
資料來源：黃迺毓（1988：90）。

　　茲將圖 2-1-1 之家庭生活週期的八階段特點與任務說明如下（黃迺毓，1988；黃德祥，1997；Bigner, 1985; Duvall, 1977）。

（一）新婚無子女期

　　新婚無子女期係指兩個來自不同家庭、本來無相互關係的成人，因婚姻而結合，形成新的家庭，同時各自與自己生長的家庭分離。此時期通常尚無小孩，時間大約持續二至三年。主要任務是全心全意投入新組成的家庭體系之中，建立婚姻關係，同時要調整雙方與家人及朋友的關係。

（二）生育家庭期

　　此時期的開始是因為長子女誕生，家庭新添了成員，改變了家庭成員初始的互動方式，夫妻兩人開始要面對子女的教養問題，通常要犧牲個人的享受與時間，並且要承擔當父親或母親角色的責任。此時期大約從第一個孩子出生至小孩 2 歲半左右。主要任務是接納新增的孩子，調整婚姻關係，承擔父母重任，營造自己作為父母與出生孩子的兩代關係。

（三）擁有學齡前兒童期

當最長子女年齡在 2 歲半至 6 歲時，子女教育的重要性隨之增加，另外家庭可能再添新成員，亦即次子女可能誕生。擁有學齡前子女的時期，親子關係會增長，父母之間的關係也有可能調整，此時期大約持續三年半。主要任務是接納孩子日漸獨立，引導子女適應家庭生活與人際關係。

（四）家有學齡兒童期

此時期最年長的子女開始進入正規學校就讀，大約持續七年，直到小孩進入青春期。在此時期，小孩開始獨立料理自己的生活，多數時間停留在學校之中。主要任務是父母需要幫助小孩學習課業，協助解決生活上的困難，並探索認識外在世界。此時期親子關係大致維持穩定，子女仍需要父母的關照。

（五）家有青少年子女期

青少年是個體身心劇變的開始，家庭在擁有青少年的時期，可能會有親子衝突與壓力產生，因為青少年會轉向尋求同儕的關係，也日漸想脫離父母而獨立，此時期的主要任務是父母需要較費心鼓勵孩子學習獨立，轉換親子關係，容許子女進出家庭體系；倘若親子關係調適不良，有可能改變家庭的整體氣氛。此時期大約經歷七年時間。

（六）家庭宛如發射中心期

當子女長大成人，家庭就宛如發射中心（launching center），亦即子女羽翼已豐，先後振翅高飛，家庭成了基地而已。此時期開始於長子女離家獨立，到最後一個子女離家為止，大約有 11 年的期間。主要任務是接納家庭的較大改變，重新調適與配偶的婚姻關係，並與成年子女及其兒女發展新的互動關係，還要適應子女的姻親關係與三代子孫關係。

（七）中年父母期

此時期非常的長，約有 11 年以上。在此時期中，由於子女均已振翅高飛，家中只剩中年的父母，形成「空巢」（empty nest）現象。此時期父母的體力、職業、人際各方面也開始衰退，到了退休時又進入另一個時期。主要任務是面對空巢的孤寂，學習夫妻互相扶持，與子女及孫輩保持良好關係，注意自己健康及長輩保健與晚年生活。

（八）老年夫妻期

此時期從退休開始至夫妻雙亡為止，視老年人壽命長短而定，通常有 10 年至 15 年的時間。在此時，老年人身體日漸蒼老、經濟形成依賴狀況，甚至需要更多人密切的照料與扶持，此時期主要任務是繼續調整自己的角色，支持進入中年的子女，發揮人生經驗與智慧，因應親人的陸續往生，同時為結束自己人生做準備，以回顧統整自我的一生。

前述八個家庭生活週期如圖 2-1-1 的圓形週期。不過此圖形與上述的階段劃分只是一個家庭生活週期的典型代表而已，每個人有不同的人生遭遇與不同的家庭人際關係，此圖並不能涵蓋所有的人群，如結婚無小孩的家庭即可能有不同的發展週期。此外，目前離婚情形普遍，家庭結構變遷快速，恐怕圖 2-1-1 亦難用以說明每一家庭的生活實態。

從家庭生活週期理論來看，親子互動在八個階段中以各種不同的形式出現，只要有家庭生活，則親子互動的現象是無所不在、不能忽視的。親子互動與家庭生活的發展息息相關，個人發展與家庭發展需有適當調適，每一階段的親子互動都很重要，尤其第二、三、四、五階段更需好好經營親子互動關係，才能發展出孩子的健全人格，並建立美滿的家庭生活。

第二節　親子互動系統與實態

　　在家庭裡，家人互相照顧、扶持，以滿足彼此生理與心理的需求，因此家人關係會形成互動的動態系統（dynamic system），隨時都在改變和調整（黃迺毓，1988）。從第一節有關親子互動的理論基礎，我們可以體認不管從哪一派的學理來看，都無法完全解釋每個家庭的親子互動現象。由於家庭中的成員年齡不同，故所處的發展階段也不同。以艾瑞克森的心理社會發展論來看，當一個家庭有 1 歲、4 歲、7 歲三個孩子時，其父母通常是處於第七階段，但孩子卻分別屬於第一、三、四階段，發展危機不同，也都需要滿足，父母可能會顧此失彼，不易完美周全地扮演好父母的角色。父母必須隨子女的成長而成長；所謂走入孩子的世界，與孩子一起成長的涵義就是：父母必須因不同孩子的身心發展，調整自己的教養態度與方法，才不會產生代溝或彼此衝突。茲分系統特性與影響因素進一步說明親子互動現象如下。

一、系統的特性

　　親子互動系統之所以能成立，乃基於親子之間的交互作用，家庭成員彼此交互作用構成了行為型態、角色和價值觀（Buckley, 1967, 1968），而此項交互作用包括下列四種特性（黃迺毓，1988）：

（一）刺激的輸入與反應的輸出

　　每個人每天都在接收別人的行為訊息，而後有所反應，就像電腦程式的輸入（input）和結果的輸出（output），只是這些步驟往往是在不知不覺中進行的。

（二）嘗試維持雙方關係的平衡與穩定狀態

不管動機如何，關係的維持就是希望能達成平衡，例如：父母看到孩子不好的行為，就會想糾正他，自己心裡才覺得舒坦。而子女若感到受父母冷落，他可能會想盡辦法去吸引父母注意，即使犯規受罰也在所不惜，因為他已得到他所要的。

（三）達成秩序

為了要有更好的了解和更有效的溝通，行為必須有秩序和組織，如果父母對子女的某種行為有一定的反應，子女就能從中尋到一些行為規則，知道要達到某種目的必須以某種方式。例如：有些孩子每次上街，都會趁機以吵鬧的方式要求父母買玩具，如果父母每次因被吵得心煩就買給他，他就學到「這一招很管用」，繼續以此要脅父母。但是若父母堅持不買，幾次下來，他就不會明知故犯了。最怕的是有時買，有時不買，又不解釋買是因為那物品有用，不買是因為那物品不好，而讓孩子以為買了是因為他吵得凶，不買是因為吵得不夠凶，就會變本加厲，不斷嘗試。有時孩子不講理也是父母無意中訓練出來的。

（四）成員行為的互動和互換

每個人的行為都受環境影響，但環境是很難測量或預測的。例如：外在的因素、過去的經驗、社會文化因素，以及內在因素，如血糖、內分泌平衡、情緒等等，還要配合事情發生的時間、地點、對象等等，因此「天時、地利、人和」自古以來就被視為「功德圓滿」的必要條件。

所謂的行為（behavior）通常是指我們所能看到的某種行動，也是親子互動系統運作的起點和終點的結果。例如孩子有了某種行為，而父母看到或聽到了，就是「接收者」（receptor component; R.）。父母立即會決定或選擇對孩子的行為的反應，也就是「控制者」（control component; C.），

然後「生效者」（effector component; E.）執行其決定或反應，我們所見的就是父母的行為了。這種交互作用的行為是連續的，因為父母的行為又會引起孩子的反應、決定和行動，有來有往，直到問題解決。

　　舉例來說，孩子打破了玻璃杯，父母看到了（R.）很緊張，又生氣（C.），便開始責罰（E.），我們就看到父母在罵孩子打破玻璃杯了。又例如，孩子向父母撒嬌，父母聽到了（R.），心中產生憐惜（C.），就過去擁抱他（E.）。將此交互作用以圖表示，即如圖 2-2-1（引自黃迺毓，1988）。

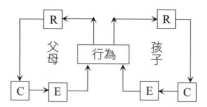

圖 2-2-1　親子之間交互作用圖
資料來源：黃迺毓（1988：93）。

二、影響親子互動之因素與實態

（一）影響因素

　　影響親子互動的因素頗多，因為親子關係是由一連串的親子互動歷程所形成，在這個過程中，親子雙方及環境的當下狀況皆可能成為親子互動之影響因素，茲綜合各家所述，整理如下（Bigner, 1985; Bronfenbrenner, 1984; Sameroff, 1986; Scarr, 1992）：

　　1. 父母的特質：如年齡、性別、健康情形、婚姻和諧度、社會階層、養兒育女的想法與態度、過去與兒童接觸的經驗、行為示範、人格

特質等。

2. 子女的特質：如性別、排行、年齡、發展階段、氣質、身體健康狀況，從小學得之行為反應模式、與父母親密或疏離程度等。

3. 當下環境狀況：如社會流行之養育哲學與方法（如孩子應多學才藝、學美語、電腦……等）、同儕壓力、事件發生的時間、地點、周遭狀況（如有無旁人在場，在家中或在超市）等。

　　親子關係就在上述各種因素影響下，形成複雜的互動歷程，有些因素還能產生善性或惡性的循環作用，例如：父母身體健康、婚姻和諧，對待子女則能理性溫和，子女感受到父母的慈愛，又能以正向的溝通回饋家長；反之，如父母體力較差，家庭經濟艱難，則無暇關心子女，任由子女率性而為，則其親子互動品質必差，也就無法建立良好的親子關係。

（二）親子互動實態

　　親子互動的過程相當複雜，也千變萬化，同一件事情，在不同家庭中的親子互動情況可能就不一樣。親子互動實態可從個別家庭的母子（女）或父子（女）對某件事之互動歷程來觀察，亦可從實際研究一群家庭之親子互動情形，來看出一般家庭的親子互動實態。

　　在個別家庭的案例方面，我們可以舉孩子打破碗的事件為例。有的家長馬上破口大罵，有的家長則會讓孩子回憶剛剛打破碗的過程，找出原因加以指導，這兩者之間的互動歷程與效果是完全不同的。

　　若以普遍一般家庭的親子互動實態而言，我們可以舉廖鳳瑞（1995）「收視行為與親子互動的關係研究報告」為例，加以說明。研究者以 420 對親子（158 對為父親與兒童，262 對為母親與兒童），以家庭訪問方式進行，發現收視行為與親子互動有關，但其間的關係不是直接的，而是間接透過親子間的共視，以及家長注意、限制及回應兒童觀看電視的情況等共視歷程而影響到親子關係，茲摘述重點如下：

1. 共視時間：40%的受訪者表示常和孩子一起看電視，16%的受訪者表示很少或從不曾和孩子一起看電視。

2. 共視時的討論情形：32%的家長表示會和孩子一起討論，56%的家長表示很少和孩子一起討論。

3. 父或母陪看電視的情形：兒童最常和兄弟姊妹一起看電視（約50%），有10%的兒童表示常和母親一起看，只有4%的兒童表示常和父親一起看。

4. 家中電視控制者：34.5%表示無特定者，20.9%表示由父親控管電視機開關。

5. 從兒童年齡看親子共視情形：發現家長對年齡較低的兒童觀看電視的情形較注意，也較常與年齡低的兒童看卡通片或為孩子選擇節目；而對年齡較大的兒童則較不注意，如一起看節目，則以綜藝節目、新聞、社教節目為多，也會隨著兒童年齡的增加，而增多與孩子討論節目內容的機會。

許多文獻提供影響親子互動的研究發現，可以幫助我們了解親子互動之實態，茲摘要如下：

1. 孩子的氣質不同，會使父母採取不同的管教態度與方式（Bell, 1968）。

2. 婚姻關係（marital relationship）、子女行為發展（child behavior development）與教養子女行為（parenting）三者將影響家庭互動關係（Schiamberg, 1988）。

3. 母親的年齡會影響嬰兒的敏感度，太年輕的母親（尚未滿 20 歲者），對育兒工作常持消極的態度；年齡超過20歲的母親，則對子女敏感度與反應度較高，從育兒工作所得滿足感程度亦高（蘇建文等人，1991）。

4. 溫暖而敏感的母親常與嬰兒說話，提供嬰兒多樣化的刺激，有助於嬰兒的社會依附、好奇心、探索環境行為，以及智能發展，不但促進嬰兒健全心理功能發展，更替未來奠定良好的基礎（Shaffer, 1989）。

5. 有關父親與孩子互動之研究，到 1970 年代後，才逐漸受到重視。Lamb（1981）發現父親與子女相處時，多扮演孩子「玩伴」的角色，遊戲活動包括較多的身體活動與刺激性；Barnett 與 Baruch（1987，引自蘇建文等人，1991）發現：父親與兒子相處的時間比女兒多，很早就開始影響男孩的性別角色發展，鼓勵男孩玩適合其性別的玩具。父親與子女間若能建立安全的依附關係，對於孩子探索環境、社會與情緒的發展都很重要。

6. 父母之間的互動（亦即夫妻關係）是否良好，亦會影響母親照顧子女的品質與滿意度。婚姻關係失和，容易導致不良的親子關係；婚姻關係和諧，父親較願意參加育兒工作，父母雙方常以孩子為話題，母親有父親精神上支持，會更加任勞任怨的照顧子女，許多育兒問題都能獲得解決（Crnic, Greenberg, Ragozin, Robinson, & Bashans, 1983，引自蘇建文等人，1991）。

7. 林惠雅（2000）曾分析臺灣 13 個家庭中母親和就讀幼兒園大班幼兒互動行為的觀察紀錄，以「母子互動行為分析表」為研究工具，結果發現：

(1) 母親啟始的控制事件比幼兒啟始的控制事件為多。

(2) 母親對幼兒的要求以生活常規居多，母親在母子互動中扮演比較主導的社會化代理者角色。

(3) 母親教養行為以指示制止、負向處罰較多。

(4) 母親教養行為與互動會受幼兒行為之影響，亦即顯示親子互動關係是雙向而非單向的互動過程。

(5) 在其研究對象之母子互動歷程中，存在了「好來好往，以暴制暴」與「嘮叨成習，相應不理」的特色，此種現象值得商榷與檢討。

第三節　親子關係的檢視與危機

親子關係與其他人際關係，如朋友、夫妻、同事、鄰居等，皆需雙方互動且互動品質良好才能長久維持，而維持良好的親子互動關係，需要用心經營。本節將從親子關係的檢視，探討親子關係的危機。

親子關係是家屬關係的一環，社會心理學者指出現代家庭的經濟條件較安定，物質享受較高，這是反映工業化、都市化、科技進步的影響；但隨著社會變遷的事實，家庭的傳統功能也遭受破壞，如家屬的流動性大、職業婦女普遍、單親家庭增多、離婚率攀升、父母親自照顧幼兒的比率下降、青少年犯罪率提升，這些趨勢都會影響親子關係。研究親子關係的學者，通常用下列方法來檢視親子關係。

一、常用的檢視方式

（一）面談

面談（interview）係指面對面直接晤談。面談的對象包括父母、教師、直接照顧的人員，以及兒童本人。為了解親子關係的實況，宜多找與孩子有關的人作為面談對象，以蒐集更多的資料。面談方式可分為結構式與非結構式，結構式面談是依照預先擬定的問題，逐項進行面談；非結構式面談則是沒有事先擬定問題而進行的面談，情境較為開放，具有高度的彈性與自由。在面談時應注意：

1. 應以開放態度聆聽面談對象之話語，不要急著下斷語或給予暗示。

2. 對連續多次晤談內容有矛盾所在，勿急於指正，可依據其矛盾進一步探詢其親子互動真相。

3. 對方不願談及之問題，宜保持尊重態度，勿急於追根究柢。

4. 應對晤談內容保密，這是職業道德。

（二）觀察法

觀察法（observation）乃指直接觀察孩子環境中的行為表現，及其親子互動情形。觀察必須系統化，有以下三個基本步驟：

1. 確定目標行為：觀察者決定要觀察的行為與情境，可在自然或經特別設計之情境中觀察。

2. 定義目標行為：對觀察的行為予以正確詮釋，例如：孩子哭鬧，其真正意義是需要母親安慰或身體某處受傷。

3. 確立記錄方式：記錄的方式有很多，有次數記錄（一小時內哭幾次）、間期記錄（指其行為自發生至終結的時間）、間距記錄（指多久發生一次該行為）、強度記錄（指其行為造成的程度，如哭多大聲）、反應時間記錄（由刺激到反應行為間的時間，如母親叫孩子刷牙到孩子真正去刷牙的時間距離）等。

直接觀察法手續簡單而易行，但要取得準確資料，觀察者需受訓練一段時間，以增加可信度。

臺灣自 1971 年起，也開始出現許多量化的有關親子關係的觀察研究，大部分沿用國外學者所設計的量表項目，先是以單一取向的研究較多，就是只探討父母管教態度或方法，後來才轉變為雙向的探討，就是從父母及子女的角度驗證親子關係對於管教態度或行為的一致性。近年更有直接從孩子生活情境觀察第一手資料以了解父母親與子女的互動真貌（林惠雅，2000；林淑玲，2000）。運用觀察法了解親子關係有許多專業技巧的困難需克服。親子關係除受父母個人認知及管教方法影響外，社會文化（包括

媒體及社區）的影響力亦不可忽視。本書第一章第三節談及測量嬰兒社會
依附之陌生情境測驗亦是觀察法的一種。

（三）測驗法[1]或問卷法

針對親子關係的調查問題，要求識字的親子作答，並依據一定標準予
以評分的方法即為測驗法（test）或問卷法（questionnare）。此等方法實
施容易，可以在短時間獲得多數人的資料，並且某些測驗的結果有常模[2]
可以比較。

但是利用測驗或問卷來把握親子關係有兩點需要注意：一為填答者對
於問題未必完全了解，有時候作答者會因對題目的涵義不明確而無法提供
真實資料；二為受測者如果自我防衛強，回答難免有所偏頗。目前在國外
可供利用之親子關係量表已經有相當之研究，其中有對子女實施者，旨在
了解子女對親子關係的看法；有對父母實施者，旨在了解父母對親子關係
的態度（劉焜輝，1983a）。

（四）個案研究

診斷親子關係最重要的莫過於有系統地蒐集有問題的親子資料，審慎
加以檢討，闡明其原因。個案研究（case study）是相當具體的家屬診斷，
也是組織兒童生活各方面資料的方法之一。舉凡個案出生史、早期發展、
健康狀況、教育情形、家庭狀況等皆可納入，蒐集方法亦可兼採前述面
談、觀察、測驗等方法，不過在資料的解釋時需注意不要主觀判斷，最好
成立個案研討小組，共同研討各項資料之意義。

有關親子關係的研究與檢視，很難親自處於親子互動的現場，不論是
面談（訪談）、測驗、問卷、觀察等方式，多半受限於以較人為的設計進
行，對於真實生活中出現親子互動的過程較無法一窺全貌（林淑玲，
2000）。因此，對一位幼兒園或小學教師而言，如何協助兒童家長檢視其
親子關係，必須先充實專業知能，例如：兒童發展、兒童輔導與諮商、家

庭與婚姻、親子關係與親職教育、特殊教育導論、教育社會學、人際行為……等多方了解，並熟悉前述各種研究方法，蒐集資料，綜合研判，才能進行客觀的檢視，提供家長較合理、正確可行的建議。在親子關係的輔導上，有時原因在父母，有時則是子女的問題，更常是雙方都有問題而互相影響所致。劉焜輝（1983a）認為檢視親子關係的工作常只能把握某一斷面，其原因如下：

1. 親子關係過於密切，母子一體，親子雙方都很難客觀看問題。
2. 家庭並不歡迎親子關係的調查，換言之，通常家庭並不喜歡揭開親子關係的面罩。
3. 親子關係被認為是親子間的問題，尤其像家族治療、心理治療等方法，必須接近家庭中的人員，往往會導致防衛反應。
4. 親子關係乃由小到大一連串生活所交織的動態關係，無論受檢視者如何合作，檢視方法如何精確，仍難把握其關係的全貌。

由於孩子的生活、就學及一生的發展，與其親子關係息息相關，因此，當孩子發生某一事件與其親子關係相關聯時，為人師者，仍必須排除萬難，設法了解孩子的家庭狀況、親子關係，以做進一步輔導協助的參考。

二、容易發生危機的父母類型

關於親子之間因互動不良而造成的諸多現象時有耳聞，年幼的孩童被親人甚至親生父母凌虐致死，而父母都聲稱是子女不受教；或是因教養方式引起親子間的關係惡化，以致學齡兒童流浪街頭，較大的青少年離家出走，參加幫派。此外尚有逆倫、亂倫等案件發生，可見當今社會之親子關係有些失常，問題相當嚴重。親子關係出現危機的原因相當多，姜得勝（1998）認為，決定「親子關係」互動良窳的主要關鍵因素是「時間」與

「情境」。所謂「時間」是指親子共處時光，「情境」則意味家庭氣氛須正常良好。但現代青少年常因補習、上網咖、交朋友而很少能與父母相聚互動，而情境因不健全、不和諧家庭的增多亦很難享有。由於子女是未成熟者，故親子互動不良之大部分責任實應由家長來承擔。容易發生親子關係危機的家長，一般來說，都具有某些特質，由於其本身的問題或環境的不利因素，導致他們無法善盡為人父母的工作，以致影響子女的健康和人格發展。Kumpfer 就稱這類父母為「高危險群」（high-risk group），通常包括：未成年父母、流動勞工、有毒癮父母、特殊兒童的父母、領養或寄養子女的父母，以及孤兒院的保姆等（林家興，1997）。由於他們的特殊身分和處境，較易有偏差的教養態度與行為，也比較不知道或不願意參加親職教育活動。

林家興（1997）也引用 Forward 於 1989 年提出「有毒父母」（toxic parents）之說法來形容高危險群的父母，指出這些父母常在不知不覺中傷害自己的子女。所謂「有毒父母」包括：

1. 無法勝任教養子女的父母，經常只顧自己的問題，把子女當成小大人，反而要求子女來照顧他們。

2. 主宰慾強的父母，使用罪惡感來控制子女，甚至過度地照顧子女的生活，讓子女沒有自己的生活。

3. 酗酒的父母，把大部分時間精力用在否認自己的問題，否認家裡的問題，置子女的生活與成長於不顧。

4. 精神虐待者，經常嘲笑、批評、挑剔、諷刺、數落、吼叫、謾罵或侮辱子女，打擊子女的自尊心。

5. 身體虐待者，動不動就發脾氣，責罵子女、體罰子女，用體罰來控制子女的行為。

6. 性虐待者，對子女毛手毛腳，玩弄子女的性器官，和自己的子女亂倫。

三、施虐事件呈現家庭危機

　　根據衛生福利部統計處（2020）的統計，自2015年至2019年五年間，各縣市受理家庭暴力案件數量，2019 年總施虐者人數（以報案為準）為10,192 人，比前四年多出很多，茲列其統計如表 2-3-1。從此表可看出，施虐者之身分以父母親最多，其次為親戚、照顧者（2019 年則為其他親屬與同居人），值得注意的是：隨著社會變遷，施虐身分者為同居人也不少，通常是指沒有正式結婚的同居者，這是值得注意的現象。而這些對兒童或少年施虐者往往與其身心發展不成熟，或有精神病的問題，或婚姻、經濟之處境特殊，缺乏同理心，有過不愉快童年，及不當的管教觀念等有關（蘇建文等人，1991；余漢儀，2012）。施虐行為直接影響孩子的身心發展，也使親子關係產生危機。近年來更有因失業、夫妻感情不和或其他原因，而有父母攜子自殺的新聞頻傳，凸顯臺灣社會「危機家庭」愈來愈多。

表 2-3-1　對兒童及少年施虐者身分別之人數統計

年度	合計	父母	照顧者	親戚	機構	同居人	其他
2015	8,680	5,466	223	548	55	143	2,245
2016	9,300	5,502	451	584	20	166	2,547

年度	合計	（養）父母	手足	（外）祖父母	其他親屬	同居人	其他
2017	3,977	3,031	116	132	268	147	283
2018	4,063	3,218	123	150	225	172	169
2019	10,192	4,943	207	244	366	374	4,058

註：表 2-3-1 有兩個分表乃因不同年度所列身分別不同所致，2017 年至 2019 年多列「手足」，少列「機構」。

※「其他」乃指施虐者身分為家人、照顧者以外的人，如同學、教師 、路人……等

資料來源：衛生福利部統計處（2020）。

登載日期：2020 年 3 月 31 日

下載整理日期：2020 年 9 月 25 日

　　造成親子關係危機的因素頗多，而其化解工作則是學校機構與社會教育機構舉辦親職教育所要努力的重點工作之一，屬於消極方面的工作；積極方面則應從教育著手，希望每位父母都能有效教養子女，能與子女正向互動。

第四節　維持良好親子關係的要訣

　　從積極面而言，我們希望每一位父母與其子女都能維持良好的親子關係。不管是準備做父母的年輕人，或已經為人父母的成年人，甚至對兒女已長大成人的老年人而言，如何長久維持良好親子關係，是一門活到老、學到老的課程。本節將分教養觀念的迷思、維持良好親子關係的方法等兩大項加以說明。

一、教養觀念的迷思

　　現代的孩子由於生活富裕，豐衣足食，在一般人的眼光中，會認為這一代實在是幸福無比，但如果仔細觀察他們的生活對話，你會發現現代的孩子不見得比我們上一代的童年快樂，讓我們來看看兩代不同的觀點（蔡春美、張訓誥，2010）：

（一）從孩子的觀點看大人

　　1. 大人常常說的與做的不一致……
　　2. 大人常常錯怪我們，也沒時間陪我玩……
　　3. 大人常沒有耐心聽完我的理由就打我、罵我……
　　4. 大人常不放心、不信任我們，也不尊重我們……
　　5. 大人常常說話不算話，反覆無常，沒有規則……

（二）從父母的觀點看孩子

1. 孩子是我生的，我要他向東他不可向西……

2. 我這麼愛他，他怎麼可以不聽我的話……

3. 孩子是我生的，我怎麼會不了解他……

4. 孩子長大了，翅膀硬了，開始會反抗、爭辯了……

5. 孩子沒有社會經驗，我怎麼能放心讓他去買東西……

　　可見孩子與父母的確有不同的觀點，因此在管教子女的尺度與方法上會不斷的產生衝突，如果沒有合理的方法來調解父母與子女間的觀念衝突，或者說，如果沒有一種自覺來自我調整對子女的態度，可能就會產生許多不愉快的管教事件，而這些失敗的經驗又會惡性循環使親子關係愈來愈差，終於無法彌補，到這時候，「管」也管不著，「教」更談不上，孩子有如斷了線的風箏，親情再可貴也喚不回子女的心了。運氣好的子女可能遇到好的老師或同學，仍能健全成長；運氣差的子女，可能就誤入歧途，走入黑社會或沉溺於酒色賭博不能自拔。因此我們家長如何了解孩子，如何接納孩子，如何教養他們，使他們能快樂又健全的成長是非常重要的。

　　一般家長在教養子女時常易顯現下列盲點，因此無法維繫良好的親子關係，這些盲點是：

1. 「愛」孩子，可是表現的「愛」太權威、太剛強，若能理性些、清楚些會更好。

2. 教孩子用功爭取成績，但沒有教孩子如何生活，如何與人分享分憂。

3. 訂不少原則以管教孩子，但卻沒有堅定地執行原則。

4. 責罰孩子時非常認真，卻忘了把人和事分開，也沒有告訴孩子下一步該做什麼。

5. 管教孩子常站在大人的立場，忘了走入孩子的世界和孩子一起成
長。

二、維持良好親子關係的方法

父母除了必須了解孩子的身心發展，走進孩子的世界，設身處地去體
諒孩子的心態（蔡春美，1998a），更重要的是教養子女的態度、親子溝通
的方式，以及對子女行為的獎勵與懲罰策略。教養子女之先決條件是必須
先照顧孩子的日常生活，讓孩子有健康的身體與心理，才能談如何管教的
問題。以下將分教養態度、溝通方法、獎懲的策略三方面來說明維持良好
親子關係的方法。

（一）教養子女的態度

有關父母教養態度的研究文獻頗多，綜合各家所言，父母的教養態度
可分為下列三種類型（廖鳳瑞，1995；魏美惠，1995；Baumrind, 1967,
1971, 1978）。

1. 權威專制型（authoritarian）

父母常以絕對標準來衡量子女的行為，非常重視父母的權威，強調父
母是至高無上，子女須絕對服從，與子女溝通不佳，常忽略子女的心理需
求，較會以懲罰來糾正孩子的錯誤行為。

2. 自由放任型（permissiveness）

父母對子女控制最少，給予最大自由，很少使用懲罰與要求，甚至忽
視子女的存在，也避免用外力去限制孩子的思想、言行，相信人性本善，
給孩子自由成長的空間。

3. 民主權威型（authoritative）

以民主理性的態度執行親權，期待子女表現成熟的行為，訂定合理的

行為標準供子女遵行，能尊重子女也能給子女合理的約束，親子間較常採用開放的溝通。

通常一般家長很少完全屬於上述三種類型之某一型，常有混合呈現上述教養類型於其教養行為之中，亦即有時頗權威，有時又太放任，常與當時之心情及教養觀念有關，但不論父母教養行為類型如何區分，大體與父母對子女行為之控制程度及對子女情感的表達兩層面有關，而且直接影響孩子的行為表現。民主權威型的父母教養行為常易使子女產生自我控制、合作、有目標、能因應壓力的能力，使孩子成為「能幹友善型」；權威專制型的父母教養行為則易使子女害怕、困惑、易怒、無目標，成為「脆弱不成熟型」；而自由放任型的父母教養行為則易造成子女反叛、無法自我控制、支配性強的「衝動攻擊型」（蘇建文等人，1991）。因此要維持良好親子關係的第一步，就是讓自己的教養態度、教養行為能趨向或成為民主權威型，善用親權才能引導孩子健全發展。

教養態度與行為也要符應孩子的身心發展階段。不同階段的孩子之身心發展需求是不同的，因此其所需之教養也不同，我們絕對不會放心讓一個三歲的孩子單獨上街買東西，但會要求一個國中生自己上街買他的文具，因為我們了解 3 歲孩子與 13 歲的國中生是處於不同發展階段的個體，其身心發展不同；而同年齡的孩子也有個別差異，也不可能完全有相同的需求。一個有效能的父母應在孩子不同發展階段時，採取不同的教養態度與行為。

♣ 國內有關父母教養態度與行為之實徵研究結果

過去二十餘年來，有關父母教養方式與子女行為的實徵研究成果，多達四十餘篇，研究對象範圍廣泛，包括幼童、學齡兒童以及青少年，楊國樞（1986）在綜覽上述文獻之後，得到下面的八項結論，這些結論可供教養子女時之參考：

1. 積極的教養態度與行為，如關懷接納及適中的限制，有利於自我概念的改進與自我肯定的提高；但消極的教養行為或態度，如過分的權威，則會產生不良的影響。

2. 消極的教養態度或行為，如嚴格、拒絕及溺愛，不利於子女成就動機的培養。

3. 積極的教養態度或行為，如愛護、寬嚴適中、精神獎勵及獨立訓練，有利於內控信念與內在歸因特質的形成；消極的教養行為與態度，如拒絕、寬鬆、忽視、嚴苛及獎懲無常，則有利於外控信念的形成。

4. 積極性的親子關係與民主管教，有利於子女認知能力、創造能力及創造行為的發展；而消極性的親子關係與干擾性管教方式，則不利於子女此等行為的發展。

5. 誘導型的紀律方式比起權威型的紀律方式，更能夠促進子女的道德發展與道德判斷。

6. 積極性的教養方式，如愛護、關懷、獎勵、一致、公平及親切，有助於子女學業成就的提高；消極性教養方式如拒絕、忽視、懲罰及嚴苛，則可能不利於子女的學業成就。

7. 積極性教養態度或行為，如愛護、關懷、獎勵及親子認同，有利於子女的生活適應；而消極性教養行為或態度，如拒絕、嚴格、溺愛、忽視、權威、控制、矛盾、分歧及懲罰，則不利於子女的生活適應。

8. 積極性教導態度或行為，如關懷、愛護、溫暖及獎勵，會防止子女的偏差行為；消極性教養行為或態度，如嚴格、拒絕、分歧、矛盾、溺愛、權威的威脅，則會促進子女的偏差行為。

（二）親子溝通的方法

1. 親子溝通的類型

　　「溝通」係指訊息或信號的傳送與接收的過程。「溝通」是表情達意，說話是溝通方法之一，還可用表情、動作等肢體語言和孩子溝通，也可使用圖畫、文字等書面工具來和子女表達彼此的感情、思想和意念。從前述三種不同教養態度可推衍下列三種親子溝通方式。

(1) 權威式親子溝通

　　這是權威專制型教養者常用的溝通方式，只單向溝通，是父母下命令要孩子順服，就像臺灣有句俗話「囝仔有耳無嘴」，意指孩子只有聽命的份，沒有說話的餘地，更沒有申訴理由的可能，這種溝通是由上向下壓制，孩子怨氣無處發洩，也無法上達，只有以畏縮、消沈或反社會行為來表示抗議，當然會有不良行為出現。

(2) 溺愛式親子溝通

　　這是自由放任型教養者常用的溝通方式，只單向溝通，子女說什麼，父母就回應什麼，孩子愈來愈無節制，只要一聲「不要」，父母就奉為聖旨，趕快拿開，在孩子的心目中並不見得感謝父母，因為孩子不能體認父母為他所做的忍讓，反而更囂張、更無自制能力的為所欲為。

(3) 和諧式親子溝通

　　這是民主權威型的親權教養者常用的溝通方式，大人與孩子可以雙向溝通，誰有理就聽誰的；誰有怨氣，另一方傾聽，大家皆可用理性態度充分表達自己的感覺和想法，互相接納尊重。當然，這不是一下子就能做到的，仍須一步步慢慢學習。

　　以上所列的教養態度與親子溝通方式，並不是每一個人皆只單純的屬於某一型，有時生氣起來是採權威型，不生氣時又能民主和諧地與孩子溝

通。有些情況是父親較偏向權威型，母親卻又較偏放任型。當然，到底家長宜採哪一型並不是呆板規定的，尤其對年齡較小、3 歲以前的嬰幼兒，你要與他民主和諧溝通也不容易，也許必須採用權威方式規定；但隨著孩子漸長，你的教養態度與溝通方式宜漸採民主和諧方式為宜，這就是我們常說的「和子女一起成長」的意思。

有關親子溝通的理論與技術，尚有 Stell（1986）的親子溝通金字塔論，其類型有四，層次關係如圖 2-4-1（楊坤堂，1993）。

圖 2-4-1　親子溝通金字塔論

資料來源：Stell (1986)；引自楊坤堂（1993a：32）。

(1) 談天式的親子溝通

親子溝通技巧中，談天式（phatic）親子溝通是為人父母者最常應用的，也是最容易使用的溝通技巧。親子談天基本上不受時間、空間、事情和話題的限制。親子談天在整個親子溝通的過程中相當重要，因為談天式的親子溝通是建立和增進良好親子關係，以及促成良好親子溝通的主要基礎。不過，現代父母由於忙、茫（例如不知如何進行親子溝通）或盲（例如不知道親子談天的重要性）而未能確實做好談天式的親子溝通。

(2) 談心式的親子溝通

如圖 2-4-1 所示，親子談心是建立在親子談天的基礎之上，親子之間若欠缺親子談天，則甚少（或不可能）有親子談心。談心式親子溝通具有

心理學上的宣洩作用（或情緒淨化作用），其功能在認知子女的內心世界，提供適時而必要的協助或支持。在子女處理挫折、追求成長的過程中，談心式的親子溝通可能是最重要的溝通方式。在進行談心式親子溝通時，父母要努力保持親子溝通管道的開放和暢通，一方面留意自己的情緒（是否情緒穩定，是否能穩定情緒），另一方面要關心子女，提供及時的情緒急救或心理消毒。在談心式親子溝通的過程中，父母經常要面對子女的認知、情感或行為上的問題。在處理上若稍一不慎，則很可能從此關閉這一道親子談心的溝通管道。因而為人父母者不妨有這種認知：問題有時不在問題的本身，而在父母處理子女問題時的心態和方法。如果父母是子女談心的第一對象，或是子女心情求救信號的第一號收訊站，則屬於成功的父母。

(3) 資訊提供式的親子溝通

　　親子溝通的第三種方式是「提供資訊」，亦即交換意見、分享經驗或提供資料等。一般父母，特別是為人父親者，對資訊提供式的親子溝通最感興趣。其實為人父母有這種心態是自然而可理解的，因為父母乃子女生命歷程中的第一位老師。提供資訊是一種教育方式，父母希望經由經驗分享和資料提供，協助子女免於嘗試錯誤的學習過程。然而，父母經常在資料提供的親子溝通層次上遭遇失敗，這是因為父母沒先做好談天式和談心式的親子溝通。換言之，父母要子女在第三層次的資訊提供式的親子溝通中做個好聽眾，則父母必須先在談天式和談心式的親子溝通中做個好聽眾。而且父母在進行資訊提供式的親子溝通時亦須注意溝通技巧，避免倚老賣老、長篇大論等方式。

(4) 說服式的親子溝通

　　本層次的溝通在試圖使子女接受父母的意見、觀點和方法。其實，說服式的親子溝通乃是親子溝通的最終目的。絕大多數的父母願意以最多的時間和最大的努力進行說服式的親子溝通，因為父母的主要職責之一就是協助子女學習思考和行為的的方式。父母如果想影響和說服子女則必須：①

先做個好聽眾，用心傾聽；②在適當的層次上跟子女溝通；③依據親子溝通方式，循序漸進地做好談天式、談心式和資訊提供式的親子溝通。

以上介紹金字塔論的親子溝通類型，主要是說明運用這些親子溝通類型時，須有層次漸進的概念。金字塔的下方底線較寬，表示大部分人能做到的是談天，而能做到談心的家長就較少些，依此類推，真正能說服子女的就不多。但也顯現一種觀點，那就是子女本應有子女自己的想法，做家長的不一定非要說服孩子不可。

2. 親子溝通需以愛為基礎

Dr. Jeanne Galliham 曾提出「兒童的行為，反映出親子溝通的品質」、「親子之間應用愛來溝通」等觀念，她認為親職教育的目的是幫助家長能用正面的、有建設性的、關心的、體貼的、支持的、賞識的、設身處地的態度與子女溝通，這才是以愛來溝通的真義（薛文光譯，1990）。

依據語文學家、媒體專業人員、企業家等研究人際溝通過程發現：親子溝通是不斷以不同形式傳遞訊息，包括父母整個身心及一言一行（有時是自覺的，但大半是不自覺的），而由孩子的聽覺、視覺、觸覺、味覺和嗅覺等感官，以及直覺（第六感）來接受。父母的人格個性、知識、信仰、情感取向、道德判斷、思考、能力、態度、興趣、交際狀況、宗教傾向、整個人的個性本質，以及其體質特徵，都是所謂「整個身心」的組成要素，而父母有心或無心的舉止，和他們所使用的語言——口語或非口語的，構成溝通的訊息內容。此外，父母親的直覺判斷也不時發生效用，修正、限制或引導自己的言行。就所謂「正常」的人來說，這些組成因素彼此充分協調，運作十分順暢，因此在日常生活中很少受到注意。然而，每一細節、每個因素都參與了人際訊息的傳遞。用心考量這些因素之後，父母親便能部分修正或整個改變自己不喜歡的訊息。當然這需要花時間和努力，但這結果不只影響下一代，也影響到未來的世世代代。溝通愈帶正面

肯定意義，成效也愈好。專家學者所推薦「與兒童的良好溝通」，有三個必要的附帶條件，那便是：任何形式的溝通「要多含愛心」、「子女成長、發展的各個年齡階段都要不斷溝通」，而且「用各種適合年齡、適合發展階段的方式」。

3. 營造親子良好溝通的建議

　　許多研究對於父母須與子女溝通，及怎樣的情境裡最能產生富正面意義的訊息，建言頗多。孩子愈小，「內容、方式、時機」等因素愈需依兒童需要融合成特定的情境。綜合許多研究的結果，可以歸納成以下八點建議，以便我們了解正確溝通的特性（薛文光譯，1990）：

(1) 提供舒適的外在條件：提供嬰兒或小孩適當的營養及衣物，還要控制溫度、噪音、污染、安全的環境和個人的舒適。

(2) 提供能促進、培養和保持子女情緒平衡所需的環境：不同年齡、階段的健全情感發展有不同的需求，最好與各個年齡、階段的教養方針一併考量。

(3) 幫助孩子發展正確的自我觀念和健全的自尊，應配合年齡，在兒童成長的過程中採用不同的策略。

(4) 示範並教導孩子做決定、選擇、評鑑和解決問題的方法；難度應適當。

(5) 以言教和身教引導兒童的道德發展：要讓子女了解你（父母親）眼中的對和錯。不必擔心子女是否接受，至少在他們成長期間，他們可以藉著這些指南來看道德和倫理問題，並以之為準繩，而不至於在自省思索時，發覺腦中或心中一無所有。

(6) 當孩子學著克服生活裡的情緒難關時，給予絕對的支持；「渡過難關」的能力並不會隨著難關而來，孩子必須逐漸培養面對難關的勇氣與能力。他先前的經驗加上與他人的溝通，逐漸形成自己的性格特徵，他至今的人格發展，也會多少了解自己需要時，有

哪些「人力資源」可供開發利用。面對難關時，他需要父母親以愛心引導他衡量全局，發揮他的應變能力。父母此時如能給他可行的建議，幫他想好可能的後果，一起討論，幫助他做出自己的決定，孩子會獲益匪淺。

(7) 協助孩子的群體適應、人際關係：整個「社會化」的過程開始於小孩出生那一刻，發生於親子之間或孩子與主要照顧者之間。逐漸從「自我中心」取向發展到「受外力支配」、有社會意識的成人觀點。

(8) 幫助孩子表達他內在的創造力，讓他的潛能盡量發揮：每一個人都有相當程度的創造力，但是需要適當的環境讓創造力流露出來。

（三）獎勵與懲罰的策略（蔡春美，1998b）

由於孩子不是天生服從者，孩子有其自我的想法，且隨著年齡的增加，逐漸社會化，在其社會化歷程中，一定有許多行為必須由家長或照顧者予以規範。獎勵與懲罰雖屬行為主義派學者理論的重點，但在教養孩子的過程中是常用的方法。許多親子關係失和，與家長不懂如何運用獎勵與懲罰有關，因此有必要深切了解其運用之策略與要領。以下首先要談的是獎勵和懲罰的定義：

1. 獎勵與懲罰的定義

(1) 獎勵是一種鼓勵、讚美，當孩子做好事或表現好的行為時，大人可以給予口頭讚美或獎品，讓孩子感到愉快。

(2) 當孩子表現不好或做錯事時，我們通常會責罵他，讓孩子心中不愉快，這就是一種懲罰。

獎勵或懲罰，都是一種改變行為的手段，獎勵的目的是給孩子快樂，以激勵孩子表現良好；懲罰則在給孩子痛苦，使孩子不敢再做不好的事。

根據行為主義學派的效果律和增強原理可以了解，人類的行為會因行為後果的受獎勵或懲罰而有持續或中斷的現象，運用此原理可以來控制或改變人類的行為，尤其對幼兒，其效果更是明顯。例如：當幼兒幫忙媽媽掃地時，如果媽媽微笑讚美孩子，那麼孩子一定樂意第二天、第三天繼續幫忙掃地；如果媽媽面帶不高興的表情對孩子說：「連掃地都掃不好，去！去！去！我自己來掃。」然後伸手把孩子拿的掃把搶過來自己掃，那麼這個小孩心中會想：「我大概很笨，讓媽媽生氣，我以後還是不要幫忙掃地好了。」從此他可能就不再喜歡掃地了。所以我們可以得到一個結論是：我們希望孩子做某件事時，就是要在孩子真正做那件事後，盡快讚美他；如果不想讓孩子做這件事，則在他做這件事或剛做完後馬上懲罰他；使他下次不敢再做類似的事。

2. 獎勵的原則

獎勵運用不當有時會使孩子養成功利，沒有獎勵就不做，或變成斤斤計較。為避免這些弊端，請注意下列原則：

(1) 多讚美鼓勵，不要吝惜獎勵孩子。

(2) 獎勵的內容要和其受獎的行為相配合；也就是不要太小的事給太大的獎。

(3) 獎勵要在好行為發生後立即施行，才會有效。例如：孩子玩沙後去洗手，家長應馬上讚美他：「玩沙後會洗手，真能幹！」不要隔好幾個小時後再誇獎他，這樣幼兒會不記得為什麼受獎賞，也就不知哪一種行為是受大人肯定的，如果當時他正在哭，他還以為你在讚美他「哭」的行為。

(4) 獎勵不要太浮濫，通通有獎會使孩子覺得沒有意思，也就不會產生激勵作用。可以在適度競爭的狀態下用獎賞來激勵幼兒努力，但也不要太難得到獎賞，反而讓小朋友失望，不想努力。

(5) 多用精神或社會的獎勵，少用物質獎勵。因為孩子若在物質獎賞

太多的學習環境中成長，易變成有物質獎勵才要做事、才要努力，好習慣沒養成，反而變成功利主義的人。社會或精神的獎勵方式是指和幼兒有身體的接觸，如摸摸頭、拍拍肩，給予笑容、擁抱等，或在餐桌上向家人宣布孩子的好行為，在鄰居親友面前讚美孩子，這是很好的方法，可以多多運用。

(6) 口頭讚美的語句要具體。有些家長常用籠統的話語來獎勵孩子，例如：「小莉好乖，小莉好棒，小莉好聰明。」這些話不夠具體，不能給孩子正面的指導，孩子無法體會到底哪些行為才是好的，如能改成「小莉會把拖鞋擺好，真乖！」「小莉會自己穿衣服，好棒！」「小莉會把小紅帽的故事從頭講到尾，真厲害！」這樣具體的讚美才能使孩子知道努力的方向。

(7) 獎勵要由外控逐漸引為內控，以培養孩子獨立自主。年紀小的孩子可先由物質的獎勵開始，慢慢改成以貼紙代替物品，或在月曆上畫圈圈，等累積到五次或十次再換獎品，年齡漸大，累計次數可加大，以延後小孩對物質的乞求。對較大的孩子也許不必用物資，改用社會或精神的獎勵，使孩子在學習活動中獲得成就感、愉快感，而能自動去表現好的行為。這就是由外控轉為內控的開始，而內控正是培養孩子獨立自主的起點。

(8) 不要錯用獎勵，要針對好的行為。例如：小英的父母「在孩子有好行為時，馬上能給予讚美、愛和注意」，而小明的父母則「在孩子有良好行為時，不做任何表示，認為理所當然」，「在孩子不守規矩時，便會停下工作來罵孩子」。這種「注意」有時正是一種「社會獎勵」，會讓小明以「不守規定」來引起父母注意，這樣就是一種錯用了。

3. 懲罰的原則

為達成有效而無副作用的懲罰請注意下列原則：

(1) 懲罰並不等於體罰，請勿用體罰來懲罰孩子。因為體罰會傷及孩子的身體，而且會傷及孩子的心靈，通常大人體罰孩子時，常無法理性控制情緒，而下手很重，尤其凶狠的表情令孩子生畏，同時也易讓孩子模仿而成為暴力型的孩子。

(2) 懲罰也要在不良行為發生後立即實施。也就是在孩子記憶猶新時懲罰，使他知道錯在哪裡。

(3) 懲罰的方式要公平，前後力求一致。亦即同樣的行為應有相同的後果，兩個小孩同樣用蠟筆亂塗白牆，一個罰站兩小時，一個沒什麼處理，這就不對了，我們要在孩子心中建立一個可遵循的規則，才能導正其行為。

(4) 對幼兒的懲罰可以用取消某些他們視為重要東西的方式：如不准看當天的卡通影片、不准借兒童讀物三天等，但以剝奪孩子某項權益做懲罰時，時間不可太長。若用不准看卡通影片的懲罰，可用錄影機錄下，等孩子表現好時再給他看，因為懲罰仍應基於愛心。

(5) 不要拿生命有關的事項來懲罰：有些家長以不准孩子吃晚飯、不准睡覺、不准喝水來懲罰孩子，這是不對的，因為會影響孩子的生長發育，所以吃飯時最好不要處罰孩子。

(6) 懲罰孩子要讓孩子明白你只是不喜歡他的不良行為，不是不愛他了，也就是把人和事分開。家長要分清懲罰的重點在孩子的不良行為，而不要把孩子的人格、尊嚴都處罰了。「媽媽好喜歡你，但就是不喜歡你跳沙發，下來坐好，再一次就罰站囉！」用這樣的方式可以保持良好親子關係。

(7) 懲罰應配合口頭說明，讓孩子明白自己被罰的原因，親子共同檢討如何改變不良行為，並協助孩子下次不要再犯。

(8) 懲罰孩子要注意就事論事，不要羞辱、貶損孩子，也不要做超出其年齡的要求。有些家長雖未體罰孩子，但以尖刻的語言羞辱孩

子，或以權威命令孩子服從，這對培養孩子自律是沒什麼幫助的。

每位父母都希望教育子女成為一個能自治、自律、自主的人，孩子從幼年時代就須注意教養，在運用獎勵與懲罰的時候要多注意避免其弊端，善用其效果。根據心理學家的研究，多用獎勵少用懲罰對孩子更有用，有時獎勵更可發揮管教的功能，因為孩子是往讚美的方向走的，只要家長能本著愛心，耐心教育子女，在尊重孩子人格下善用獎勵與懲罰，則孩子都能健全穩定的成長。

總之，本節從教養觀念的迷思，談到維持良好親子關係的方法，包括教養態度、親子溝通及獎懲策略。茲歸納維持親子良好關係之十大要訣如下，希望家長能真正落實執行，相信對親子關係的經營有正面的助益。

1. 用心去探討孩子的問題所在，考慮孩子的身心發展狀態。
2. 父母或祖父母的教養態度要力求一致，不要讓孩子無所適從。
3. 給孩子清楚的愛、明白的指示，而且不要吝惜給予獎勵。
4. 教孩子包容、體諒之前，自己先要表現包容與體諒。
5. 和孩子一起成長，給孩子彈性空間，有彈性才能使親子關係持久。
6. 教導孩子要「協助」而不是「代替」或「搶功」。
7. 不要把孩子當作父母的「所有物」，隨意指揮。
8. 提供孩子快樂成長的環境不在物質而在精神。
9. 與孩子共訂規則，讓孩子有規則可遵循。
10. 做子女的良好模範是教養子女的重要條件。

教養子女是相當複雜而有個別差異的工作，雖然定出規則，但真正實行起來並不簡單，家長必須自我要求，力求符合良好親職之標準去教養子女，必要時也須與學校老師或社工人員密切合作，才能給孩子快樂而有意義的童年，及健全成長的發展空間。

第五節　照顧者敏銳度

　　本節主要探討照顧者敏銳度的意義、與親子依附關係的關聯，以及照顧者與幼兒特性對於親子依附的影響情形。依附是經由嬰兒時期與照顧者長時間互動所建立起來的關係，嬰兒是否能與其主要照顧者建立起安全依附，主要受到他們所接收到的照顧品質之影響。依據 M. Ainsworth 的觀點，安全依附是基於照顧者敏銳地回應嬰兒的訊號與需求，導出對照顧者可得性的信任；照顧者立即且合適地回應嬰兒訊號的能力，是安全依附關係發展的重要條件（Ainsworth et al., 1978）。De Wolff 與 van IJzendoorn（1997）回顧了 66 個相關研究後，指出照顧者的敏銳度與親子依附關係存有中度的關聯性，因此探討親子依附關係時，照顧者敏銳度絕對是必須考量的因素。

一、照顧者敏銳度的意義

　　依據依附理論，立即且合適地回應嬰兒訊號的能力，是安全依附關係發展的重要條件（Ainsworth et al., 1978）。有關於母親敏銳度的第一手資料，首推 Ainsworth 在巴爾的摩所進行的研究。她自受試嬰兒出生起即按時訪問每個家庭，觀察母親在家庭中與嬰兒互動的情形，巨細靡遺地記錄母親對餵食嬰兒的態度、行為、習慣以至於對嬰兒啼哭的處理等，對每位個案都累積了 72 小時的家庭觀察（雷庚玲、許功餘，2002）。

　　依據前述觀察基礎，Ainsworth 發現擁有「安全依附型」嬰兒的母親，是較有反應的照顧者、對嬰兒發出的社會訊息比較敏銳、也較快做出適當的回應；這些母親情感豐富，同時也鼓勵嬰兒往外探索。而「不安全依附型——焦慮與抗拒」嬰兒的母親雖然對嬰兒也有興趣，也願意和嬰兒有親近的身體接觸，但是這些母親常常誤解嬰兒發出的訊息，而無法與嬰兒建

立同步的互動；在照顧嬰兒時，抗拒型依附嬰兒的母親常有不一致的行為，有時很熱衷與關心，有時卻不聞不問，他們對嬰兒的反應常視自己的心情而定，而非嬰兒的情緒需求狀態。至於導致嬰兒形成「不安全依附型——焦慮與逃避」之母親，其一為對嬰兒很沒耐心、忽視或是拒絕嬰兒的需求、與嬰兒接觸時也不會覺得快樂；另一則為過度熱衷於提供嬰兒過多的刺激或是過度干涉，都會造成逃避型依附的親子關係。還有「無組織型依附」（disorganized attachment）嬰兒的母親則多半心中有尚未處理完的重大創傷，使得這些母親照顧嬰兒時，表現出特有的過度保護或是緊張過度的行為，而嬰兒方面則可能伴隨著被接受但是又被虐待的經驗，使得這些嬰兒不知道是否該趨近照顧者以求慰藉，或是逃離以求安全，而表現出趨近／逃避等混亂的行為（雷庚玲、許功餘，2002）。

因此，以 Ainsworth 對母親敏銳度所提出的定義最為經典——即「照顧者適時地滿足與回應孩子發出的訊號與需求」（Beckwith, Cohen, & Hamilton, 1999; De Wolff & van IJzendoorn, 1997; Koren-Karie, Oppenheim, Dolev, Sher, & Etzion-Carasso, 2002; Pederson & Moran, 1995）。Aviezer、Sagi、Joels 與 Ziv（1999）進一步強調，母親的敏銳度必須包含母子雙方的互動，且認為嬰兒與母親在互動中均為主動的參與者，嬰兒的特質亦能引發母親的照顧行為，使得雙方的互動更為協調與平衡。

De Wolff 與 van IJzendoorn（1997）回顧母親敏銳度相關的研究後，請 27 位依附研究專家依據 Ainsworth 對母親敏銳度的定義，將母親照顧行為進行歸納與排序，分析出母親的敏銳度包含下列五個向度：同步互動（synchrony）、相互關係（mutuality）、情緒支持（emotional support）、正向態度（positive attitude）以及合適刺激（stimulation）。

二、照顧者敏銳度與親子依附關係的關聯

有關照顧者敏銳度與親子依附關係的關聯性研究中，均強調兩者間正

向的關聯（Deans, 2020; Manning, 2019; Posada, Trumbell, Lu, & Kaloustian, 2018）。NICHD（National Institute of Child Health and Human Development）以大量的樣本、多個測量工具的研究也發現：早期托育經驗並不會影響嬰兒 15 個月大時與母親間的依附關係品質，母親的敏銳度和回應才是親子依附品質的主要影響來源（Manning, 2019）。

在親子依附關係中，母親角色有相當大的影響力，當母親提供過度的刺激時容易導致逃避型依附的嬰兒；而當母親對嬰兒提供不穩定的刺激時，則容易形成抗拒型依附的親子關係；唯有提供適度地刺激時，才能建立起安全依附的親子關係。母親的照顧行為和親子依附關係存在關聯性，Egeland 與 Farber（1984）指出擁有安全依附親子關係的母親，在餵食和遊戲時，孩子較為合作與敏銳；當孩子長大些，提供自主性的支持程度也較高（Koehn & Kerns, 2018）。Stevenson-Hinde、Chicot、Shouldice 與 Hinde（2013）、Isabella（1993）的研究均發現，嬰兒的依附品質與母親的敏銳度有強烈的正相關；具有安全依附關係之母親，較能注意到嬰兒發出的訊息，並能有效地回應這些訊息。

Isabella（1998）則使用連續記錄的方式，以自然家庭觀察的方式來獲得母親與嬰兒互動的資料，該研究發現，安全依附的嬰兒經歷較高度的母親敏銳度，而抗拒型依附的嬰兒經歷最高度的母親拒絕。Susman-Stillman、Lalkoske、Egeland 與 Waldman（1996）及 McElwain、Holland、Engle 與 Wong（2012）的研究也說明，嬰兒 6 個月大時的母親敏銳度，除了可以獨立預測安全依附外，亦可作為中介變項預測嬰兒氣質的易怒傾向與安全依附間的關聯。Leerkes、Nan Zhou 與 Zhou（2018）的研究也指出，照顧者敏銳度對於不同氣質表現嬰兒的依附型態具有影響力，特別是負向情緒特質的嬰兒。

三、照顧者特性對於親子依附關係的影響情形

　　鑑於照顧者敏銳度對親子依附關係存有影響，有關照顧者特性對於照顧者敏銳度的可能影響，也是令人關切的焦點。茲就照顧者特性對於親子依附關係的影響因素，分述如後。

（一）照顧者的就業狀態

　　照顧者的就業狀態是否對親子間的依附關係造成危機呢？Barglow、Vaughn 與 Molitor（1987）以 110 位育有 12～13 個月大嬰兒之母親為研究對象，發現全日外出工作的母親，重複地與嬰兒分離的經驗，將會對親子間的依附關係造成危機，建立起不安全的依附品質。Scher 與 Mayseless（2000）以 98 對母子的研究也發現，母親較長的工作時數和嬰兒的抗拒型依附有關聯。Belsky 與 Rovine（1988）的研究亦指出，12～13 個月大之嬰兒，若每週托育時數超過 20 個小時以上時，將會有較高比例的親子不安全依附品質。然而，Stifter、Coulehan 與 Fish（1993）以 73 對母親與嬰兒為研究發現：母親就業與親子依附品質之間的關聯是很複雜的，當就業母親有高度的分離焦慮時，較容易導致逃避型依附的親子關係；母親的分離焦慮影響親子間的互動，而造成安全或不安全的依附品質。同樣地，父親的就業狀況與親子依附關係也存在類似關聯；Ishii-Kuntz、Makino、Kato 與 Tsuchiya（2004）以 442 對日本年輕夫婦的研究發現，當父親有較短的工時、母親為專職工作者、家中有較少的成人和較多的孩子以及孩子的年齡較小等因素時，會使父親有較高度的育兒參與，而影響父子依附關係。

（二）照顧者的心理因素

　　照顧者的心理因素同樣會影響親子依附的品質。Stevenson-Hinde 與 Shouldice（1995）的研究指出，安全依附型孩子的母親具有較正向的情

緒、較喜歡孩子，同時有較多的監控、計畫與確定的行為。Koren-Karie 等人（2002）探討母親的敏銳度與嬰兒依附間的關係時，發現有正向自覺的母親較為敏銳，且親子依附關係較為安全。Owen 與 Cox（1989）的研究則指出，愈焦慮的母親其親子依附關係愈不安全，母親的就業狀態會影響母親焦慮狀態，進而影響親子依附關係；其中每週工作時數超過 40 小時的母親，其焦慮程度較為顯著。

　　Benn（1986）則進一步探討就業母親於男嬰週歲前回復全職工作時，母親的心理狀態和親子間依附關係，該研究以高社經、已婚的 30 對母親和男嬰為研究對象，母親的工作時數每週最少為 30 小時，且於嬰兒週歲前即開始托育；該項研究發現，具有安全依附的男嬰母親較為敏銳，同時較為滿意非工作的時間，也較容易恢復工作；而具有高統整性（integration）心理特質的母親較易與嬰兒形成安全依附的關係。關於前述成果，可能由於具高統整特質的母親對其嬰兒較為接納、敏銳、較滿意時間安排，同時具此特質的母親擁有較高的社經地位、較佳家庭收入以及較滿意丈夫的育兒參與。母親就業對親子依附關係的影響受到母親情緒狀態因素的中介作用，亦即當母親是較為悅納自己的就業狀態時，母親就業對親子依附的負向因子即受到調節，而減少負向效應。

　　Martinez-Fuentes、Brito de la Nuez 與 Perez-Lopez（2000）曾以 41 對西班牙母子作為研究對象，研究指出嬰兒氣質以及母親的人格特質，可以作為區分安全與不安全依附關係的因素；由此可知，照顧者的年齡、教育程度、敏銳度、就業因素、心理狀態以及人格特質等照顧者的因素，均與親子依附關係間有關聯性存在，唯因幼兒年齡、氣質等因素可能會產生中介作用，干擾前述因素的影響力。以下將接續探討孩子本身的因素與親子依附關係間的關聯情形。

（三）幼兒本身的因素

　　除了照顧者特性外，從幼兒本身的角度出發，有哪些因素會對親子依

附關係產生影響力呢？茲就幼兒的氣質和年齡等因素與親子依附關係的相關研究，討論如後。

1. 幼兒氣質

在親子依附的相關文獻中可以發現，關於氣質與依附間的爭議由來已久。Kagan 致力的抑制型與非抑制型嬰兒研究，駁斥陌生情境測驗對依附類型的分類（雷庚玲，2000）；之後陸續有學者（Sroufe & Waters, 1977）提出研究或是論點來澄清依附與氣質的分野，使得依附與氣質間的爭論不再如前，但是學者仍不否認氣質對於個別差異性的影響力。從幼兒的氣質中，可以看到個體的遺傳因素、也就是生理因素影響個體對家庭與所處社會環境適應的過程；氣質指幼兒在面對環境事件與刺激時可能會有的反應傾向，在探討嬰幼兒期照顧方式與親子依附間的關聯時，氣質究竟扮演了什麼角色？以下分別論述氣質的內涵、穩定性、與父母教養方式的「適配性」，以及與親子依附間的關聯。

(1) 氣質的內涵

學者對於氣質定義與測量方式的看法不盡相同，但都同意氣質是具有個別差異的特質，且在年幼時即顯現，同時可在一段時間後仍維持相當程度的穩定性，並伴隨著內在的生理基礎（雷庚玲、許功餘，2002）。1985年在一場以氣質為主題（What is temperament）的圓桌會議（round table）中，邀集幾位研究氣質的專家學者（Goldsmith et al., 1987）共同釐清氣質的一些概念。在這場會議的討論中，雖然不同的學者對於氣質的概念都有各自強調的觀點，但同樣地認為氣質多少都是深具遺傳性的，同時在某段時間呈現穩定的狀態，且具有個別差異性。行為遺傳學者藉由比較同卵雙胞胎與異卵雙胞胎間氣質的相似性來找出遺傳的影響，發現同卵雙胞胎間的相似性都高於異卵雙胞胎間的相似性（張欣戊、林淑玲、李明芝譯，2014），可以推論許多重要的氣質成分似乎是受到遺傳的影響。

而到底氣質的內涵為何？包含了哪些面向呢？在早期Thomas 與 Chess

於 1956 年所進行的長期追蹤研究中，將氣質分成九個向度，分別為活動量（activity level）、規律性（rhythmicity）、趨近性（approach or withdrawal）、適應度（adaptability）、注意力分散度（distractibility）、堅持度（persistence）、反應閾（threshold of responsiveness）、反應強度（intensity of reaction）以及情緒本質（Quality of mood）（徐澄清，1999；雷庚玲，2000），並將這九個向度視為氣質的定義。然而後續的研究（Goldsmith et al.,1987; Presley & Martin, 1994; Seifer, Sameroff, Barrett, & Krafchuk, 1994，引自雷庚玲、許功餘，2002），則顯示上述的九個向度並非完全沒有重疊（即統計上所謂的正交），可以簡化成三或四個向度——適應力、趨近性、反應強度以及情緒本質，進一步依據孩子在不同向度上的得分區分出氣質的類型：安樂型或稱容易型（easy babies）、磨娘型或稱困難型（difficult babies）以及慢吞吞型（slow to warm up babies）。

(2) 氣質的穩定性

　　如果氣質是影響親子依附的重要因素，首先就得先釐清氣質是否具有穩定的特質，而才能進一步地探討氣質與依附間的關聯。早期的氣質穩定嗎？縱貫性的研究指出，氣質的一些成分——活動量、易怒性、社交能力與羞怯——在嬰兒期、兒童期，甚至成年初期都是維持著中度的穩定性（張欣戊等人譯，2014）。Rimm-Kaufman 與 Kagan（2005）曾就行為抑制（behavioral inhibition）為題進行研究，即探討幼兒從不熟悉的人群中或環境中退縮的傾向，這項氣質特質的研究發現行為抑制具有中度穩定的特質，且最極端部分的幼兒——亦即最抑制與最不抑制的幼兒，呈現出長期的穩定性，但大部分孩子處於中等抑制性程度者，則相當的不穩定；前述研究結果意味著這些受遺傳影響的氣質特質，有很大的彈性會受到環境因素的修正。此外，Belsky、Fish 與 Isabella（1991）的研究亦發現，在嬰兒一週歲前，孩子的負向情緒易受到父母人格特質與婚姻品質的影響，有很大的變動空間。由此可知，氣質並非穩定不變的特質，而是常與主要照顧者本身的狀態、壓力以及親子互動品質等因素有關連。

(3) 氣質與親子互動

論及氣質與親子互動品質的關聯，特別是在幼兒社會化的歷程中，有關氣質對父母管教方式的影響，以及不同氣質的幼兒對父母管教要求的順服情形，是較為常見的主題（雷庚玲、許功餘，2002）。關於氣質的影響力，父母管教方式與幼兒氣質的「適配性」（goodness of fit）最常被提及，是經常受到討論的重要影響因素。個體的氣質影響著個體與他人的社會互動，例如氣質傾向為容易型的幼兒，父母較容易和孩子形成同步（synchrony）的互動，父母如使用較溫和的管教方式就能達到教養的目標，親子間能有較多的正向互動。反之，面對難捉摸、易怒氣質的孩子，常常高度挑戰父母的耐心，長時間下來，父母較易使用嚴格、負向的管教方式，進而危及親子間親密關係的品質。

因此，同一個家庭環境對於不同氣質的孩子，有著不同的意義。因為父母、其他手足或是照顧者，對於不同氣質的孩子會有不同的對待方式；如此一來，氣質傾向於「磨娘精」型的孩子是否較不利於建立正向的親子關係呢？雷庚玲、許功餘（2002）指出，縱使面對十分難帶養的孩子，父母在管教孩子之前，如果先能了解孩子的氣質傾向對父母管教方式的影響後，透過適當的調適，發展出親子間最佳的互動模式——即「最適配合」，父母依然可以和不同氣質的子女建立起正向的親子關係。

(4) 幼兒氣質與親子依附關係的相關研究

親子依附關係的建立是基於彼此長時間的互動歷史，至於幼兒氣質與親子依附的關聯情形如何？Belsky 與 Rovine（1988）的研究指出，在不安全依附的親子關係中，嬰兒較為哭鬧且不易安撫，而母親的婚姻狀態比起她所期待的較不正向。Park（2001）以 1 歲大的韓國嬰兒研究也指出，安全依附型的嬰兒表現出較多的安全堡壘行為、較順從、較喜歡肢體的接觸，同時較少哭鬧的行為。

Connell 與 Thompson（1986）企圖以嬰兒在陌生人情境中的情緒和社會互動行為表現，來說明氣質對依附行為的影響力。研究結果發現，嬰兒

的情緒反應確實在陌生情境中，扮演著組織和穩定社會互動行為的重要角色。反映了情緒在依附系統中的功能，顯示氣質對依附行為是有一定程度的影響力。

Seifer、Schiller、Sameroff、Resnick 與 Riordan（1996）更試圖以多樣化的測量方式，來重新檢驗親子依附類型、母親敏銳度和嬰兒氣質之間的關係。研究人員以 49 個家庭（24 個男孩和 25 個女孩）為研究對象，在嬰兒不同年齡、運用不同的測量工具與測量角度來獲得母親的敏銳度、嬰兒氣質與親子依附等資料。研究結果發現：母親敏銳度和嬰兒氣質皆與依附 Q 分類的安全性有關聯性存在，但和陌生情境測驗分類無相關。嬰兒氣質的行為觀察結果與母親敏銳度有關聯性存在，但是由母親填答的嬰兒氣質則與母親敏銳度只有微弱的相關。母親的敏銳度只能解釋親子依附的部分變異，在預測親子依附時必須同時考量其他因素，如：氣質。嬰兒氣質與親子依附的相關性較強於母親敏銳度與親子依附的相關性。因為在排除母親敏銳度的影響力之後，嬰兒氣質仍與依附 Q 分類的安全性有顯著相關，而當嬰兒氣質的影響力被排除之後，母親敏銳度和依附 Q 分類的安全性的相關便不再顯著了。故又再度說明氣質對依附的影響力。

延續 Seifer 等人（1996）使用多樣化測量方式的觀點，Kochanska（1998）亦以親子關係、兒童恐懼情緒和依附為題進行研究。研究結果發現：當幼兒 13～15 個月大時，安全依附型幼兒伴隨有較高的母親應答性和親子正向情緒分享，但不安全依附類型之間的親子關係分數則無差異。在兒童恐懼情緒與依附的關聯性方面，安全依附和不安全依附兩組兒童在恐懼情緒的得分上沒有差異，但在不安全依附的類型之間卻有差異，即逃避型比起抗拒型兒童出現較少的恐懼情緒；恐懼情緒不能區分安全和不安全依附，卻可以區分逃避型和抗拒型依附。這個研究再度澄清氣質與依附間的爭議，即母親的應答性與安全／不安全依附有關，而氣質（兒童恐懼情緒）則與不安全依附的類型有關。

Groh 等人（2017）以後設分析的方式，回顧早期依附（於 1～5 歲測

量）與幼兒氣質（於 1～12 歲測量）的關聯，並比較其與幼兒社會能力、外在化行為與內在化行為關聯的強度。研究人員依據 109 個獨立樣本（計11,440 位幼兒）進行分析，研究發現氣質與安全依附的關聯十分微弱，但與抗拒型依附有中等強度的關聯；氣質跟逃避型依附及無組織型依附均無顯著關聯；再者，早期的安全依附與幼兒社會能力有較強的關聯性。

　　由前述的研究發現，幼兒氣質與親子依附間具有部分的關聯性，惟因為幼兒年齡以及不同的研究設計，會影響氣質與依附間的關聯強度。

2. 幼兒年齡

　　除了氣質之外，孩子的年齡是否成為左右上述因素（照顧者因素、氣質因素）對依附品質的影響因素呢？ Vaughn 等人（1992）以六個不同年齡層（5～6、9、24～36、18、30、39 個月大）的整合型研究，探討不同的年齡層的幼兒在氣質與依附的關聯性。研究人員將六個氣質樣本都做了主成分分析，發現負荷量最高的因素幾乎都是與情緒有關的特質（如：negative reactivity/affective activation 等）；然後再拿這些主成分分數和依附 Q-sort 的分數求相關，結果呈現微小但顯著（modest）的關聯。依據前述研究可見，在孩子很小的時候（嬰兒與學步兒時期），氣質和依附幾乎是完全不同的兩個結構（相關非常低），但是隨著年齡的增長，它們漸漸融合在一起，成為影響孩子因應內外刺激的反應方式，所以相關也變得較高。

　　除此之外，Isabella（1999）回顧了 1970 到 1990 年代有關於依附與親子互動觀察的 20 篇研究後，歸納出一個重要的結論：在出生的第一年就進行互動觀察比一歲以後再觀察的研究，較能成功的預測依附品質的個別差異；若觀察時幼兒的年齡愈大，預測的成功率則逐漸下降。Isabella 提出 Sroufe（1990）對於發展的組織觀點（Organizational Perspective of Development）的描述，這個觀點假設：個體的發展是從嬰兒與照顧者互動系統的情境中發展出來的，前述發展可分成下述四個階段：

(1) 基本的生理調節階段（Basic Regulation）：在 0～3 個月大時，
照顧者所介入的是嬰兒的基本生理歷程（睡覺，餵食……等），
在此階段幾乎任何的親子互動都和嬰兒的發展有關，也和依附有
關。如此，研究人員在這個階段經由觀察，然後成功地預測依附
的個別差異，就不足為奇。

(2) 協調的互動階段（Coordinated Interaction Sequence）：在 4～6 個
月大時，因為照顧者對嬰兒訊號的回應，引發嬰兒與照顧者彼此
的協調與互動。但此時並非所有的互動都和依附的發展有關。

(3) 嬰兒為創始者（Initiatory Infant）：在 7～9 個月大時，嬰兒開始
主動地協調、引發，並維持與依附對象的互動。若嬰兒的某個訊
號常常被忽略，可能就很少再表達那個訊號，因此就很難觀察到
照顧者的不敏銳性。這可能是在這個階段無法觀察照顧者的行為
變異來解釋依附個別差異的原因。

(4) 特定的依附雙方情緒調節（Specific Attachment-Dyadic Emotional
Regulation）：在 9～12 個月大時，嬰兒的行為更複雜、有組織，
且是目標導向的，變得更主動去組織和依附對象有關的行為。由
此階段的組織觀點，可以幫助了解嬰兒在 1 歲後期所經驗到的拒
絕和逃避型依附的關係。

Isabella 由組織觀點，加上所回顧的研究，提出了幾點研究建議：同樣
的照顧者互動行為，在孩子不同的發展階段，意義是不一樣的。在出生第
一年晚期，嬰兒被拒絕的經驗和逃避型依附有關；抗拒型依附的孩子在出
生 1 個月時曾遭受到高程度的母親拒絕；由前述研究結果可以看出，在生
理調節階段中遭到拒絕，和一個有能力、有計畫的嬰兒經歷拒絕，兩者的
影響是非常不同的。因此，該研究人員提出未來研究的建議，包括應該根
據對發展的了解以及研究目的來說明為什麼要選擇某一個時間點進行研
究；此外，觀察的方式要更考慮到情境因素的影響，例如在嬰兒早期可以

採用自然觀察的方式，但是在嬰兒晚期則應該選用更有結構的觀察方式，才較易捕捉到跟依附有關的互動。Isabella 並建議未來的研究可以觀察行為模式隨時間改變的歷程；研究發現雖然抗拒型依附的嬰兒在 1 個月時，母親表現出較高程度的拒絕，但是在一年內也逐漸變得較不拒絕；而逃避型依附嬰兒的母親在早期表現出較低程度的拒絕，但是隨著時間的拉長，卻表現出愈來愈高程度的拒絕。由前述可知，年齡對於了解氣質和依附關係而言，的確是一個重要且不可忽略的中介變項。

（四）生活情境的因素

由前述論述中，均強調情境因素對於依附的影響力，以下分別說明不同生活情境中與依附相關的研究。

1. 以色列公社（kibbutz）托育安置改變的研究

Aviezer 和 Sagi（1999）研究公社照顧環境改變的情形時，發現改變托育安置的方式多半發生於嬰兒至青少年階段，而引發改變的事件包括父母離婚、搬離公社、在 6 歲前轉換嬰兒之家的睡眠安排等（引自 Aviezer, Sagi, & van IJzendoorn, 2002）。Scharf（2001）的研究發現：雖然幼年生活於公社嬰兒之家的受試（c 組），相較於其他三組受試──居住於城市組（a 組）、來自公社家庭式照顧組（b 組）以及 6 歲之前由嬰兒之家轉成家庭式照顧組（d 組），無自主依附表徵呈現較高的發生率，且面對假想的分離也表現出較差的調適能力；但是轉換睡眠安排組（d 組）和由家庭照顧組（b 組）則在安全依附表徵與分離情境的調適上，沒有呈現顯著差異。由此可知，在 3～6 歲時轉換睡眠安排，對個體的內在運作模式具有修正的效應。

睡眠安排改變是一項對幼兒重要的生活事件，會顯著地影響幼兒生活的經驗與其依附關係的表徵。Aviezer 等人（1999）的研究指出，不連續的依附關係乃因睡眠安排的改變（從嬰兒之家睡覺轉成回自己家中睡覺），且會影響青少年時期學校適應的表現；但是負向的嬰兒之家成長經驗，並

不會限制這些青少年在學校中的行為表現。在嬰兒之家成長的青少年，僅在情緒成熟表現的向度上出現較低的分數，其他如對學校的態度、學校的技能、社會能力、行為困難度等向度則無差異（Aviezer et al., 2002）。經由前述研究可知，個體具有適應的彈性，當生活環境改變時，個體會有因應的策略以適應新的生活條件；唯原先生活的時間長度，會影響日後適應的困難度。

　　針對以色列公社的研究而言，6 歲前變更睡眠安排組與回自己家中睡覺組，在成人時期依附關係的表徵上沒有顯著差異（Aviezer et al., 1999）。但是對於處於早期不利環境中的幼兒而言，例如被遺棄、受虐或是照顧者較缺乏的孤兒院成長幼兒，停留在不利的環境愈久，需要恢復的時間就愈長，甚至無法完全恢復。

2. 收養子女與養父母依附關係的相關研究

　　Dozier、Stovall、Albus 與 Bates（2001）研究收養子女與其收養父母依附表徵的相關研究時，發現縱使先前曾經歷負向生活經驗（包括疏忽、被父母虐待、遺棄等）的嬰兒，也能在 1 歲後收養家庭中與收養母親建立起信任、安全的依附關係。雖然這群嬰兒的依附模式有較高比例的無組織型依附，但是在 20 個月大前進入收養家庭中，年齡因素並不會對親子依附品質產生影響；且當收養母親具有自主型依附表徵時，嬰兒通常也能與其建立起安全依附的關係。該研究認為，較之嬰兒的氣質或是其他基因因素，母親的特質更能有效地影響嬰兒依附關係。

　　另依 Chisholm（1998）的研究，在羅馬尼亞孤兒院成長的院童（RO組）可以和收養的父母建立起依附關係，唯呈現出較高比例的不安全依附、出現較多的無區別性（indiscriminate）友誼，且不安全依附關係的孤兒院院童，伴隨著來自較低社經背景、出現較多的行為問題、較低的智商和較高的親職壓力等負向表現。而在 4 個月大前即被收養的院童（EA組）則和一般兒童（CB 組）一樣，表現出相似的依附關係。前述研究發現，

機構式的照顧對孩童的發展相當不利，他們為了適應環境發展出沒有區別性的友誼，亦即容易和陌生人接近，以滿足親近的需求；愈晚被收養的院童（6 個月大後），收養父母呈現出較多的困難，顯見年齡因素會影響依附關係的建立。然而僅有單一個危機因素時，亦即院童的負向先前經驗，在提供理想的環境和較少的壓力後，院童依然可以建立起安全的依附關係；但是如果收養家庭也有其他的危機因素時，結合的危機因素就容易導致後來的不利發展。

3. 父母離異的相關研究

　　Lewis、Feiring 與 Rosenthal（2000）追蹤研究在 18 年間依附關係的改變以及父母離婚的影響；研究人員以 84 個中上階層的白人家庭子女（48 位女孩佔 57%）為研究對象，分別在孩子 1 歲及 18 歲進行依附關係的評量，並請父母、教師與孩子於其 13 歲和 18 歲時評量孩子的行為表現，當孩子 18 歲時已有 17% 的家庭離婚。該研究結果發現：孩子 1 歲時的依附型態與 18 歲時的依附型態無顯著相關，1 歲的依附型態與 13 歲的依附型態亦無顯著相關，13 歲的依附型態則與 18 歲的依附型態則有顯著相關。前述研究結果顯示，離婚與不安全依附間確實存有關係，離婚會減少母親的可接觸性、增加親子間負向互動、讓孩子學到親密關係是不可靠的；其次，父母離婚的影響並非只是單一事件，常是持續改變的狀態，1 歲時的依附型態與青少年時期的適應行為無顯著關係，但是 13 歲的不安全依附與青少年期的適應行為卻有顯著關聯；若回憶出負向依附關係者，更易自評有不適應行為。前述研究結果符合 Bowlby 的觀點：不安全依附是心理病態的危險因子。環境因素對依附行為及其心理表徵具有顯著影響，且目前的心理表徵較能預測目前的適應功能；可見負向生活事件比起 1 歲時的安全依附經驗，對於現階段的適應更具影響力。Tan、McIntosh、Kothe、Opie 與 Olsson（2018）以後設分析方式回顧了 24 個研究，也指出雙親的關係品質，特別是內在衝突的雙親與子女的安全依附呈現負向關聯。

4. 高危險因子家庭的相關研究

　　Weinfield、Srouf與England（2000）以長期追蹤研究59個家庭，探討高危險因子與依附的關聯。受試母親在生育子女時的平均年齡為20歲、且大部分為單身（62%）、有40%未完成高中學業、大多數是意外懷孕（82%）、為低收入家庭，生活中充滿較多壓力與不穩定性，社會支持度也較低；孩子在12個月、18個月及18～19歲時分別接受依附關係的測量。該研究結果發現：若以三種依附型態（安全型／逃避型／抗拒型）區分，從嬰兒期到成年期的連續性為38.6%，未達顯著水準，嬰兒期最多的是安全型（59.6%），成年期最多的是逃避型（59.6%）。若以兩種依附類別（安全型／不安全型）區分，從嬰兒期到成年期的連續性為50.9%，亦未達顯著水準。再依不同的生活壓力事件來探討依附關係的穩定時，發現母親本身的生活壓力（maternal life stress）與孩子依附型態的改變與否並無顯著關聯；不當教養（maltreatment）則特定地與嬰兒期的不安全依附有關；母親的憂鬱症（maternal depression）與嬰兒期安全型依附轉變成成年期不安全依附有關；好的家庭功能則可能使嬰兒期的不安全依附到成年期轉變成安全依附。顯見母親的人格特質、親職行為以及家庭功能是影響子女依附穩定的重要因素。

　　依附的穩定性受到負向生活事件的影響，而負向生活事件的選取以會影響到主要照顧者的可接近性與反應性為主，包括：喪親、父母離婚、父母或孩子罹患重大傷病、單親、父母罹患精神疾病或嗑藥酗酒、受虐兒童等。Hamilton（2000）的研究發現：嬰兒到青少年階段依附的穩定度為77%，嬰兒時期的依附關係可以有效地預測青少年期的依附關係，且負向生活事件會顯著地影響依附的改變。有一半的幼兒經歷負向生活事件後，安全依附關係可以提供保護的機制，讓這些幼兒從負向的生活壓力中恢復過來。

　　讓依附關係維持穩定的原因可能包括：早期身歷其境的深刻體驗、照

顧者行為的持續存在、自我概念愈加成型、童年期形成的社會關係較一般性且不似成年期較能開放修正、氣質因素為母子依附關係的調節變項，不容易改變等。至於負向生活事件，易使依附關係產生改變的可能原因，包括：直接影響照顧者的可接近性與反應性、直接影響其他人而間接影響照顧者、改變了孩子對照顧者的期待（例如母親因生病而失能）等。除非等到成年早期從原生家庭中獨立出來，重新面對童年的負向經驗，重新賦予新的意義及再思索分析，個體才可能從不安全依附轉變為安全依附。由前述的文獻回顧中可知，早期建立的依附關係會因為生活環境的改變、照顧者的更換以及負向生活事件等受到衝擊；個體為了因應生活而發展出適應的策略，進而調整內在心理的運作模式。

Cassady、Diener、Isabella 與 Wright（2001）以 101 個低社經家庭的研究發現，母親、孩子以及情境變項均和安全依附有顯著地關聯。研究結果指出，低程度的母親敏銳度、困難的孩子氣質、親職壓力以及不合適的遊戲資源都會導致不安全依附關係。綜上所述，受生理因素影響的氣質特質並非是一成不變地影響個體的發展，大部分的個體帶著天生的特質到所處的環境中，經由環境因素的修正而形塑個體獨特的人格特質與行為模式。幼兒氣質和父母的照顧行為（特別是敏銳度），對於幼兒依附個別差異的形成以及幼兒社會情緒發展均會產生不同的影響。

1 目前國內有關親子關係的心理測驗有下列四種：

1. 親職壓力量表

   (1)修訂者：翁毓秀。

   (2)目的：

   ①個別診斷評估家長在扮演親職角色所面臨的壓力源。

   ②了解家長面臨最大的壓力源為何，做為處遇及輔導的參考。

   ③處遇前後的成效測量。

   (3)內容：

   兒童因素可評估：過動／無法專注、子女增強父母、情緒／心情、接納性、適應性、強求性。

   父母因素可評估：親職能力、親職角色投入、親職角色限制、憂慮、夫妻關係、社會孤立、父母健康狀況。

   (4)適用年齡：家有 12 歲以下兒童之父母親。

2. 父母管教態度測驗

   (1)修訂者：賴保禎。

   (2)目的：評量國中學生所知覺的，其父母雙親的管教態度。測驗結果可以幫助教師明瞭學生父母的管教態度及親子關係，做為親職教育與輔導的依據。

   (3)內容：測驗內容可分六種態度，包括拒絕、溺愛、嚴格、期待、矛盾與紛歧，每種態度類型有 10 題，測驗包括父親量表與母親量表兩部分，一共 120 題。

   (4)適用年齡：國民中學學生。

3. 親子關係診斷測驗

   (1)修訂者：劉焜輝。

(2)目的：協助輔導人員與心理衛生人員了解受試者親子互動之態度特性及類型，做為諮詢輔導之參考。

(3)內容：分為父母對子女態度及子女對父母態度兩部分，由受試者綜合對父母的整體看法或平日相處關係而作答，每部分含親子態度特性及親子態度類型，其情境又包括日常生活方面與學習生活方面。

(4)適用年齡：國民中學學生。

4. 親子關係適應量表

(1)修訂者：黃春枝。

(2)目的：在測量青年期的親子關係適應之良窳，以為生活輔導之參考。

(3)內容：全問卷共有 63 題，其中 1～20 題為信任、情感、友誼等三大項的同義語句，22～63 題為反面詞句。

(4)適用年齡：國民中學一年級至高級中學三年級學生。

以上這些測驗可以了解父母是否有親職功能的障礙、與子女關係是否良好，以及是否需要接受親職教育或心理輔導，是比較客觀的心理測驗。國內外有關評量親子關係和父母功能的心理測驗，一般以做為研究工具為主比較少做為篩選父母是否參加親職教育的用途。

2 常模（norm）乃是使用測驗者解釋測驗結果（分數）的依據。測驗分數必須與常模比較，才能顯示其代表的意義。常模代表一般人同類行為的分數，例如 8 歲的小明參加某項測驗得分為 30 分，我們很難判定其分數之意義，必須核對該測驗之常模，在八歲組查到 28 分是 8 歲組的得分，則小明顯然比同齡孩子的能力高些。一個測驗的常模是在該測驗標準化的時候就建立的，常模可因標準化的選取樣本不同而有不同的類別，如年齡常模、年級常模、全國性常模、地區性常模等。

研究題目

1. 名詞釋義：(1)班都拉（A. Bandura）的社會學習論

   (2)維高斯基（L. S. Vygotsky）的社會文化論

   (3)親子互動系統

2. 試從佛洛伊德（S. Freud）與艾瑞克森（E. H. Erikson）的觀點，說明3～6歲幼兒的父母責任。

3. 試述「家庭生活週期理論」對親子關係的意義。

4. 何謂個案研究（case study）？其對親子關係的研究有何限制？

5. 何謂高危險群的父母？

6. 教養子女的態度，一般可分為哪三種類型？

7. 親子溝通的類型一般可分為哪三種？

8. 試以 Stell 的「親子溝通金字塔論」說明親子溝通的分類。

9. 何謂依附（attachment），其對個體發展有何影響？

10. 請說明親子依附類型包含哪幾種？各有何特徵？

11. 請說明影響依附發展的相關因素包含哪些面向？並請各舉一例說明之。

12.何謂照顧者敏銳度？對親子關係有何影響？

延伸活動

1. 請訪問一位親友之家庭，以家庭生活週期理論說明分析其家庭目前處於
   哪一階段，並對其親子關係提出建議。

2. 請舉一位小學生或幼兒與其家長之互動事件為例，說明其親子互動實
   態，並提出建議。

3. 請說明你對某些父親或母親「攜子女自殺」案件的看法。

4. 請回憶你與父親或母親的溝通方式，並對照本章之理論加以分析，提出
   建議。

5. 請利用搭乘大眾交通工具之便，觀察記錄某對親子的溝通情形並加以分
   析，提出建議。

6. 請回想自己成長的過程中，主要照顧自己長大成人的是哪一位？並說說
   自己與照顧者互動中印象最深刻的事件。

7. 請試著依據依附類型特徵以及親子互動的方式，試著想想自己可能是哪
   一種依附類型，並說明原因。

幼兒園、家庭及社區之關係與相關法規

翁麗芳

　　本章根據我國相關法規，探討關於幼兒教保服務與親職教育等相關規定。第一節先簡介《家庭教育法》、《家庭教育法施行細則》、《兒童及少年福利與權益保障法》、《特殊教育法》、《幼兒教育及照顧法》、《幼兒教育及照顧法施行細則》、《幼兒教保及照顧服務實施準則》等，說明相關法規有關幼兒教保服務與親職教育的規範內容；第二至四節聚焦幼兒園、家庭與社區之關係，針對《幼兒教育及照顧法》及《幼兒教育及照顧法施行細則》，分析法規內容對於教育主管機關、幼兒園、家庭、社區等幼兒教保權責規定。第五節以幼兒園、家庭與社區共同營造教保環境為重點，說明相關法規的規範情形 **1**。

第一節　幼兒園教保服務與親職教育之相關法規

　　2011 年立法院通過《幼兒教育及照顧法》，該法於次年（2012 年）正式實施，即實施所謂「幼托整合政策」。該法建立 2 歲至入國民小學前之幼兒教育及照顧體系，定義幼兒教育及照顧服務（簡稱教保服務）為以幼兒園、社區互助式、部落互助式、職場互助式等四種方式提供教保服務 **2** 之教保服務機構。幼兒園以外，社區互助式指缺乏幼兒園資源之離島、偏遠地區所設立之教保服務中心；部落互助式指原住民族地區為了提供幼兒學習其族語、歷史、文化機會及發揮部落照顧精神所設立之部落互助教保服務中心；職場互助式指由政府機關或公司組織提供其員工子女之教保服務。四種不同類型教保服務機構，以幼兒園招收幼兒占相對多數，是我國幼兒教育及照顧體系之主幹。

　　《幼兒教育及照顧法》實施前，幼稚園和托兒所為幼兒教保機構的兩種主要類型，其中幼稚園隸屬教育體系，主要規範為《幼稚教育法》（1981 年教育部公布實施，2014 年總統令廢止），對於「親職教育」、「親子關係」並未有相關規範。托兒所方面，主要規範為《托兒所設置辦法》（1955 年內政部訂定發布，2006 年內政部發布廢止），條文內容同

樣不見「親職教育」與「親子關係」之相關規定。

《幼兒教育及照顧法》規定縣市教育局（處）掌理親職教育之規劃及辦理，「舉辦促進親子關係之活動」（第12條）是幼兒園教保服務人員的必要工作，「親職教育」與「促進親子關係」見於本次立法；換言之，幼托整合政策實施後，《幼兒教育及照顧法》賦予教育主管機關與教保服務人員掌理親職教育與促進親子關係的法定職責。幼兒園具有規劃與實施親職教育的權責，意味著幼兒教保服務之外，幼兒父母或監護人的教養角色及其知能的提升，也應列為幼兒園辦學的重要環節。

在《幼兒教育及照顧法》的母法規範下，還有《幼兒教育及照顧法施行細則》、《幼兒園及其分班基本設施設備標準》等數十規範幼兒園教保服務的相關法規。另外，此些幼兒園教保服務相關法規之外，規範親職教育的還有《家庭教育法》、《家庭教育法施行細則》、《特殊教育法》、《兒童及少年福利與權益保障法》等，茲依序說明。

一、《家庭教育法》及《家庭教育法施行細則》

（一）《家庭教育法》

《家庭教育法》制定公布於 2003 年，其後經 2010、2011、2013、2014、2019 年等共計五次修正，立法宗旨在「增進國民家庭生活知能、家人關係，健全家庭功能」（第 1 條）。有關家庭教育之界定，該法於第 2 條規範如下：

> 本法所稱家庭教育，係指具有增進家人關係與家庭功能之各種教育活動及服務；其範圍由中央主管機關定之。

《家庭教育法》不僅界定家庭教育的目的、功能與範圍等，而後又有《家庭教育法施行細則》對於親職教育的內涵進一步加以界定。

（二）《家庭教育法施行細則》

　　《家庭教育法施行細則》發布於2004年，其後經2010、2012、2014、2020年等四次修正發布。有關親職教育的界定，見於該細則第2條：「親職教育：指增進父母或監護人了解應盡職責與教養子女或被監護人知能之教育活動及服務。」除了親職教育之外，該細則第2條同時就子職教育、性別教育、婚姻教育、失親教育、倫理教育、資源管理教育、多元文化教育、情緒教育、人口教育等九項概念進行定義，界定前述九項概念與親職教育都屬於家庭教育應予推展之範圍。

　　至於該細則第10條的內容，也有關於強制性親職教育的相關規定：

> 兒童及少年福利與權益保障法、家庭暴力防治法、少年事件處理法、老人福利法、身心障礙者權益保障法或其他法律定有應實施家庭處遇計畫或強制性親職教育之規定者，不適用本法第十六條規定。
>
> 前項規定外，社政主管機關於執行職務時認有家庭教育需求者，應經社政主管機關人員訪視後評估決定之。

　　前述所稱強制性親職教育，指的是《兒童及少年福利與權益保障法》所規範必須命令接受親職教育的人，是以三級預防的概念對於親職教育採行之定義。詳見下項《兒童及少年福利與權益保障法》之討論。

二、《兒童及少年福利與權益保障法》

　　《兒童及少年福利與權益保障法》源於1973年的《兒童福利法》與1989年的《少年福利法》，2003年《兒童福利法》及《少年福利法》合併修正為本法，以未滿18歲之兒童青少年之福利及權益保障為目的，其中包含兒童及少年福利政策、兒童及少年保護業務之執行等，最新修正版公布於2021年1月，總計有118條文。

　　《兒童及少年福利與權益保障法》第16、17條是有關兒童及少年收出養的規定。依據前述條文，規定兒童及少年之收養人聲請法院認可兒童及少年之收養，應檢附收出養評估報告；法院認可兒童及少年之收養前，得採行包括「命收養人接受親職準備教育課程、精神鑑定、藥、酒癮檢測或其他維護兒童及少年最佳利益之必要事項；其費用，由收養人自行負擔」的四項措施，供決定認可之參考。又在同法第23條規定直轄市、縣（市）政府，應建立整合性服務機制，並鼓勵、輔導、委託民間或自行辦理親職教育；第64條對於遭遺棄、虐待或有未受適當之養育或照顧等情事，或目睹家庭暴力之兒童及少年，經直轄市、縣（市）主管機關列為保護個案者，規定該主管機關應提出之進行包括家庭功能評估、兒童及少年安全與安置評估、親職教育等之兒童及少年家庭處遇計畫；第102條規定：父母、監護人或實際照顧兒童及少年之人有違法情形者，主管機關應命其接受4小時以上50小時以下之親職教育輔導；不接受親職教育輔導或拒不完成其時數者，處新臺幣三千元以上三萬元以下罰鍰。

　　由於此法兼有兒童及少年福利與保護等相關規範，也將親職教育包含於前述範圍。簡言之，未滿18歲兒童青少年之父母、監護人或實際照顧兒童及少年之人有違反兒童青少年權益或未善盡照顧者，主管機關應強制命其接受親職教育，不接受親職教育輔導或拒不完成其時數者，處以罰鍰。

　　《兒童及少年福利與權益保障法》第23、64、102條中有關親職教育之內容，茲分別摘述如後：

第 23 條第一項

　　直轄市、縣（市）政府，應建立整合性服務機制，並鼓勵、輔導、委託民間或自行辦理下列兒童及少年福利措施：

一、建立早產兒通報系統，並提供追蹤、訪視及關懷服務。

二、建立發展遲緩兒童早期通報系統，並提供早期療育服務。

三、辦理兒童托育服務。

四、對兒童、少年及其家庭提供諮詢服務。

五、對兒童、少年及其父母辦理親職教育。

六、對於無力撫育其未滿十二歲之子女或受監護人者，視需要予以托育、家庭生活扶助或醫療補助。

七、對於無謀生能力或在學之少年，無扶養義務人或扶養義務人無力維持其生活者，予以生活扶助、協助就學或醫療補助，並協助培養其自立生活之能力。

八、早產兒、罕見疾病、重病兒童、少年及發展遲緩兒童之扶養義務人無力支付醫療費用之補助。

九、對於不適宜在家庭內教養或逃家之兒童及少年，提供適當之安置。

十、對於無依兒童及少年，予以適當之安置。

十一、對於因懷孕或生育而遭遇困境之兒童、少年及其子女，予以適當之安置、生活扶助、醫療補助、托育補助及其他必要協助。

十二、辦理兒童課後照顧服務。

十三、對結束安置無法返家之少年，提供自立生活適應協助。

十四、辦理兒童及少年安全與事故傷害之防制、教育、宣導及訓練等服務。

十五、其他兒童、少年及其家庭之福利服務。

前項第六款至第八款及第十一款之托育、生活扶助及醫療補助請領資格、條件、程序、金額及其他相關事項之辦法，分別由中央及直轄市主管機關定之。

第一項第十款無依兒童及少年之通報、協尋、安置方式、要件、追蹤之處理辦法，由中央主管機關定之。

第 64 條

兒童及少年有第四十九條第一項或第五十六條第一項各款情事，或屬目睹家庭暴力之兒童及少年，經直轄市、縣（市）主管機關列為保護

個案者，該主管機關應於三個月內提出兒童及少年家庭處遇計畫；必要時，得委託兒童及少年福利機構或團體辦理。

前項處遇計畫得包括家庭功能評估、兒童及少年安全與安置評估、親職教育、心理輔導、精神治療、戒癮治療或其他與維護兒童及少年或其他家庭正常功能有關之協助及福利服務方案。

處遇計畫之實施，兒童及少年本人、父母、監護人、其他實際照顧兒童及少年之人或其他有關之人應予配合。

第一項之保護個案，其父母、監護人或其他實際照顧之人變更住居所或通訊方式，應告知直轄市、縣（市）主管機關。

直轄市、縣（市）主管機關發現兒童及少年行方不明，經警察機關處理、尋查未果，涉有犯罪嫌疑者，得經司法警察機關報請檢察機關處理。

第 102 條

父母、監護人或實際照顧兒童及少年之人有下列情形者，主管機關應命其接受四小時以上五十小時以下之親職教育輔導：

一、未禁止兒童及少年為第四十三條第一項第二款行為者。

二、違反第四十七條第二項規定者。

三、違反第四十八條第一項規定者。

四、違反第四十九條各款規定之一者。

五、違反第五十一條規定者。

六、使兒童及少年有第五十六條第一項各款情形之一者。

依前項規定接受親職教育輔導，如有正當理由無法如期參加，得申請延期。

不接受親職教育輔導或拒不完成其時數者，處新臺幣三千元以上三萬元以下罰鍰；經再通知仍不接受者，得按次處罰至其參加為止。

依限完成親職教育輔導者，免依第九十一條第一項、第九十五條第一項、第九十六條第一項、第九十七條及第九十九條處以罰鍰。

《兒童及少年福利與權益保障法》第 16 條有關於收出養兒童及少年的規定，第 17 條第二項並針對收養人的收養條件與能力，得在收養前採行諸多措施了解收養人的相關資訊，以作為法院認可認養能力之參考；茲將條文內容摘述如後：

法院認可兒童及少年之收養前，得採行下列措施，供決定認可之參考：

一、命直轄市、縣（市）主管機關、兒童及少年福利機構、其他適當之團體或專業人員進行訪視，提出訪視報告及建議。

二、命收養人與兒童及少年先行共同生活一段期間；共同生活期間，對於兒童及少年權利義務之行使或負擔，由收養人為之。

三、命收養人接受親職準備教育課程、精神鑑定、藥、酒癮檢測或其他維護兒童及少年最佳利益之必要事項；其費用，由收養人自行負擔。

四、命直轄市、縣（市）主管機關調查被遺棄兒童及少年身分資料。

三、《特殊教育法》

《特殊教育法》制定公布於 1984 年，經 1997、2001、2004、2009、2013 年、2014 年 6 月 4 日、2014 年 6 月 18 日、2019 年等八次修訂，主要針對特殊需求學生所需的教育服務進行規範。依據該法規定，學前教育階段實施特殊教育機構包含「醫院、家庭、幼兒園、社會福利機構、特殊教育學校幼兒部或其他適當場所」（第 10 條），幼兒園是其中最為普及的機構型態；在親職教育的規範方面，「各級學校應提供特殊教育學生家庭諮詢、輔導、親職教育及轉介等支持服務。」（第 46 條）。

在機構定位方面，幼兒園非屬學校，《特殊教育法》第10條規定幼兒園為實施學前教育階段特殊教育機構之一，但不適用第46條所訂之「提供特殊教育學生家庭諮詢、輔導、親職教育及轉介等支持服務」之規定。其次，有關幼兒園實施特殊教育方面，該法也要求「幼兒園及各級學校應主動或依申請發掘具特殊教育需求之學生，經監護人或法定代理人同意者，依前條規定鑑定後予以安置，並提供特殊教育及相關服務措施。」（第17條第一項）；前述所說「前條規定鑑定後予以安置」，指的是同法第16條規定經中央主管機關制定鑑定基準，由各級主管機關辦理之「身心障礙學生及資賦優異學生之鑑定」。幼兒園及高級中等以下學校，在發現應主動或依申請發掘具特殊教育需求之幼兒或學生，經監護人或法定代理人同意後進行鑑定；如果監護人或法定代理人不同意進行鑑定，幼兒園及學校就必須通報主管教育機關。

此外，《特殊教育法》第18條也規定「特殊教育與相關服務措施之提供及設施之設置，應符合適性化、個別化、社區化、無障礙及融合之精神」，強調幼兒園及各級學校提供之特殊教育應具備的特性與精神。

四、《幼兒教育及照顧法》及《幼兒教育及照顧法施行細則》

（一）《幼兒教育及照顧法》

《幼兒教育及照顧法》在2012年實施後，迄今前後經過四次（2013、2015、2018、2021）修正。該法總計59條文，包含教保服務機構的設立、組織與成員規範、幼兒與家長權益、機構管理與罰則等，內容詳細，分成八章：

第一章　總則（第1-6條）
第二章　教保服務機構設立及其教保服務（第7-14條）

第三章　教保服務機構組織與服務人員資格及權益（15-24 條）

第四章　幼兒權益保障（第 25-29 條）

第五章　家長之權利及義務（第 30-36 條）

第六章　教保服務機構管理、輔導及獎助（第 37-44 條）

第七章　罰則（第 45-54 條）

第八章　附則（第 55-59 條）

該法有「親職教育」一詞出現的條文為第 6 條〔規定直轄市、縣（市）主管機關掌理親職教育〕、第 14 條（教保服務機構得作為社區教保資源中心，協助推展社區活動及社區親職教育），以及第 36 條（參加幼兒園舉辦之親職活動是父母或監護人應履行的義務）。另如前所述，該法第 14 條也規定「舉辦促進親子關係之活動」是幼兒園教保服務人員的必要工作。有關親職教育、親子關係相關條文的內容與討論另於第三節詳加說明。

（二）《幼兒教育及照顧法施行細則》

《幼兒教育及照顧法施行細則》公布於 2012 年 10 月，前後歷經 2014、2015、2019、2020、2021 年等五次修訂。該法規範「教保服務機構依本法第十四條規定提供作為社區教保資源中心，應擬訂相關計畫，報直轄市、縣（市）主管機關核准後，始得為之；經核准之計畫內容變更時，亦同。」（第 8 條第一項），賦予教保服務機構作為社區教保資源中心的職責規範；前述機構提供的服務項目包含有：「教保問題之諮詢、親職教育講座及親子活動之辦理、圖書借閱，教具、玩具及遊戲場所之提供使用」（第 8 條第二項）。前述條文說明幼兒園在經地方行政主管機關核准後，可以作為社區教保資源中心；在提供的服務項目內容方面，包括辦理親職教育講座、親子活動、教保問題諮詢等社區服務，提供的服務對象顯然不只是正就讀幼兒園的幼兒家長，可擴及其他社區居民或有育兒教保需求者。

五、《幼兒教保及照顧服務實施準則》

教育部制定《幼兒教保及照顧服務實施準則》源於《幼兒教育及照顧法》第 12 條第四項之規定：「幼兒教保活動課程大綱及服務實施準則，由中央主管機關定之」，主要目前總計 19 條文（第 18 條於 2019 年並增訂第 18-1 條條文）。該實施準則在 2012 年制定公布時，原名為《幼兒園教保服務實施準則》，2017 年進行第一次修正公布；2019 年第二次修正公布時，同時修正為現在名稱；其後 2021 年又有第三次修正。

有關親職教育的規範見於該準則第 18 條第二項：「幼兒園應舉辦親職活動，並提供幼兒之法定代理人教養相關資訊。」此外，該準則第 2、5、9、11 條雖未見親職或親職教育用詞，但都涉及幼兒園與家庭之間的幼兒教保關係，實已屬於廣義的親職教育或親子關係之範疇；相關內容另於第三節進行討論。

綜上，《家庭教育法》及《家庭教育法施行細則》定義父母或監護人了解應盡職責，與教養子女或被監護人知能之教育活動及服務就是親職教育。《兒童及少年福利與權益保障法》則是針對兒童及少年的福利與權益，明定當父母或監護人有未善盡照顧職責情事時，必須接受強制性受親職教育。《特殊教育法》則是以特殊教育需求的兒童為對象，規定幼兒園及各級學校必須提供前述幼兒家庭諮詢、輔導、親職教育及轉介等支持服務。《幼兒教育及照顧法》及其子法《幼兒教育及照顧法施行細則》、《幼兒教保及照顧服務實施準則》等，是針對於 2 至 6 歲幼兒的教育與照顧加以規範，其中以《幼兒教育及照顧法》及《幼兒教保及照顧服務實施準則》為規範幼兒教保服務的最主要法規；本章後續聚焦於該兩項法規，第二節就法規內容中有關行政主管機關的權責規範、第三節針對幼兒園的教保服務權責規範、第四節針對幼兒家庭的教保權責規範，分別討論。

第二節　教育主管機關在幼兒教保服務規劃與辦理權責之相關規範

關於幼兒教保服務的規劃與辦理權責的規範，《幼兒教育及照顧法》第一章總則，計有六項條文敘明中央與地方教育主管當局的職掌，確立中央教育部、地方教育局（處）分掌政策制訂與執行的教保政策體制。由於主管機關的權責界定連帶牽動著該法第二章以後的幼兒園教保服務內容、機構組織與服務人員資格及權益以及幼兒權益保障、家長之權利及義務，同時也賦予中央與地方政府在管理、輔導、獎助及懲處幼兒園的權限。

《幼兒教育及照顧法》第 2 條明定幼兒園教保服務的主管機關，在中央為教育部，在地方是直轄市政府、縣（市）政府。同法第 4 條敘明教育部及地方教育局（處）應定期召開諮詢會，進行教保服務的整合規劃、協調、諮詢及宣導；前述教保服務諮詢會成員應包括主管機關代表、衛生主管機關代表、勞動主管機關代表、身心障礙團體代表、教保與兒童福利學者專家、教保與兒童福利團體代表、教保服務人員團體代表、家長團體代表及婦女團體代表；有關教保服務諮詢會的組織及會議等相關事項之辦法及自治法規，由各主管機關定之。同法第 6 條又明定直轄市、縣（市）主管機關的五大教保服務職掌，其第四大項即是「親職教育之規劃及辦理」。

有關親職教育的職掌規劃，全國性的幼兒園教保服務事務由教育部主掌政策及法規，並且有監督縣市政府教育局（處）執行親職教育的責任。教育部在政策、法規研擬時，必須掌握全國的教保服務基本資料，並且諮詢包括教保服務團體、家長團體代表的各領域相關代表之意見。其次，縣市政府教育局（處）也負有規劃縣市教保服務政策責任，同樣必須定期召開諮詢會以廣泛蒐集包括教保服務團體代表、家長團體代表等各領域相關代表的意見。

再者，《幼兒教育及照顧法》的條文中，出現教保服務機構應與家長訂立「教保服務書面契約」的規定，此也是昔所未見的新作法。由教育部

制定幼兒園教保服務書面契約範本，提供幼兒園製作書面契約參考，契約範本內容包括幼兒園應提供的服務內容及幼兒父母或監護人應配合履行之義務，雙方必須在開學前就契約範本的內容達成共識且簽署。契約範本所規範內容，包括幼兒園實施的親職教育及幼兒教保服務，雖名為參考範本，但是明確表明由教育部周密規劃、督導幼兒園與幼兒父母或監護人執行幼兒教育與照顧的立場（有關教育部公布幼兒園教保服務書面契約範本請參見附錄）。

最後，《幼兒教育及照顧法》也授權中央與地方教育主管機關分層負責幼兒教育及照顧，並對教保服務機構的可能缺失訂有十項條文的詳細罰則。例如，教育局（處）對於教保服務不良，違法的幼兒園可以限期改善及處以罰鍰、減少招收人數、停止招生、停辦或廢止設立許可等處罰，罰則的對象包含教保服務機構、負責人或其他服務人員等，罰則規範的詳細程度也是此項立法的另一特色。表 3-2-1 是《幼兒教育及照顧法》中有關教育部與教育局（處）之幼兒教保服務權責法條對照說明表。

表 3-2-1　《幼兒教育及照顧法》中有關教育部與教育局（處）之幼兒教保服務權責法條對照說明

相關條文及內容	說明
第 2 條　本法所稱主管機關：在中央為教育部；在直轄市為直轄市政府；在縣（市）為縣（市）政府。 本法所定事項涉及各目的事業主管機關業務時，各該機關應配合辦理。	幼兒園教保服務的主管機關，在中央為教育部；在地方是直轄市政府、縣（市）政府。
第 4 條　各級主管機關為整合規劃、協調、諮詢及宣導教保服務，應召開諮詢會。 前項諮詢會，其成員應包括主管機關代表、衛生主管機關代表、勞動主管機關代表、身心障礙團體代表、教保與兒童福利學者專家、教保與兒童福利團體代表、教保服務人員團體代表、家長團體代表及婦女團體代表；其組織及會議等相關事項之辦法及自治法規，由各主管機關定之。	教育部及縣市政府教育局（處）都必須召開教保服務諮詢會，諮詢會的成員必須包括教保服務人員團體代表、家長團體代表及婦女團體代表。 諮詢會組織及會議等相關事項之辦法及自治法規由教育部及縣市政府教育局（處）各自擬定。

表 3-2-1 《幼兒教育及照顧法》中有關教育部與教育局（處）之幼兒教保服務權責法條對照說明（續）

相關條文及內容	說明
第5條　中央主管機關掌理下列事項： 一、教保服務政策及法規之研擬。 二、教保服務理念、法規之宣導及推廣。 三、全國性教保服務之方案策劃、研究、獎助、輔導、實驗及評鑑規劃。 四、地方教保服務行政之監督、指導及評鑑。 五、全國性教保服務基本資料之蒐集、調查、統計及公布。 六、協助教保服務人員組織及家長組織之成立。 七、其他全國性教保服務之相關事項。 前項第五款教保服務基本資料，至少應包括全國教保服務機構之收費項目與數額、評鑑結果、不利處分及其他相關事項。	教育部主掌全國性幼兒園教保服務政策及法規之研擬、宣導及推廣；教保服務之方案策劃、研究等，以及評鑑規劃。 教育部負責監督、指導及評鑑縣市政府教育局（處）教保服務的行政執行。 教育部負責蒐集、調查、統計及公布全國性的包括幼兒園收費、評鑑結果等教保服務基本資料。 教育部當協助教保服務人員及家長各建立組織。
第6條　直轄市、縣（市）主管機關掌理下列事項： 一、地方性教保服務方案之規劃、實驗、推展及獎助。 二、教保服務機構之設立、監督、輔導及評鑑。 三、公立幼兒園、非營利幼兒園、社區、部落或職場互助式教保服務之推動。 四、親職教育之規劃及辦理。 五、地方性教保服務基本資料之蒐集、調查、統計及公布。 六、其他地方性教保服務之相關事項。	縣市政府的教育主管機關〔教育局（處）〕主管該縣市之幼兒教育及照顧，包括各類型幼兒園的設立、監督、輔導及評鑑，以及親職教育之規劃及辦理。
第34條　直轄市、縣（市）層級家長團體及教保服務人員組織，得參與直轄市、縣（市）主管機關對幼兒園評鑑之規劃。	教育局（處）可以邀請直轄市、縣（市）層級家長團體及教保服務人員組織參與規劃幼兒園評鑑。

表 3-2-1 《幼兒教育及照顧法》中有關教育部與教育局（處）之幼兒教保服務權責法條對照說明（續）

相關條文及內容	說明
第 35 條　教保服務機構之教保服務有損及幼兒權益者，其父母或監護人，得向教保服務機構提出異議，不服教保服務機構之處理時，得於知悉處理結果之日起三十日內，向教保服務機構所在地之直轄市、縣（市）主管機關提出申訴，不服主管機關之評議決定者，得依法提起訴願或訴訟。	當幼兒父母或監護人，針對教保服務損及幼兒權益向幼兒園提出異議，不服幼兒園之處理時，在知悉處理結果之日起三十日內，得向幼兒園所在地之教育局（處）提出申訴。教育局（處）須依法接受申訴，做出評議決定。若幼兒父母或監護人不服評議決定，得依法提起訴願或訴訟。
第 36 條　父母或監護人應履行下列義務： 一、依教保服務契約規定繳費。 二、參加教保服務機構因其幼兒特殊需要所舉辦之個案研討會或相關活動。 三、參加教保服務機構所舉辦之親職活動。 四、告知幼兒特殊身心健康狀況，必要時並提供相關健康狀況資料，並與教保服務機構協力改善幼兒之身心健康。 各級主管機關對有前項第四款幼兒之父母或監護人，應主動提供資源協助之。	幼兒園與幼兒父母或監護人在教保服務上有相互的連帶關係。針對特殊身心健康狀況幼兒之父母或監護人，教育部及教育局（處）應該主動提供資源協助。
第 37 條　教保服務機構受託提供教保服務，應與幼兒之父母或監護人訂定書面契約。 前項書面契約之格式、內容，中央主管機關應訂定書面契約範本供參。 幼兒園有違反第八條第六項所定辦法有關招收人數之限制規定，父母或監護人得於知悉後三十日內，以書面通知幼兒園終止契約，幼兒園應就已收取之費用返還父母或監護人，不受依第三十八條第一項或第五項所定退費基準之限制。	教育部必須提供教保服務書面契約範本，供幼兒園參考製作自園教保服務書面契約。

表 3-2-1　《幼兒教育及照顧法》中有關教育部與教育局（處）之幼兒教保
服務權責法條對照說明（續）

相關條文及內容	說明
第 54 條　本法所定命限期改善及處罰，由直轄市、縣（市）主管機關為之；直轄市、縣（市）主管機關並得依行政罰法第十八條第二項規定，酌量加重罰鍰額度。 教保服務機構違反本法規定，經直轄市、縣（市）主管機關處以罰鍰、減少招收人數、停止招生、停辦或廢止設立許可者，直轄市、縣（市）主管機關應公布其名稱及負責人姓名。	對於違反本《幼兒教育及照顧法》規定的幼兒園，教育局（處）可以處以限期改善及罰鍰、減少招收人數、停止招生、停辦或廢止設立許可等處罰。

第三節　幼兒園教保服務的規劃與辦理權責之相關規範

　　《幼兒教育及照顧法》第 12 條明列幼兒園的七項教保服務內容，其中第六項是「舉辦促進親子關係之活動」，並且規定：「幼兒之父母或監護人得依幼兒之需求，選擇參與全日、上午時段或下午時段之教保服務；教保服務機構於教保活動課程以外之日期及時間，得視父母或監護人需求，提供延長照顧服務。」強調幼兒家長得依幼兒需求選擇接受教保服務的時間，以及幼兒園得視家長或監護人需求提供延長照顧服務。再對照第 11 條的規範：「教保服務之實施，應與家庭及社區密切配合」，以及該法所提的幼兒園九項教保目標等規定，該法明訂幼兒園與家庭都有養育幼兒的責任，但幼兒園的教保服務責任除了基於教保幼兒的專業服務外，也要納入幼兒父母或監護人的需求，甚至要配合父母或監護人需求提供延長照顧服務，可見該法對於幼兒園的教保服務責任有相當廣泛的規範。

　　《幼兒教育及照顧法》也強調，依據地區特性，幼兒園得結合其他組織進行教保服務：「離島、偏遠地區教保服務機構得結合非營利組織、大專校院及社區人力資源，提供幼兒照顧服務及相關活動」（第 12 條第五

項）；其後並強調包含幼兒園的親職教育角色：「教保服務機構得作為社區教保資源中心，發揮社區資源中心之功能，協助推展社區活動及社區親職教育。」（第14條），明示幼兒園應與家庭及社區共同執行幼兒教育與照顧的立法立場。

幼兒園與幼兒父母或監護人除共同承擔教保服務責任外，《幼兒教育及照顧法》另明確規範兩者在幼兒健康管理上的權責：「教保服務機構應建立幼兒健康管理制度，協助地方衛生主管機關辦理幼兒健康檢查，並依檢查結果，施予健康指導或轉介治療。父母或監護人應於幼兒入園或學年開始後一個月內提供幼兒園幼兒的預防接種資料，未提供時，幼兒園必須通知父母或監護人提供；父母或監護人未於接獲通知一個月內提供者，幼兒園必須通知衛生主管機關。」（第27條）其次，除前述幼兒預防接種與健康檢查責任外，幼兒園與幼兒父母或監護人還有繳費、參與幼兒特殊需要的研討活動或親職活動等職責：「父母或監護人必須依規定繳費、參加幼兒園因其幼兒特殊需要所舉辦之個案研討會或相關活動、參加幼兒園親職活動、父母或監護人應告知幼兒特殊身心健康狀況，必要時並提供相關健康狀況資料，並與幼兒園協力改善幼兒之身心健康。」（第36條），幼兒園人員（含負責人、教保服務人員及其他服務人員）對於幼兒資料負有保密責任（第27條）。再者，「**教保服務機構之負責人及其他服務人員，不得對幼兒有兒童及少年福利與權益保障法第四十九條規定、體罰、不當管教或性騷擾之行為。**」（第25條第一項）綜合前述，幼兒健康管理與積極維護幼兒身心健康，是幼兒園與家庭對於幼兒照顧的共同職責。詳盡敘述請見附錄。

《幼兒教育及照顧法》的內容中，要求幼兒園與幼兒之父母或監護人的簽訂教保服務書面契約規定也是前所未見之舉（第37條）。依據教育部提供的契約範本內容，包括幼兒園實施的親職教育及幼兒教保服務，以及教育部督導幼兒園與幼兒父母或監護人共同執行幼兒教育與照顧的立場已論於第二節；對於前述教保服務內容以契約形式約定之，係將教保服務建

立在幼兒之父母或監護人委託幼兒園的兩造角色之下，以簽訂書面契約確定雙方對於幼兒的教育及照顧關係，試圖以更加硬性方式規範兩造角色的職責，釐清雙方角色與應有作為，以確保幼兒接受教保服務的內容與品質。

至於《幼兒教保及照顧服務實施準則》，是源於《幼兒教育及照顧法》第 12 條第四項而來。該實施準則第 2 條明訂「以幼兒為主體，遵行幼兒本位精神」，其次強調「秉持性別、族群、文化平等、教保並重、尊重家長之原則辦理」，又再強調「支持家庭育兒之需求」。其次，規定「幼兒園得視園內設施設備與人力資源及幼兒法定代理人之需求，經各直轄市、縣（市）主管機關核准後，提供幼兒過夜服務。」（第 5 條）。有關幼兒園應有的臨時照顧之服務人力配置（第 6 條）、應提供幼兒之法定代理人（即父母或監護人）教保活動課程及幼兒學習狀況之相關訊息、應舉辦親職活動並提供幼兒之法定代理人教養相關資訊（第 18 條）等，都有相關的規範。至於該實施準則第 7 條至第 17 條，則是對於幼兒園各年齡層幼兒之餐點、午睡、運動活動等作息時間及內容、環境整潔及衛生之規範，這些規範都是對應第 2 條以幼兒為主體與遵行幼兒本位精神。

表 3-3-1 及表 3-3-2 是《幼兒教育及照顧法》、《幼兒教保及照顧服務實施準則》有關幼兒園教保服務權責法條之對照說明表。

表 3-3-1 　《幼兒教育及照顧法》中有關幼兒園教保服務權責法條對照說明表

《幼兒教育及照顧法》相關法條及內容	說明
第 6 條　直轄市、縣（市）主管機關掌理下列事項： 一、地方性教保服務方案之規劃、實驗、推展及獎助。 二、教保服務機構之設立、監督、輔導及評鑑。 三、公立幼兒園、非營利幼兒園、社區、部落或職場互助式教保服務之推動。	縣市政府的教育主管機關〔教育局（處）〕主管該縣市之幼兒教育及照顧，包括各類型幼兒園的設立、監督、輔導及評鑑，以及親職教育之規劃及辦理。

表 3-3-1　《幼兒教育及照顧法》中有關幼兒園教保服務權責法條對照說明表
　　　　　（續）

《幼兒教育及照顧法》相關法條及內容	說明
四、親職教育之規劃及辦理。 五、地方性教保服務基本資料之蒐集、調查、統計及公布。 六、其他地方性教保服務之相關事項。	
第 11 條　教保服務之實施，應與家庭及社區密切配合，以達成下列目標： 一、維護幼兒身心健康。 二、養成幼兒良好習慣。 三、豐富幼兒生活經驗。 四、增進幼兒倫理觀念。 五、培養幼兒合群習性。 六、拓展幼兒美感經驗。 七、發展幼兒創意思維。 八、建構幼兒文化認同。 九、啟發幼兒關懷環境。	幼兒園必要實施左列九項目標。幼兒園教保服務之實施，應與家庭及社區密切配合。
第 12 條　教保服務內容如下： 一、提供生理、心理及社會需求滿足之相關服務。 二、提供健康飲食、衛生保健安全之相關服務及教育。 三、提供適宜發展之環境及學習活動。 四、提供增進身體動作、語文、認知、美感、情緒發展與人際互動等發展能力與培養基本生活能力、良好生活習慣及積極學習態度之學習活動。 五、記錄生活與成長及發展與學習活動過程。 六、舉辦促進親子關係之活動。 七、其他有利於幼兒發展之相關服務。 幼兒之父母或監護人得依幼兒之需求，選擇參與全日、上午時段或下午時段之教保服務；教保服務機構於教保活動課程以外之日期及時間，得視父母或監護人需求，提供延長照顧服務。	幼兒園除了提供幼兒生理、心理及社會需求滿足之相關服務與學習活動之外，並且必須舉辦促進親子關係之活動。 幼兒或幼兒父母／監護人若有需求，幼兒園應配合提供全日、上午時段或下午時段教保服務，並可以提供延長照顧服務；在獲有縣市教育局／處核准情形下，也可以提供幼兒臨時照顧服務。

表 3-3-1　《幼兒教育及照顧法》中有關幼兒園教保服務權責法條對照說明表
（續）

《幼兒教育及照顧法》相關法條及內容	說明
教保服務機構並得視其設施、設備與人力資源及幼兒父母或監護人之需求，經直轄市、縣（市）主管機關核准後，提供幼兒臨時照顧服務。 幼兒教保活動課程大綱及服務實施準則，由中央主管機關定之。 離島、偏遠地區教保服務機構得結合非營利組織、大專校院及社區人力資源，提供幼兒照顧服務及相關活動。	
第 14 條　教保服務機構得作為社區教保資源中心，發揮社區資源中心之功能，協助推展社區活動及社區親職教育。	幼兒園被期許扮演社區教保資源中心，協助推展社區活動及社區親職教育。
第 27 條　教保服務機構應建立幼兒健康管理制度。直轄市、縣（市）衛生主管機關辦理幼兒健康檢查時，教保服務機構應予協助，並依檢查結果，施予健康指導或轉介治療。 教保服務機構應將幼兒健康檢查、疾病檢查結果、轉介治療及預防接種等資料，載入幼兒健康資料檔案，並妥善管理及保存。 前項預防接種資料，父母或監護人應於幼兒入園或學年開始後一個月內提供教保服務機構。父母或監護人未提供前項資料者，教保服務機構應通知父母或監護人提供；父母或監護人未於接獲通知一個月內提供者，教保服務機構應通知衛生主管機關。 教保服務機構、負責人及其他服務人員，對幼兒資料應予保密。但經父母或監護人同意或依其他法律規定應予提供者，不在此限。	1. 幼兒園對於在園幼兒必須建立健康管理制度。 2. 幼兒園必須協助衛生局／所辦理的幼兒健康檢查。 3. 幼兒園必須針對衛生局／所幼兒健康檢查的結果，對幼兒實施健康指導或轉介治療。 4. 幼兒園必須將上述幼兒健康檢查、疾病檢查結果、轉介治療及預防接種等資料，載入幼兒健康資料檔案，並且妥善管理及保存，不可擅自公開。 5. 父母或監護人在入園或開學一個月內，未提供幼兒預防接種資料時，幼兒園必須通知衛生局／所。
第 33 條　父母或監護人對教保服務機構提供之教保服務方式及內容有異議時，得請求教保服務機構提出說明，教保服務機構無正當理由不得拒絕，並視需要修正或調整之。	幼兒園必須回應父母或監護人對於教保服務方式及內容的疑問，無正當理由時應該進行修正或調整。
第 34 條　直轄市、縣（市）層級家長團體及教保服務人員組織，得參與直轄市、縣（市）主管機關對幼兒園評鑑之規劃。	幼兒園之教保服務人員若具有當地教保服務人員組織代表身分，可以參與教育局／處幼兒園評鑑之規劃。

表 3-3-1　《幼兒教育及照顧法》中有關幼兒園教保服務權責法條對照說明表
（續）

《幼兒教育及照顧法》相關法條及內容	說明
第 35 條　教保服務機構之教保服務有損及幼兒權益者，其父母或監護人，得向教保服務機構提出異議，不服教保服務機構之處理時，得於知悉處理結果之日起三十日內，向教保服務機構所在地之直轄市、縣（市）主管機關提出申訴，不服主管機關之評議決定者，得依法提起訴願或訴訟。	（延續第 33 條）當幼兒父母或監護人不服幼兒園對其所提教保服務異議之處理，可以在三十日內向教育局／處提出申訴。而後又不服主管機關之評議決定時，幼兒父母或監護人得依法提起訴願或訴訟。
第 36 條　父母或監護人應履行下列義務： 一、依教保服務契約規定繳費。 二、參加教保服務機構因其幼兒特殊需要所舉辦之個案研討會或相關活動。 三、參加教保服務機構所舉辦之親職活動。 四、告知幼兒特殊身心健康狀況，必要時並提供相關健康狀況資料，並與教保服務機構協力改善幼兒之身心健康。 各級主管機關對有前項第四款幼兒之父母或監護人，應主動提供資源協助之。	幼兒父母或監護人必須依契約繳費、出席幼兒園相關活動，出席親職活動並提供幼兒健康資料予幼兒園。
第 37 條　教保服務機構受託提供教保服務，應與幼兒之父母或監護人訂定書面契約。 前項書面契約之格式、內容，中央主管機關應訂定書面契約範本供參。 幼兒園有違反第八條第六項所定辦法有關招收人數之限制規定，父母或監護人得於知悉後三十日內，以書面通知幼兒園終止契約，幼兒園應就已收取之費用返還父母或監護人，不受依第三十八條第一項或第五項所定退費基準之限制。	幼兒園接受委託提供教保服務，必須與幼兒之父母或監護人訂定書面契約。 幼兒園可以參考教育部制定的教保服務書面契約範本，自訂契約。（附錄：幼兒園教保服務書面契約範本）。
第 54 條　本法所定命限期改善及處罰，由直轄市、縣（市）主管機關為之；直轄市、縣（市）主管機關並得依行政罰法第十八條第二項規定，酌量加重罰鍰額度。 教保服務機構違反本法規定，經直轄市、縣（市）主管機關處以罰鍰、減少招收人數、停止招生、停辦或廢止設立許可者，直轄市、縣（市）主管機關應公布其名稱及負責人姓名。	幼兒園若有違反《幼兒教育及照顧法》規定情形，教育局（處）有權命令限期改善及處罰。處罰內容包括罰鍰、減少招收人數、停止招生、停辦或廢止設立許可，並公布幼兒園名稱及負責人姓名。

表 3-3-2　《幼兒教保及照顧服務實施準則》中有關幼兒園教保服務權責法
條對照說明表

《幼兒教保及照顧服務實施準則》相關法條及內容	說明
第 2 條　幼兒園教保及照顧服務，應以幼兒為主體，遵行幼兒本位精神，秉持性別、族群、文化平等、教保並重、尊重家長之原則辦理，並遵守下列原則： 一、營造關愛、健康及安全之學習環境。 二、支持幼兒適齡適性及均衡發展。 三、支持家庭育兒之需求。	幼兒園實施教保及照顧服務必須以幼兒為主體，秉持性別、族群、文化平等、教保並重、尊重家長以及「支持家庭育兒之需求」之原則辦理。 亦即，幼兒園必須尊重幼兒家庭文化，協助家庭育兒。
第 5 條　幼兒園得視園內設施設備與人力資源及幼兒法定代理人之需求，經各直轄市、縣（市）主管機關核准後，提供幼兒過夜服務；其過夜服務之相關資料應予留存，以供查考。 幼兒園提供前項過夜服務者，所照顧幼兒之總人數不得超過六人。幼兒三人以下者，至少應置教保服務人員一人；幼兒四人至六人者，至少應置教保服務人員二人。 提供過夜服務之人員應保持警醒，並定時確認幼兒狀況。	幼兒園在必要時，可以提供幼兒過夜服務，但是有四個條件： 1. 幼兒園設施設備與人力資源充裕。 2. 幼兒法定代理人有需求。 3. 幼兒園已向所在縣市教育局（處）提出提供幼兒過夜服務申請，核准在案。 4. 最多提供六名幼兒過夜服務。幼兒三人以下時，至少置教保服務人員一人；幼兒四到六人時，至少置教保服務人員二人。提供過夜服務之人員應保持警醒，並定時確認幼兒狀況。
第 9 條　幼兒園每學期應至少為每位幼兒測量一次身高及體重，並依本法第二十七條第二項規定，載入幼兒健康資料檔案，妥善管理及保存。 幼兒園應定期對全園幼兒實施發展篩檢，對於未達發展目標、疑似身心障礙或發展遲緩之幼兒，應依特殊教育法及兒童及少年福利與權益保障法之相關規定辦理。	對於未達發展目標、疑似身心障礙或發展遲緩之幼兒，應依《特殊教育法》及《兒童及少年福利與權益保障法》之相關規定辦理。

表 3-3-2 《幼兒教保及照顧服務實施準則》中有關幼兒園教保服務權責法條對照說明表（續）

《幼兒教保及照顧服務實施準則》相關法條及內容	說明
第 11 條　幼兒園應準備充足且具安全效期之醫療急救用品。 幼兒園應訂立託藥措施，並告知幼兒之法定代理人。 教保服務人員受幼兒之法定代理人委託協助幼兒用藥，應以醫療機構所開立之藥品為限，其用藥途徑不得以侵入方式為之。 教保服務人員協助幼兒用藥時，應確實核對藥品、藥袋之記載，並依所載方式用藥。	幼兒園必須隨時備有安全效期內之醫療急救品。
第 18 條　幼兒園應提供幼兒之法定代理人教保活動課程及幼兒學習狀況之相關訊息。 幼兒園應舉辦親職活動，並提供幼兒之法定代理人教養相關資訊。	1. 幼兒園必須提供幼兒父母或監護人教保活動課程及幼兒學習狀況之相關訊息。 2. 幼兒園必須舉辦親職活動，並提供幼兒父母或監護人教養相關資訊。
第 18-1 條　社區互助教保服務中心或部落互助教保服務中心之教保及照顧服務實施，準用第二條、第三條、第五條、第六條第一項及第三項、第七條至第十五條規定。 職場互助教保服務中心之教保及照顧服務實施，準用第二條、第三條、第七條至第十一條、第十三條至第十五條及第十八條規定。	幼兒園之外，社區互助教保服務中心、部落互助教保服務中心、職場互助教保服務中心之教保及照顧服務實施，必須與幼兒園同樣：以幼兒為主體，秉持性別、族群、文化平等、教保並重、尊重家長以及「支持家庭育兒之需求」之原則辦理。 亦即，幼兒園必須尊重幼兒家庭文化，協助家庭育兒。 唯社區互助教保服務中心、部落互助教保服務中心可以比照幼兒園提供幼兒過夜服務。職場互助教保服務中心，不能提供幼兒過夜、臨時照顧服務。

第四節　家庭之幼兒教保權責

幼兒父母或監護人為幼兒法定代理人，本節所謂家庭是指幼兒日常居住之家庭以及日常起居的場所，並以家長指稱幼兒父母或監護人。由於學前教育非屬國民教育，幼兒入幼兒園非屬強制；但是如前二節所述，我國已經建立幼兒園教保服務制度，幼兒園已然成為支撐幼兒教育及照顧制度的重要角色，多數的家長會選擇讓幼兒就讀幼兒園，不僅減輕自己的育兒負擔，同時也相信幼兒園能提供多元且豐富的教育刺激，促進幼兒的學習與發展。

關於幼兒就讀於幼兒園，《幼兒教育及照顧法》第36條特別指出父母或監護人應履行下列四項義務：

1. 依教保服務契約規定繳費。
2. 參加教保服務機構因其幼兒特殊需要所舉辦之個案研討會或相關活動。
3. 參加教保服務機構所舉辦之親職活動。
4. 告知幼兒特殊身心健康狀況，必要時並提供相關健康狀況資料，並與教保服務機構協力改善幼兒之身心健康。

簡言之，幼兒一旦進入幼兒園之後，幼兒家長便與幼兒園之間存有教育及照顧的協力關係，幼兒家長一方面要繳費供應幼兒園運作，另方面則必須參加幼兒園相關活動，協助幼兒園的教保活動推展，也促進幼兒的學習。前述所指的相關活動除了指幼兒園為幼兒的特殊需要所舉辦之個案研討會之外，參與親職活動也是家長的必要責任；並且當幼兒存在特殊身心健康狀況時，家長應該提供相關健康狀況資料；其次，《幼兒教育及照顧法》第27條也規範幼兒園必須保存幼兒健康資料檔案，建立幼兒健康管理制度，同時規範父母或監護人必須於幼兒入園或學年開始後一個月內提供

幼兒預防接種資料。前述由家庭與幼兒園共同提供幼兒的身心健康資料並予以留存建檔，應是期待雙方能共享豐富的資訊以規劃幼兒的教保活動內容，並協力改善幼兒身心健康。

《幼兒教育及照顧法》對於幼兒家長與幼兒園之間的權利義務關係，採取雙方簽訂教保服務書面契約（請參見附錄）的方式在入園之前進行協議規範，這種新增簽訂書面契約的方式，被視為是制度性對於幼兒、幼兒園、幼兒家長等三方之共同保障。其次，《幼兒教育及照顧法》第五章有關「家長之權利及義務」的規定，其中第 33 條至第 35 條是有關父母或監護人對於幼兒園教保服務有異議時可以請求說明、申訴、訴願或訴訟的規定，第七章的「罰則」針對幼兒園及其相關人員的違法行為，細訂處罰方式與內容；但值得注意的是，該法雖訂有專章規範家長之權利及義務，但是並沒有針對家長未善盡義務訂有相應罰則。表 3-4-1 是針對《幼兒教育及照顧法》中有關父母或監護人教保權責法條規定的彙整。

總合而言，《幼兒教育及照顧法》強調幼兒健康管理是幼兒園與家庭的共同職責，法條詳細規定幼兒園與家庭之權利及義務，並採取簽訂教保服務書面契約方式，就雙方權責進行文字協議與規範，以期達成維護幼兒身心健康的目標。此些條文規定以及採取契約約制等作法，顯示我國政府保障幼兒身心健康的立法決心以及嚴峻管控幼兒園的立場。對於未善盡義務之幼兒園明訂罰則與處罰方式，對於家庭角色的可能過失未見相應罰則規範就是一例。

表 3-4-1　《幼兒教育及照顧法》中有關幼兒父母或監護人教保權責的法條對照說明表

相關條文內容	說明
第 27 條　教保服務機構應建立幼兒健康管理制度。直轄市、縣（市）衛生主管機關辦理幼兒健康檢查時，教保服務機構應予協助，並依檢查結果，施予健康指導或轉介治療。	父母或監護人有責任協助幼兒園建立幼兒健康資料檔案。 在入園或開學一個月內，父母或監護人應該提供幼兒園幼兒預防接種資料。

表 3-4-1　《幼兒教育及照顧法》中有關幼兒父母或監護人教保權責的法條
　　　　　對照說明表（續）

相關條文內容	說明
教保服務機構應將幼兒健康檢查、疾病檢查結果、轉介治療及預防接種等資料，載入幼兒健康資料檔案，並妥善管理及保存。 前項預防接種資料，父母或監護人應於幼兒入園或學年開始後一個月內提供教保服務機構。 父母或監護人未提供前項資料者，教保服務機構應通知父母或監護人提供；父母或監護人未於接獲通知一個月內提供者，教保服務機構應通知衛生主管機關。 教保服務機構、負責人及其他服務人員，對幼兒資料應予保密。但經父母或監護人同意或依其他法律規定應予提供者，不在此限。	
第 33 條　父母或監護人對教保服務機構提供之教保服務方式及內容有異議時，得請求教保服務機構提出說明，教保服務機構無正當理由不得拒絕，並視需要修正或調整之。	父母或監護人對於幼兒園教保服務方式及內容有疑問時，可以請幼兒園提出說明。無正當理由的話，幼兒園應該提出說明，並視需要進行教保服務方式及內容的修正或調整。
第 34 條　直轄市、縣（市）層級家長團體及教保服務人員組織，得參與直轄市、縣（市）主管機關對幼兒園評鑑之規劃。	教育局／處可以邀請直轄市、縣（市）層級家長團體組織參與規劃幼兒園評鑑。
第 35 條　教保服務機構之教保服務有損及幼兒權益者，其父母或監護人，得向教保服務機構提出異議，不服教保服務機構之處理時，得於知悉處理結果之日起三十日內，向教保服務機構所在地之直轄市、縣（市）主管機關提出申訴，不服主管機關之評議決定者，得依法提起訴願或訴訟。	（延續第 33 條）當幼兒父母或監護人不服幼兒園對其所提教保服務異議之處理，可以在三十日內向教育局／處提出申訴。而又不服主管機關之評議決定時，幼兒父母或監護人可以依法提起訴願或訴訟。
第 36 條　父母或監護人應履行下列義務： 一、依教保服務契約規定繳費。 二、參加教保服務機構因其幼兒特殊需要所　　舉辦之個案研討會或相關活動。 三、參加教保服務機構所舉辦之親職活動。	幼兒父母或監護人送幼兒入園時必須簽訂保服務契約（參見第 37 條），並履行四項義務。

表 3-4-1 　《幼兒教育及照顧法》中有關幼兒父母或監護人教保權責的法條對照說明表（續）

相關條文內容	說明
四、告知幼兒特殊身心健康狀況，必要時並 　　提供相關健康狀況資料，並與教保服務 　　機構協力改善幼兒之身心健康。 各級主管機關對有前項第四款幼兒之父母或 監護人，應主動提供資源協助之。	
第 37 條　教保服務機構受託提供教保服務， 應與幼兒之父母或監護人訂定書面契約。 前項書面契約之格式、內容，中央主管機關 應訂定書面契約範本供參。 幼兒園有違反第八條第六項所定辦法有關招 收人數之限制規定，父母或監護人得於知悉 後三十日內，以書面通知幼兒園終止契約， 幼兒園應就已收取之費用返還父母或監護 人，不受依第三十八條第一項或第五項所定 退費基準之限制。	幼兒之父母或監護人在委託幼兒 園進行教保服務時，應與幼兒園 簽訂教保服務書面契約。（附 件：教育部幼兒園教保服務書面 契約範本）。
第 38 條　第一項 教保服務機構之收費項目、用途及公立幼兒 園收退費基準之自治法規，由直轄市、縣 （市）主管機關定之。	

第五節　幼兒園、家庭與社區之幼兒教保關係

　　本章第三節有關「幼兒園教保服務的規劃與辦理權責之相關規範」中，述及《幼兒教育及照顧法》第 12 條規定，幼兒園必須「舉辦促進親子關係之活動」，「幼兒之父母或監護人得依幼兒之需求，選擇參與全日、上午時段或下午時段之教保服務；教保服務機構於教保活動課程以外之日期及時間，得視父母或監護人需求，提供延長照顧服務。」強調幼兒園的教保時間應該配合幼兒家庭需求。其次，該法第 11 條也規定「教保服務之實施，應與家庭及社區密切配合」，前述條文內容明確說明幼兒園必須與家庭、社區建立三方協力合作關係的立場。

　　另依據《幼兒教育及照顧法》第14條：「教保服務機構得作為社區教保資源中心，發揮社區資源中心之功能，協助推展社區活動及社區親職教育。」幼兒園不僅要能與社區和家庭協力配合，更要將專業服務的範疇擴展到整個社區，讓社區居民及其子女能由幼兒園的服務中獲益。其次，該法第12條第五項則規範：「離島、偏遠地區教保服務機構得結合非營利組織、大專校院及社區人力資源，提供幼兒照顧服務及相關活動。」對於部分區域的所在社區或許是可用資源有限，或受限於公共資源配置而使當地教保服務機構難以充分發揮推動社區服務的角色時，強調可以依據地區特性結合其他社會機構或大專校院的資源，以推動幼兒教保服務及相關活動，讓社區角色與功能得以獲得適當地補強。表 3-5-1 為《幼兒教育及照顧法》中有關幼兒園、家庭與社區之教保權責法條之對照說明。

　　總言之，幼兒園、家庭與社區都是幼兒的生活空間，教保目標需要幼兒園與家庭、社區共同協力方可望達成，幼兒園在其中居於重要角色。幼兒園不僅要教育幼兒，也要提供幼兒父母或監護人適當的親職教育內容，並且要配合父母或監護人需求提供延長照顧服務，提供社區教保資源、幼兒教養資訊等。當前社會對於幼兒園角色與功能抱持重大的期待！21世紀的臺灣，從幼稚園、托兒所時代蛻變進入幼兒園時代，幼兒園的教保專業角色愈發凸顯，各界對於家庭的育兒功能與角色的重視也超乎以往，幼兒園與家庭在育兒角色上各有權利義務、相互連動。

　　以促進幼兒身心健康為核心、以幼兒園居重要推展角色、以家庭共同協力推動等，成為當前推動幼兒教保服務不可忽卻的面向。

表 3-5-1　《幼兒教育及照顧法》有關幼兒園、家庭與社區之教保權責法條
　　　　　對照說明表

相關條文內容	說明
第 11 條　教保服務之實施，應與家庭及社區密切配合，以達成下列目標： 一、維護幼兒身心健康。 二、養成幼兒良好習慣。 三、豐富幼兒生活經驗。 四、增進幼兒倫理觀念。	幼兒園實施教保服務之實施，應與家庭及社區密切配合。

表 3-5-1 　《幼兒教育及照顧法》有關幼兒園、家庭與社區之教保權責法條
　　　　　對照說明表（續）

相關條文內容	說明
五、培養幼兒合群習性。 六、拓展幼兒美感經驗。 七、發展幼兒創意思維。 八、建構幼兒文化認同。 九、啟發幼兒關懷環境。	
第 12 條　教保服務內容如下： 一、提供生理、心理及社會需求滿足之相關服務。 二、提供健康飲食、衛生保健安全之相關服務及教育。 三、提供適宜發展之環境及學習活動。 四、提供增進身體動作、語文、認知、美感、情緒發展與人際互動等發展能力與培養基本生活能力、良好生活習慣及積極學習態度之學習活動。 五、記錄生活與成長及發展與學習活動過程。 六、舉辦促進親子關係之活動。 七、其他有利於幼兒發展之相關服務。 幼兒之父母或監護人得依幼兒之需求，選擇參與全日、上午時段或下午時段之教保服務；教保服務機構於教保活動課程以外之日期及時間，得視父母或監護人需求，提供延長照顧服務。 教保服務機構並得視其設施、設備與人力資源及幼兒父母或監護人之需求，經直轄市、縣（市）主管機關核准後，提供幼兒臨時照顧服務。 幼兒教保活動課程大綱及服務實施準則，由中央主管機關定之。 離島、偏遠地區教保服務機構得結合非營利組織、大專校院及社區人力資源，提供幼兒照顧服務及相關活動。	幼兒園必須提供左列七類教保服務內容。 幼兒園在幼兒之父母或監護人有需求時可以提供延長照顧服務；在設施、設備與人力資源充裕、幼兒父母或監護人有需求，且經縣（市）教育局（處）時，幼兒園可以提供幼兒臨時照顧服務。 離島、偏遠地區的幼兒園、居家式托育、社區互助式、部落互助式、職場互助式教保服務機構可以結合非營利組織、大專校院及社區人力資源，提供幼兒照顧服務及相關活動。
第 14 條　教保服務機構得作為社區教保資源中心，發揮社區資源中心之功能，協助推展社區活動及社區親職教育。	幼兒園被期許扮演社區教保資源中心，協助推展社區活動及社區親職教育。

附錄

幼兒園教保服務書面契約範本

（教育部 2014 年 8 月 13 日）

（此份契約範本僅為參考資料，幼兒園及家長仍得就個別狀況對契約內容進行增刪修改。）

壹、契約審閱權

本契約於中華民國＿＿＿＿年＿＿＿＿月＿＿＿＿日經幼兒父母或監護人攜回審閱＿＿＿＿日。

（契約審閱期間至少為五日）

※訂立契約前，應至少有五日以上供甲方審閱本契約全部條款內容，違反規定者，其條款不構成契約之內容，但甲方得主張該條款仍構成契約之內容。

　　　　　　　　　　　　甲方（幼兒父母或監護人）簽章：＿＿＿＿＿＿＿＿＿＿＿

貳、契約內文

立契約書人

▲幼兒：＿＿＿＿＿＿＿＿＿＿＿＿　　自＿＿＿年＿＿＿月＿＿＿日入園

▲甲方（簽章）：＿＿＿＿＿＿＿　與幼兒之關係：＿＿＿＿＿＿＿＿＿＿

　國民身分證統一編號：＿＿＿＿＿＿＿　　電話：＿＿＿＿＿＿＿＿＿＿

　地址：＿＿＿＿＿＿＿＿＿＿＿＿＿＿＿＿＿＿＿＿＿＿＿＿＿＿＿＿＿＿

▲甲方之受委託人（簽章）：＿＿＿＿＿＿＿　（無則免填）

　國民身分證統一編號：＿＿＿＿＿＿＿　　電話：＿＿＿＿＿＿＿＿＿＿

　地址：＿＿＿＿＿＿＿＿＿＿＿＿＿＿＿＿＿＿＿＿＿＿＿＿＿＿＿＿＿＿

▲乙方：＿＿＿＿＿＿＿幼兒園（加蓋圖記）

　負責人（簽章）：＿＿＿＿＿＿＿＿＿

　電話：＿＿＿＿＿＿＿＿＿＿＿＿＿

　地址：＿＿＿＿＿＿＿＿＿＿＿＿＿＿＿＿＿＿＿＿＿＿＿＿＿＿＿＿＿＿

　　　茲就甲方將幼兒＿＿＿＿＿＿委託乙方於該園提供教保服務事宜，雙方合意訂定本契約如下，以共同遵守：　　　　　　　　＿＿＿年＿＿＿月＿＿＿日

第一條　契約適用範圍

　　甲乙雙方關於幼兒教保服務之權利義務，依本契約之約定。

第二條　契約內容

　　（一）本契約。

　　（二）本契約附件（乙方應主動提供甲方）。

　　　1、○○縣（市）公私立幼兒園收退費規定（附件○或請至網站 http://
　　　　......查詢）。

　　　2、乙方報直轄市、縣（市）政府備查之收費項目及收費數額（含備
　　　　查公文）（附件○或請至網站 http://......查詢）。

　　　3、幼兒入園之家長須知（附件○）及學期行事曆（附件○）等構成
　　　　契約內容之書面文件。

　　（三）乙方有關本教保服務之招生廣告或宣傳內容。

　　如契約內容相互間有衝突時，應考量幼兒之最佳利益，依誠信原則解
　　決之。

第三條　服務內容

　　乙方提供甲方幼兒之教保服務內容如下：

　　（一）提供生理、心理及社會需求滿足之相關服務。

　　（二）提供營養、衛生保健及安全之相關服務。

　　（三）提供適宜發展之環境及學習活動。

　　（四）提供增進身體動作、語文、認知、美感、情緒發展與人際互動
　　　　　等發展能力與培養基本生活能力、良好生活習慣及積極學習態
　　　　　度之學習活動。

　　（五）記錄生活成長及發展學習活動過程。

　　（六）舉辦促進親子關係之活動。

　　（七）其他有利於幼兒發展之相關服務。

　　（八）其他經甲乙雙方議定之服務事項：

　　　1、＿＿＿＿＿＿＿＿＿＿＿＿＿＿＿＿。

　　　2、＿＿＿＿＿＿＿＿＿＿＿＿＿＿＿＿。

　　　3、＿＿＿＿＿＿＿＿＿＿＿＿＿＿＿＿。

第四條　服務時間

（一）乙方提供服務之學期起迄日期：

第一學期為＿＿＿月＿＿＿日至翌年＿＿＿月＿＿＿日；

第二學期為＿＿＿月＿＿＿日至＿＿＿月＿＿＿日。

（二）乙方提供之每日服務時間：

每日入園時間：＿＿＿＿時＿＿＿＿分以後；

每日離園時間：＿＿＿＿時＿＿＿＿分以前。

（三）乙方提供每日延長照顧服務時間：

＿＿＿時＿＿＿分以後至＿＿＿時＿＿＿分以前，

或＿＿＿＿＿＿。

第五條　收費事宜

（一）收費項目及相關事宜，依「○○縣（市）公私立幼兒園收退費規定」及乙方報送直轄市、縣（市）政府備查之收費項目及收費數額辦理。

（二）甲方應於每學期開始提供服務□前 □後＿＿＿日內繳付當學期之學費、雜費、保險費。

（三）甲方應於每月＿＿＿日前繳付當月月繳之費用及□上個月 □當月延長照顧服務之費用，延長照顧服務費用以次收費者，乙方可要求甲方按次繳付。

（四）甲方繳付費用後，乙方應開立收據交由甲方收存，乙方亦應將存根留存備查。

（五）乙方辦理延長照顧服務：

□收費，每（月、次、時）＿＿＿元。

□不收費。

第六條　接送方式

（一）到園：

1、□由甲方或其指定之人接送幼兒。

2、□乙方（□人員 □幼童專用車）至＿＿＿＿＿＿接幼兒。

（二）離園：

1、□甲方或其指定之人至幼兒園接送幼兒。

2、□乙方（□人員 □幼童專用車）至＿＿＿＿＿＿接幼兒。

（三）甲方指定之人包括：

1、姓名：＿＿＿＿＿＿＿＿；聯絡電話＿＿＿＿＿＿＿＿；

　　與幼兒之關係：＿＿＿＿＿＿＿＿。

2、姓名：＿＿＿＿＿＿＿＿；聯絡電話＿＿＿＿＿＿＿＿；

　　與幼兒之關係：＿＿＿＿＿＿＿＿。

3、姓名：＿＿＿＿＿＿＿＿；聯絡電話＿＿＿＿＿＿＿＿；

　　與幼兒之關係：＿＿＿＿＿＿＿＿。

（四）甲方增減或變更指定之人時，應事先以口頭或書面通知乙方。

　　　該指定之人並應主動向乙方出示身分證明，否則乙方得予拒絕。

第七條　保護照顧

乙方應辦理幼兒團體保險，於提供服務時間內，對甲方幼兒應盡善良管理人之注意義務，妥善維護幼兒安全，並給予適當照顧。

第八條　資料保護

乙方對甲方及其幼兒個人資料之蒐集、處理及利用，應依個人資料保護法規定，並負有保密義務，非經甲方書面同意，乙方不得對外揭露或為契約目的範圍外之利用。契約關係消滅後，亦同。

第九條　緊急事故處理

（一）甲方幼兒於幼兒園內發生急病、重病或意外事件時，乙方應立即予以適當救護、處理或送醫，同時通知甲方，通知不到者，應即通知甲方指定之緊急聯絡人。幼兒有使用救護車送醫治療之必要時，如甲方指定之醫院並非位於消防機關救護車轄區內，應依消防機關之規定，以救護車送至現場就近之適當醫院，以免耽誤幼兒就醫，甲方不得異議。

（二）但因幼兒疾病之需要應送至平時就醫之醫院時，甲方得與乙方特別約定，由乙方自覓救護車或其他車輛送至特定醫院就醫，除因可歸責於乙方事由所生事故之費用外，一切費用應由甲方負擔。（附件〇-幼兒健康狀況及緊急連絡人調查表）

（三）甲方幼兒未請假且逾時未到達幼兒園時，乙方應立即通知甲方。通知不到甲方者，應即通知甲方指定之緊急聯絡人。甲方及緊急聯絡人均無法取得聯絡時，乙方應依個案狀況通報相關機關。

第十條　甲方應配合履行之義務

（一）依本書面契約規定繳費。

（二）參加乙方因其幼兒特殊需要所舉辦之個案研討會或相關活動。

（三）參加乙方所舉辦之親職活動。

（四）告知幼兒特殊身心健康狀況，必要時並提供相關健康狀況資料。

第十一條　甲方終止契約事由

有下列情形之一者，甲方得以書面通知乙方終止本契約及契約終止日期：

（一）非不可抗力事由且未經甲方同意，乙方於締約後違反契約約定事項，或擅自變更契約內容，致損及幼兒權益，經甲方要求乙方限期改善，屆期仍未改善者。

（二）乙方之教保服務有損及幼兒權益，甲方得向乙方提出異議，經乙方處理後，仍損及幼兒權益者。

（依幼兒教育及照顧法第三十九條第一項規定，甲方不服乙方之處理時，得於知悉處理結果之日三十日內，向乙方所在地之直轄市、縣（市）主管機關提出申訴。）

（三）其他特別約定事項：

　　1、_____。

　　2、_____。

第十二條　乙方終止契約事由

有下列情形之一者，乙方得以書面通知甲方終止本契約及契約終止日期：

（一）甲方未如期繳費，經乙方以書面限期催繳二次（限期一次之期限為_____日），屆期仍未繳清者。

（二）其他特別約定事項：

　　1、_____。

　　2、_____。

第十三條　不可歸責事由終止契約

因不可抗力或不可歸責於雙方之事由，致本契約所訂事項無法履行時，任何一方當事人得終止本契約。

第十四條　退費事宜

（一）退費標準依據「〇〇縣（市）公私立幼兒園收退費規定」相關規定辦理。

（二）乙方應於其中一方提出契約終止起_____日內，將應退金額無息退還甲方。

第十五條　違約賠償

因可歸責於甲方或乙方之任一方，違反本契約條款，致他方受有損害者，應依民法第二二六條規定負損害賠償責任。

因可歸責於乙方之事由，致幼兒離園者，除依法令規定應退費者外，如甲方受有損害者，乙方應負擔損害賠償責任。

第十六條　異議處理

（一）乙方未依契約履行服務內容時，甲方得提出異議，乙方應指派專人受理。因本契約所生爭議，雙方應本於誠信原則先以協商方式處理。

（二）甲乙雙方無法達成協商時，甲方得向所在地消費者保護官、消費爭議調解委員會、鄉（鎮、市、區）公所調解委員會申請調解，乙方應配合前往辦理。

第十七條　管轄法院

因本契約涉訴訟事件，雙方合意以乙方所在地之地方法院或_____地方法院為第一審管轄法院。

第十八條　契約變更、契約分存

（一）本契約及其他相關書面約定如有任何增刪修改者，非經雙方書面認定，不生效力。

（二）本契約一式兩份，由甲乙雙方各執一份。

幼兒健康狀況及緊急連絡人調查表

幼兒姓名：＿＿＿＿＿＿＿　血型：＿＿＿＿

身分證字號：＿＿＿＿＿　性別：＿＿＿　生日：＿＿年＿＿月＿＿日

父親姓名：＿＿＿＿＿　聯絡電話：＿＿＿＿＿＿　手機：＿＿＿＿＿

母親姓名：＿＿＿＿＿　聯絡電話：＿＿＿＿＿＿　手機：＿＿＿＿＿

為使教保服務品質提高，以利乙方於契約期間盡最大照顧之責，請甲方提供下列資料：

幼兒的身體狀況

1.有無過敏體質：□無　□有，何種狀況：＿＿＿＿＿＿＿＿＿＿＿＿＿

2.過敏類別：□食物：＿＿＿＿＿＿＿＿　□藥品：＿＿＿＿＿＿＿＿

　　　　　□動物：＿＿＿＿＿　□花粉　□塵蟎　□其他：＿＿＿＿＿

3.有無下列疾病或狀況：□無　□有（□氣喘　□癲癇　□蠶豆症　□心臟病

　　　□蕁麻疹　□慢性支氣管炎　□異位性皮膚炎　□熱性痙攣　□慢性中耳炎

　　　□唐氏症　□早產　　　□腦性麻痺　　□發展遲緩　□自閉症

　　　□過動　　□聽障　□視障　□其他：＿＿＿＿＿＿＿＿＿＿＿＿）

　　　乙方應注意事項：＿＿＿＿＿＿＿＿＿＿＿＿＿＿＿＿＿＿＿

4.特殊飲食習慣：□無　□有＿＿＿＿＿＿＿＿＿＿＿＿＿＿＿＿＿＿

5.曾接受外科手術：□無　□有（病名：＿＿＿＿，照護須注意事項：＿＿＿＿）

6.其他應注意的健康狀況：＿＿＿＿＿＿＿＿＿＿＿＿＿＿＿＿＿＿

幼兒就醫醫院

□不指定就醫之醫院，直接送至園方特約醫院（＿＿＿＿＿＿＿＿）

□甲方指定就醫之醫院：

　1.＿＿＿＿＿＿　地址：＿＿＿＿＿＿＿＿＿＿＿＿＿＿＿＿＿

　　　　　　　　電話：＿＿＿＿＿＿＿　主治醫師：＿＿＿＿＿＿

　2.＿＿＿＿＿＿　地址：＿＿＿＿＿＿＿＿＿＿＿＿＿＿＿＿＿

　　　　　　　　電話：＿＿＿＿＿＿＿　主治醫師：＿＿＿＿＿＿

緊急聯絡人

優先聯絡＿＿＿＿＿＿；與幼兒關係為＿＿＿＿＿＿，電話＿＿＿＿＿＿。

第二順位＿＿＿＿＿＿；與幼兒關係為＿＿＿＿＿＿，電話＿＿＿＿＿＿。

第三順位＿＿＿＿＿＿；與幼兒關係為＿＿＿＿＿＿，電話＿＿＿＿＿＿。

　其他特別的叮嚀：＿＿＿＿＿＿＿＿＿＿＿＿＿＿＿＿＿＿

幼兒父母或監護人簽名：＿＿＿＿＿＿

日　期：＿＿年＿＿月＿＿日

委託書

本人因　□工作　□事忙　□＿＿＿＿＿＿＿＿＿＿＿＿＿＿＿＿＿＿

無法親自前往辦理，特委託＿＿＿＿＿＿＿　代為辦理。

委託人：　　　　　　　　　　　　　　　（簽名或蓋章）

國民身分證統一編號：

戶籍地址：

電話：

受委託人：　　　　　　　　　　　　　　（簽名或蓋章）

國民身分證統一編號：

戶籍地址：

電話：

中　華　民　國　　　　年　　　月　　　日

附　註

1　本章針對各節主題，節錄、引用現行法規進行討論。如需檢視法規全文請逕至「全國法規資料庫」網頁（https://law.moj.gov.tw/）檢索。

2　教保服務還包括托育0～12歲兒童的「居家式托育」，但居家式托育非屬教保服務機構。

研究題目

1. 幼兒園的關係（中央政府對於幼兒園的監督、管理與指導等的權責）。

2. 地方政府與幼兒園的關係（縣市政府對於幼兒園的監督、管理與指導等的權責）。

3. 中央政府、地方政府及幼兒園對於親職教育的權責。

4. 家庭對於小孩的教養權責（家長、兒童監護人對於小孩的養育責任是什麼？到幾歲？如果不送小孩就讀幼兒園家長有何法律責任嗎？

5. 幼兒園以外，還有哪些教保服務機構？幼兒園的教保服務特色是什麼？

4

幼兒園家長參與
及社區關係

洪福財

　　父母在孩子的發展過程中扮演重要且獨特的角色，不僅影響孩子的生長環境，同時提供孩子價值與行為模仿的樣版；即便孩子進入幼兒園之後，父母仍舊是攸關孩子發展的持續性影響因素（Geringer, 1989）。若將兒童的生活簡單化為幼兒園生活與家庭生活，在進入幼兒園生活以前，大部分的兒童已經擁有基本吃、睡以及清洗等生活習慣，在走、跑、跳躍等大肌肉發展上已有對應年齡的發展，另外在畫畫、堆積木以及拉拉鍊等細部發展也有一定程度的能力表現，加上社會互動的基本知能逐漸成形，喜、怒、快樂、挫折感等情緒也逐漸明確而有所自覺。前述身心發展看似尋常且生活化，但必須在具備基本條件的情境下才會發生——包含關懷的教養環境、營養及健康的照料、成人的關注、心理條件的刺激，以及具有隨時都能感受到強烈、親密且持續的人際關係網絡等（Kellaghan, Sloane, Alvarez, & Bloom, 1993）。最能提供前述條件以協助兒童發展者，父母當居首要角色。

　　家庭、社區以及幼兒園是孩子成長的三大主要場域。Walberg（1984）指出，不含睡眠時間，粗估 18 歲以前的孩子平均花費在學校機構的活動時間約占 13%，父母相對可能支配孩子的時間最多可達 87%，但前述研究結果和今日的情況已有大幅改變；當前孩子進入教育機構的時間益見增加，父母相對可支配孩子的時間也愈見減少。以孩子進入幼兒園為例，隨著雙薪家庭的普遍化，孩子留置在幼兒園的時間逐漸延長，家庭與幼兒園成為孩子生活的兩大主要場域，兩者間的教養內容與聯繫便顯得益加重要；此時家庭與幼兒園併為孩子成長密切關連的場域，也是形成孩子生活與教育經驗的重要場所，父母更是肩負關鍵的指導責任。

　　社區與孩子成長間的關係，則存在相對複雜的變數。當前社會分工愈加精細但關連密切，孩子及其家庭難以過著離群索居的生活；但孩子與社區間的互動機會，則受到教養態度、家庭型態以及社群互動文化等因素影響。以部分居住在都會區的家庭為例，受限於父母就業、重視家庭隱私，或是擔憂成員安全等因素之餘，孩子多數時間來回於家庭與幼兒園之間，

與社區互動的機會相當有限。其次，許多孩子就讀的幼兒園和居住的社區未必一致，跨區就讀幼兒園的情形頗為普遍，對孩子而言，如何形成社區的意識並體會自己在社區裡的角色等，也成為社會變遷的另一項重要課題。相對地，對於幼兒園而言，招收的幼兒及其家長未必居住於所在社區，同樣影響著社區居民對幼兒園的觀感與互動意願，幼兒園如何覺察前述狀況、並提供幼兒、家長以及社區成員互動機會，以強化彼此的了解與互動意願，更是幼兒園經營的重要課題。

親子關係成於天性，如何維繫良好的親子關係、適切地教養子女的身心與人格的健全發展、培育子女實現潛能並成為能為社會所用的人才，是家長關注的重點；家長欲達成前述目標，除仰賴自我覺察與成長外，仍有賴親職教育或社會教育等涵養與啟發，方有助於前述理想的實現。當孩子進入幼兒園之後，幼兒園承續部分家庭教育的功能，但教師受限於各項主客觀因素，必須得到幼兒家長的支持方能發揮教保工作的最大成效；如果能適時地引進家長參與的力量，讓家長了解教保工作的內容並與教師相互配合或分工，對於幼兒的學習發展與幼兒園的經營將會產生不小助益。

再次，近年家長參與（parent involvement）成為教育發展的重要主張，一方面因為家長參與有利於孩子發展，另有學者指出家長參與和教育政策的形成及教育實務中的權力使用與分配等轉變存有關連（Sarason, 1995），是教育政策與發展的一個重要面向。Epstein（1986）指出，許多研究結果發現家長對孩子的學校學習施予鼓勵與支持時，孩子就能夠在學校生活裡得到更多的附加的益處。家長參與不僅有助於孩子的學習，透過家長參與引進社區互動的機會或資源，有利於社區對幼兒園教育內涵的理解，藉此可激發幼兒園思考其在社區的角色與定位，甚至積極地規劃相關教育內容與活動，以協助社區發展或成長，使得家長參與可以激發出更多的可能效益。

本章藉由探討幼兒園家長參與及社區關係的基本概念，了解家長參與的方式與內涵，進一步分析家長參與及社區關係存在的互動關係與助益。

以下將分就家長參與的意義與特性、鼓勵家長參與園務活動的理由、家長參與園務活動的類型，以及藉由家長參與營造社區連結等四節說明如後。

第一節　家長參與的意義與特性

關於家長參與的意義與特性，茲分項說明如後。

一、家長參與的相關概念分析

有關家庭與學校之間互動關係，先後有多項概念被廣泛應用，但概念間實有差異。

就涵蓋範圍而言，涵蓋面最廣的當屬家庭介入（home intervention）一詞，係指學校所做任何幫助家庭以促進孩子身心發展的計畫，狹義言之，排除強調家庭病理學的治療取向，也排除專指特殊生理、情緒或心理需求的孩童家長，或是為一些孩子參與非常態班級教學計畫的家長所設的計畫。其次，是家庭支持方案（family support programs）一詞，係指支持家庭成員教養知能及了解學校相關環境的計畫外，通常包含有營養、健康照料以及社會服務等內容。

此外，親職教育與家長參與兩概念也是相當常見。以親職教育方案（parent education programs）而言，重點係放在家長是孩子教育夥伴者的角色，學校為改善孩子的認知及學習表現，試著規劃且執行的一些有關親職知識、態度或行為等層面知能改變的計畫與活動。親職教育（parent education）或父母教育（parenthood education）是指是用來幫助現在或未來將為人父母者學習孩子教養與發展原則等知能，和親職教育方案的概念有所不同。而家長參與（parent involvement）及家長分享（parent participation）等概念，則是指由學校主導並試著將家長納到學校活動，且（或）教家長在家教學或強化孩子學校作業的特殊技能及策略，雖然一如親職教

育方案常見由學校主動規劃為之，但其內涵仍有所區別（Kellaghan et al., 1993: 84-85）。

無論是家庭介入、親職教育，或是家長參與等，近來相關的研究常見概念有相互含涉的情形，最普遍受到應用者又以親職教育與家長參與等兩概念為甚。依據 Kellaghan 等人（1993）的看法，親職教育與家長參與兩概念都隱含著學校處一定主動地位，但兩者的目標不甚相同；這種在概念上可以明確劃分，但在學校實務上果真可能區分明確且分道而行？家長參與只是單純為了「教家長在家教學或強化孩子學校作業的特殊技能及策略」，全然無涉「為人父母者學習孩子教養與發展原則等知能」？另由親職教育的可能途徑言，要求家長參與學校活動（兼含主、被動）、進而投入各項教育活動為可能途徑之一；家長不參與學校活動，由學校主動投以親職教育活動，其實也有可能。Sarason（1995）從權力分配的角度指出，家長參與已經成為今日學校教育活動的主流模式，昔日家長不參與學校活動的型態已然居於末流，這種發展實質地促成家長參與和親職教育兩概念的界線逐漸模糊，甚至容易被一體視之。

由前述家庭與學校間互動關係的概念發展得知，家長參與學校活動已經成為學校的主流樣態，家長參與的目的也非單純地被動認識校務與孩子的學習情形，更期待透過家長參與，以積極地達成協助學校運作和提升孩子的學習及成長。是以，有關家長參與和親職教育的概念界線益漸模糊，甚至齊一家長參與和親職教育的目的。有鑑於前述，本文不特意區別家長參與和親職教育的差異，暫將兩概念意涵視為相同；或精確言之，將家長參與視為：「藉由家長參與園務活動或子女學習，以達成親職教育的目的」；將親職教育視為：「為提升家長親職教養知能與子女學習成效，由幼兒園主動提供或邀請家長參與園務活動的相關作為即稱之。」

二、家長參與是教育的重要環節

　　學校教育的出現，不僅補充家庭教育的可能不足，同時扮演著專業者的角色以獲得家長的信任，卻也進而在家庭與學校間形成一道難以跨越的無形鴻溝；逐漸地，家長無法獲知子女在校的學習過程，只能被動地獲悉學習結果，甚至對於子女學習結果感到質疑或不滿意時，想要協助子女尋求改變也無從介入。學校教育以專業者自居而不主動尋求家長參與的情況，隨著教養觀念改變、家長團體形成以及各國立法鼓勵家長參與等，出現了明顯的變化。

　　以美國為例，20 世紀初期，學校家長開始組成家長團體，家長主動參與學校教育的風氣逐漸形成（黃盈斐，2019）。20 世紀中期，有關早期教育與學習成就的關係發現，家長參與和子女的學習有顯著的關聯性（Epstein, 1987），此等成果鼓勵家長組成的教育團體，積極尋求與學習教育的互動和聯繫，許多國家也開始積極鼓勵家長的參與，甚至透過立法讓家長參與學校教育成為各國教育發展的新趨向。例如，美國聯邦政府在 1965 年推行的「補償教育法案」（Compensatory Program），便強調參與學校教育的機會不再受限於有錢有勢的家長；英國於 1967 年提出「普勞頓報告書」（Plowden Report），強調家長在子女教育上的重要角色（Moles, 1996）。1970 年代以後，各國政府開始重視家長參與及親職教育，許多國家陸續提出鼓勵家長參與的教育計畫，家長參與之後也認為自己與子女都得到諸多幫助，尤其在為人父母的知能、家庭與學校的關係、學校表現及兒童適應方面都可看出進展。1980 年代，許多學校帶領父母成功參與學校的教學活動，並指導父母在家輔導子女閱讀，結果顯示父母參與對子女在學校的成功有很大的影響（黃盈斐，2019）。

　　20 世紀後期，各國引發教育改革的熱潮，改革的重點之一即是有關家長參與，此波風潮迄今不歇，直到今日仍可見各國透過立法來確認家長參

與的重要地位，期望藉由親職教育的推展與家長參與的鼓勵，一方面滿足家長參與的需求，另方面則協助學校教育或子女學習能邁向成功。以美國前總統布希於 2002 年 1 月 8 日簽署《不讓孩子落後》（No Child Left Behind; NCLB）法案為例，該法的主要目的在縮小中小學的學習落差，其中明訂各州對公立學校學生的閱讀、數學等學科進行評量，並將有關子女學業成就的詳細報告提供給家長（U.S. Department of Education, 2002）。在英國，教育與技能部（Department for Education and Skills, 2004）提出提升孩子與學習者的策略報告中，強調建立學校、家長、雇主及其他團體之間的夥伴關係，對於時代和教育制度轉變下的家庭與學校合作角色多有論述，直指其間的合作對兒童的未來成長發展有著長遠和正面的影響。

　　家長參與除了成為教改與政策發展的風潮外，相關研究也支持家長參與對幼兒發展與家園互動關係具有積極幫助。例如，依據 Crosby、Rasin-ski、Padak 與 Yildirim（2015）的研究，該研究想了解家長參與對於幼兒語文能力所產生的影響，將每一個年級各找到 22 個孩子進行研究，結果發現有參與幼兒園務的家長，他們孩子的基礎語文能力的表現都比較優異；該研究也檢視「加速成長家長參與方案」（Fast Start Parental Involvement Program）的成效，該方案選擇一所幼兒園的 29 位孩子為對象，教父母在家與孩子互動的策略和資源──包含讀詩、閱讀以及文字遊戲等，研究也顯示家長在家執行了有意義語言活動者，孩子的語言能力發展也相對較好。其次，幼教階段也是家長建立正向與有意義的家園關係的好時機，Nit-ecki（2015）的研究也指出，在幼兒園階段建立整合的家園夥伴關係的三種最佳實務作法，包括：創造多元的參與關係，營造怡人的幼兒園環境，以及增強父母對幼兒園的認知。綜上，幼教階段是營造家長參與和良好家園互動的極佳時機，不僅有助於幼兒的認知發展，對於建立家長的家園正向關係更有積極性的幫助。

三、家長參與的法源基礎

　　臺灣在家長參與校務運作上，過去多有學校設立班級或學校家長會等組織，家長參與的方式多以捐款與增購教學設備為主。國際組織對於家長參與一事，早已立有明文規範；以聯合國為例，在 1948 年發布的《世界人權宣言》第 26 條規定：「教育的目的在於充分發展人格，並加強對人權及基本自由之尊重。父母對其子女所應受教育的種類，有優先選擇的權利。」1966 年通過的《公民與政治權利國際公約》第 18 條亦規定：「尊重父母確保子女接受符合其本人信仰之宗教及道德教育之自由。」同年（1966）通過、1976 年生效之《經濟社會文化權利國際公約》第 13 條規定：「尊重父母為子女選擇符合國家所規定或認可最低教育標準之非公立學校，及確保子女接受符合其本人信仰之宗教及道德教育之自由。」1989年通過之《兒童權利公約》第 18 條規定：「父母雙方對子女的養育與發展負有共同責任並關心子女之最佳利益。」（周百信，2018）。前述就父母對於子女的教育選擇和參與權利進行詳細的規範，成為各國參照與遵循的依據。

　　臺灣自民國 80 年代開啟的教育改革風潮，出現諸多以家長為主的教育團體（如「410 教改聯盟」），結合關心教育發展的社團組織，積極推動家長或家長組織參與學校教育，要求落實家長參與校務活動的權利。其後陸續訂頒通過的教育法規，如《教育基本法》、《教師法》、《國民教育法》、《教師輔導與管教辦法》、《幼兒教育及照顧法》等，均將家長參與或家長組織參與納為法令規範的環節，提供家長參與校務的法源基礎。茲將近年相關法令對於家長參與校務的規範情形，依據家長參與的不同權利面向，將相關法源依據與法條內容列述如後（見表 4-1-1）。

表 4-1-1　家長參與的相關法源與權利內涵

家長參與校務的權利	法源依據	法條內容
參與權	《教育基本法》	第2條：人民為教育權之主體。……（略）為實現前項教育目的，國家、教育機構、教師、父母應負協助之責任。
	《幼兒教育及照顧法》	第 7 條第一至二項：教保服務應以幼兒為主體，遵行幼兒本位精神，秉持性別、族群、文化平等、教保並重及尊重家長之原則辦理。推動與促進教保服務工作發展為政府、社會、家庭、教保服務機構及教保服務人員共同之責任。
教育選擇權	《教育基本法》	第8條第三項：國民教育階段內，家長負有輔導子女之責任；並得為其子女之最佳福祉，依法律選擇受教育之方式、內容及參與學校教育事務之權利。
	《幼兒教育及照顧法》	第 12 條第二項：幼兒之父母或監護人得依幼兒之需求，選擇參與全日、上午時段或下午時段之教保服務；教保服務機構於教保活動課程以外之日期及時間，得視父母或監護人需求，提供延長照顧服務。
組織團體參與權	《教育基本法》	第 10 條第一至二項：直轄市及縣（市）政府應設立教育審議委員會，定期召開會議，負責主管教育事務之審議、諮詢、協調及評鑑等事宜。前項委員會之組成，由直轄市及縣（市）政府首長或教育局局長為召集人，成員應包含教育學者專家、家長會、教師會、教師工會、教師、社區、弱勢族群、教育及學校行政人員等代表；其設置辦法由直轄市、縣（市）政府定之。
	《教師法》	第9條第二項：前項教師評審委員會之組成，應包括教師代表、學校行政人員代表及家長會代表一人；其中未兼行政或董事之教師代表，不得少於總額二分之一，但教師之員額少於委員總額二分之一者，不在此限。

表 4-1-1　家長參與的相關法源與權利內涵（續）

家長參與校務的權利	法源依據	法條內容
組織團體參與權	《國民教育法》	第 9 條第六項：前三項遴選委員會應有家長會代表參與，其比例不得少於五分之一。遴選委員會之組織及運作方式，分別由組織遴選委員會之機關、學校定之。
	《國民教育階段家長參與學校教育事務辦法》	第 5 條第一項：學校應依法設家長會，每位家長應依相關法令參與家長會。
	《幼兒教育及照顧法》	第 30 條第一項：幼兒園得成立家長會；其屬國民中、小學附設者，併入該校家長會辦理。
資訊請求權	《國民教育階段家長參與學校教育事務辦法》	第 6 條第二項：家長得請求前項以外與其子女教育有關之資訊，除法令另有規定外，教師或學校不得拒絕。
	《幼兒教育及照顧法》	第 31 條第一項：父母或監護人及家長團體，得請求直轄市、縣（市）主管機關提供下列資訊，該主管機關不得拒絕……
資訊提供權	《幼兒教育及照顧法》	第 27 條第三項：前項預防接種資料，父母或監護人應於幼兒入園或學年開始後一個月內提供教保服務機構。
異議權	《國民教育階段家長參與學校教育事務辦法》	第 7 條第一項：家長或學校家長會對學校所提供之課程規劃、教學計畫、教學內容、教學方法、教學評量、輔導與管教學生方式、學校教育事務及其他相關事項有不同意見時，得向教師或學校提出意見。
	《幼兒教育及照顧法》	第 33 條：父母或監護人對教保服務機構提供之教保服務方式及內容有異議時，得請求教保服務機構提出說明，教保服務機構無正當理由不得拒絕，並視需要修正或調整之。 第 35 條第一項：教保服務機構之教保服務有損及幼兒權益者，其父母或監護人，得向教保服務機構提出異議，不服教保服務機構之處理時，得於知悉處理結果之日起三十日內，向教保服務機構所在地之直轄市、縣（市）主管機關提出申訴，不服主管機關之評議決定者，得依法提起訴願或訴訟。

表 4-1-1 家長參與的相關法源與權利內涵（續）

家長參與校務的權利	法源依據	法條內容
協議權	《幼兒教育及照顧法》	第 37 條第一項：教保服務機構受託提供教保服務，應與幼兒之父母或監護人訂定書面契約。
學校課程規劃權	《十二年國民基本教育課程綱要》	學校課程發展委員應包括學生家長委員會代表。
申訴權救濟權	《國民教育法》	第 20-1 條第二項：學生對學校有關其個人之管教措施，認為違法或不當致損害其權益者，由其法定代理人以書面代為向學校提出申訴。
參議權	《國民教育法》	第 10 條第一項：國民小學與國民中學設校務會議，議決校務重大事項，由校長召集主持。校務會議以校長、全體專任教師或教師代表、家長會代表、職工代表組成之。其成員比例由設立學校之各級主管教育行政機關定之。
監督權	《國民教育法》	第 4-1 條第二項：前項公立國民小學及國民中學之合併或停辦，直轄市、縣（市）政府應擬具校園空間利用與財務支援計畫，邀請學者專家、家長代表、學校教職員代表、地方社區人士及相關人員進行專案評估及辦理公聽會，並經各直轄市、縣（市）政府教育審議委員會審議通過後，送中央主管機關備查。
	《幼兒教育及照顧法》	第 34 條：直轄市、縣（市）層級家長團體及教保服務人員組織，得參與直轄市、縣（市）主管機關對幼兒園評鑑之規劃。

資料來源：修改自周百信（2018：150）。

四、家長參與的特性

隨著家長參與和親職教育間的概念界線逐漸模糊，家長參與的概念界定隨時空環境有所調整，無非希望藉由提供家長參與校務與孩子學習歷程等機會，使家長思考角色與職分，發揮陪伴與參與的優勢，使孩子得到完善的教育支持。綜結近年的相關討論，家長參與有幾項值得注意的趨勢：

1. 在參與者的角色方面，可能包含父母與其他主要照顧者。

2. 在參與者的需求方面，除了親職角色與知能外，另包含孩子的學習歷程與成果，期能有助於家長深入了解並察覺子女的成長歷程。

3. 在參與的議題方面，隨著社會變遷及育兒需求的變化，昔日家庭少觸及如性教育等議題也可能成為內容之一。

4. 在鼓勵家長參與的目的方面，雖云期使父母善盡職分，但所謂「善盡職分」的境界或標準為何？此等廣涉價值的命題將會隨著社會發展而有不同詮釋。

5. 在教師的角色方面，昔日慣以教師作為家長參與的發動者，但隨著家長對幼兒園孩子學習的關切日殷，加上立法鼓勵家長參與的情形日漸普遍，幼兒園應抱持鼓勵家長參與的態度外，另則扮演著積極協尋社會資源的中介角色，依家長需求代尋適切的社會資源以滿足家長參與之需。

關於家長教育子女的態度，常常受到下列三個因素影響：一為家長的成熟，二為家長的情緒，三為家長的期望（詹棟樑，1983a）。家長是需要持續學習與成長的角色，我們不能苛求所有家長能勝任親職的所有職責，更難以假定親職角色的學習是一蹴可及的。但面對子女的教養與成長議題，家長應有提升親職知能的動力，隨著身心的成熟與歷練，在自我情緒、以及對於自我和子女的角色期望間不斷地來回省思與調整，逐漸琢磨出對應子女教養的態度。

為導引家長教養子女的正確態度，應在尋求家長的成熟、情緒以及期望等三層面得到最適切的開展，也就是補強家長的教養知能、激發積極參與孩子學習及生活的動力，以及依據孩子的真實特性勾勒對其發展的期望。幼兒園不僅肩負培育幼兒之責，同時有協助幼兒獲得適切家庭教育的社會責任；為使幼兒得到全面性的照料，幼兒園除進用優秀師資、編擬適切教材與活動、開發妥適的教育環境外，同時應發揮教育專長，對於家長

進行親職知能的推廣教育，以使家長具備教養孩子的意願與能力，達成使所有孩子健全成長的終極目標。

依據前述家長參與相關意涵的討論結果，茲歸結出家長參與的七項特性如下：

（一）培養家長的教養知能

親職教育在消極方面是：不能捨棄對子女教育的義務；在積極的方面是：教育關係的改善（詹棟樑，1983b）。隨著社會變遷日遽，雙薪家庭及婦女就業日形普遍，進入教育機構成為社會普遍之需，惟父母因就業而未能全時照料子女，不意味父母教養職責將隨子女進入教育機構後全盤卸下；反之，更應積極地尋求如何與幼教機構相結合，以求善盡教養之責。親職教育即在藉由培養家長的教養知能，使家長能善盡親職的角色與職責。所謂的教養知能包含的範圍廣泛，其內涵包括了解子女的行為動機、家長管教品質的影響變項、營造良好的親子關係、教養原則及態度的確立與維持、鼓勵孩子的自信、協助孩子構築的價值體系、培養孩子的責任感、正確的性教育知識與態度、良好親子溝通的原理原則、家長自信的提昇與潛能的激發、學習與幼兒園的合作與聯繫等，均是透過家長參與要努力維繫的環節。

（二）提供親職角色的再省

家長本身的親職知識或源於自身的成長經驗，或來自媒體、親友等各項可能的溝通管道，當多數家長未有機會檢證各項知識與經驗的適切性前，家長便直接實踐其權威角色，不但未必有利於親子關係，家長也可能因缺乏反省的機會未能察覺衍生出的相關問題。因此，家長參與有助於提供家長習得教養知能的機會外，也使家長藉此機會反省所持的教養知能與態度，檢視現有親職角色的適切性，並做必要的改進。

（三） 積極與消極目的兼容

從家長參與的目的觀之，包含提供家長被動地參與園務或子女學習活動的機會，也包含家長透過個人或組織對園務與子女教育活動的積極參與。家長角色是幼兒園行政運作應考量的重要環節，尤其相關研究顯示家長參與對幼兒園園務運作與幼兒學習有正向幫助，如何善用家長資源並提供家長與幼兒園雙贏的成長，是幼兒園必須慎思的議題。部分教師囿於原有的教學工作負擔，致使所進行的家長參與僅採被動參與方式，希望家長被動配合幼兒園需求；但從整全的角度觀之，家長對教育有其主張且對子女的學習也有所期待，主動了解家長參與的目的，藉由家長參與的機會以供其實踐想法，不僅可以使家長有更好的參與動機，更有助於開展辦學的多元性。

（四） 主動與被動型態兼具

從家長參與的演進觀之，幼兒園教師的角色常是促動者，旨在善盡幼兒園的社會責任，發揮原有教育專長，進而培養家長的教養知能，營造完善的親子關係，同時也可藉由家長的合作以提升幼兒園的教育效能。在家長參與的推動型態上，可由幼兒園教師主動發覺孩子與家長所面臨的問題，主動提供家長有關的教育協助；但近來家長益加關切孩子的教育情形，家長也可能主動尋求幼兒園的專業協助，成為另一種互動型態。

（五） 資源提供不限於園內

隨著社會變遷，親子關係及親職教育等相關議題益見複雜，幼兒園成員的專業知能及工作負擔可能無法完全提供親職教育所需，尋求社會資源也將成為幼兒園推動親職教育的重要助力。因此，幼兒園除主動探討家長參與的需求外，更可藉助校外的親職專家（parent specialists），積極引進外部資源提供家長更多的專業協助，幼兒園成員也可藉此機會強化親職教

育的相關知能。

（六）場所不以幼兒園為界

鑑於家長可能是主動或被動地接受親職教育，尤其部分家長並未具備與幼兒園合作的觀念前，幼兒園成員有必要採取主動訪視等策略以了解家長需求；其次，幼兒園既有的資源設備未必能完全滿足家長參與之需，故亦可對外尋求社會資源的支持，提供家長不同型態的教育機會。

（七）非正式課程實施為主

家長參與的形式與內容非常多元，可以邀請家長了解校務運作的現況、進入班級了解子女的學習情形，或是安排親職教育活動或課程以供家長充實親職知能。在家長參與的活動或課程規劃方面，可以由幼兒園或其他社會團體加以規劃，但非以固定的課程型態強制實施[1]，且課程實施也多會考量家長的時間與期望，其實施多採非正式課程的方式。在師資的選擇上，幼兒園可以商請學有專精的成員、心理輔導專家或其他領域的親職專家提供協助，在實施上可以保持較大的彈性。

幼兒園的主要服務對象為幼兒，幼兒的學習與生活均為幼兒園關切的範圍，從生態學的角度，幼兒園、家庭、乃大至社會都是可能影響幼兒的生態系統，家長身為孩子的主要照料者，其是否具備良好的教養理念並具體落實於孩子的生活，自然是攸關孩子得以健全成長的重要議題。從培育幼兒良好發展的宗旨以及幼兒園實踐社會責任等角度言，家長參與有助於幼兒園推廣教育理念，面對各式各樣的家長需求，幼兒園成員應秉其專業了解家長及幼兒的需求，整合成員的專長及可用資源，藉由適當的方式宣導及提供家長必要的教養知能。

因此，幼兒園不應讓家長自外於孩子的教養職責，鼓勵家長參與孩子的學習、關心幼兒園的活動，進而成為幼兒園的教育助力，將是幼兒園推廣家長參與的核心主張。廣義言之，幼兒園已發展成為廣受社會重視的教

育機構，由幼兒園主動規劃及提供親職教育或活動，顯然遠較其他社會機構更具有合理性。但幼兒園同時有職責提供幼兒必要的教育內容，規劃親職教育活動之前，必須考量教師的負擔及其合理性，不單是對教師的尊重，也是一種務實的態度。

　　總之，如何讓幼兒園充分發揮專業並顧及其負擔，同時讓家長參與的努力有助於孩子的發展，實為今日的一大課題。忽視孩子教育及發展情況的家長在當前社會已屬罕見，只見愈來愈多的家長關心，甚至放棄工作、投身孩子的教養工作 [2]，對於幼兒園的運作情形，家長不僅意在了解，也希望能夠在教育過程中找到使力點，成為孩子成長過程的重要助力。鼓勵家長參與幼兒園教育活動顯然已成為普遍接受的共同價值，幼兒園如何立足於斯尋求開展的新路，將是現階段推廣家長參與必須思索的課題。

第二節　鼓勵家長參與園務活動的理由

　　回顧學校教育的發展，西方學校制度的出現與教會密切相關，兒童大量參與學校教育可追溯至義務教育的出現。普魯士薩克森公國早在 1557 年、1580 年頒布之《強迫教育令》就出現強迫就學的原則，成為義務教育發展的濫觴（滕大春，1990：212）；歐美各國歷經宗教改革、工業革命、民族主義以及政治民主化等變遷，學校教育逐漸蓬勃發展，隨著義務教育的觀念逐漸得到重視，更鞏固學校制度在社會體系中的合理地位。

　　中國在清末引進西式教育制度之前，便已出現學校組織，但最初的成立宗旨係在服務貴冑子弟而缺乏普及特性，致使學校的普遍化開展要屬晚近之事。清末科舉制度廢除及新學制的誕生，學校取代原先私塾及家庭教育等功能；民國以後的國民教育發展，加速學校制度的普及，由學校承接孩子的教育職責，但逐漸出現家庭與社會對學校過度依賴的情況，甚至加諸學校諸多額外職責，使得學校發展備受窒礙。

　　相關研究指出，教育機構與家長應維繫更密切的關係，在理論上都普

遍地得到接受，但如何將各項共識付諸實施則仍待進一步努力（Pugh, 1989）。學校教育的出現，承擔諸多家庭原應擔負的教育責任，雖造就不少教育績效，但卻也有諸多未盡如人意之處；Kellaghan 等人（1993: 6-8）便指出，從學校教育的發展經驗觀之，學校發展存在下述的限制：

1. 即便學校課程改革如火如荼地展開，似乎僅有極少數的學生表現能夠真正地達成預期的目的。
2. 從學校發展的歷史觀之，學校教育的擴展並不必然使低社經地位者受益於教育或社會的發展，進而擁有更多的參與機會。
3. 學校教育在資源均等分配的工作上並不成功，即便是同一國家裡，學校間的資源差異仍舊很大。
4. 在大部分開發中國家，資源、師資培育以及管理系統等缺乏，阻礙擴展公共教育的努力成果。
5. 除教育資源外，以 1980 年代言，公立學校的支出與前一階段相較，並未見支出比率有所提升。

　　有鑑於歷來學校教育的績效不如預期，各項改革建議從四方湧入，尤其近來各界逐漸引進學校以外的資源分擔的教育責任 [3]，甚至是再省家庭的教育角色，希望支持家庭成為一個有效能的學習中心 [4]，成為支持或協助學校教育發展的另一股重要力量。

　　近來反省教育機構、家庭與社會對兒童教養職責的呼聲日起，一方面肇因於教育機構的辦學成效受到不小的質疑（當然也可能是各方期待太高），另方面則源於家長更加地重視孩子教育並期待有參與機會，使得各界試圖對三者的角色重新反省與調整。家長對孩子教育更形關切，使得家長不但關切孩子日常生活教育的活動與規劃，也關切孩子在教育機構內的學習生活，鼓勵家長參與遂成為各界的共識。以幼兒園而言，是孩子首次離開家庭接受學校型態的教育場域，家長對於孩子在幼兒園的學習狀況與適應情形更是感到關切，加上教育水平提升並能理解家長參與孩子學習活

動的重要性，家長參與園務活動的意願漸增，已成為幼兒園辦學不可忽視的重要環節。

何瑞珠（1999）彙整近年「家園合作」研究結果，發現鼓勵家長參與的理論主要有以下三項，茲說明如後：

1. 家庭缺失論（family deficiency theory）：從「個別」的特點解釋不同模式的家長參與。根據利斯曼（Riessman, 1962）的理論，缺乏文化培養或文化水平低的家庭，由於家中缺少教育傳統，父母可能因而不注重教育，或是對語文掌握不足，加上沒有足夠動機並視追求教育成就為畏途，較少參與子女教育。在這個觀點中，容易將問題父母或問題家庭視為家長參與程度低的問題核心，僅從家庭缺失的角度解釋家長參與低落的原因。

2. 教育機構歧視論（institutional discrimination theory）：認為家長參與的差異是「制度」的因素，非只是將責任推在個別父母的身上。此種理論認為，教育機構對來自較低社會階層的父母和幼兒存有偏見，甚至有抱持種族歧視的態度，反而疏忽有特別照顧需求的一群家長。實際上，學校機構存在著一些隱晦歧視作風或排斥措施，把不利條件的父母排拒於學校機構之外，造成父母無法參與子女教育，顯然形成另類的歧視觀點。余明仁（2020）針對勞動階級國小家長參與進行研究便指出，勞動階級家長在子女教養與家長參與方面的積極度相當不足，不論是子女的品格、功課或是生活常規的管理，只要沒有問題就不會提高要求；家長雖然會積極找尋學校事務的相關資訊，但對於學校不敢提出改革建議，並且服從學校的規範。但 Lareau（1989）的研究卻指出，教師都希望所有階層的父母在家中為孩子提供有利的學習環境，進一步要能支持教師及尊重教師的專業知識，由於教師要求家長協助的用意沒有分別，學校機構本身並無意去歧視任何父母。雖然研究的觀點不一，但不可否認家庭社經水平或條件不足的家長，比較難有餘裕參與子女的教育或學

習；甚至學校可能訂出一些無形界線或是制度上隱蔽（例如將家長參與的時間訂在平常日），致使部分家長遭排拒在外。

3. 包容理論（inclusive model）：捨棄以往單方面責怪家長或學校的觀點，強調雙方必須共同解決孩子的教育或學習問題。教師應該察覺家長之間有著不同社會文化背景，是學校機構難得的資產，更應強調家長與教師對話的重要性。如果學校機構能體會到家長擁有的文化價值，有利於動員更多家長協助不同背景的孩子；另一方面，也要讓家長了解到採取退縮或不合作的態度，反而無法使子女受益。此種觀點強調，教師必須檢討機構是否存在著可能的歧視或作法，另方面家長也必須坦誠溝通，形成共贏的局面。

關於鼓勵家長參與學校／園務活動的理由，Sarason（1995: 46-48）認為主要有以下五點：

一、家長擁有其他人難以獲得的知識

身為孩子的親人，甚至是生活中最親密的夥伴，家長透過與孩子長久相處的經驗積累，漸次形成他人難以獲得的知識，這些資訊對於幼兒園銜接孩子的教育活動規劃，相當珍貴且不應受到忽略。例如，有關孩子的氣質、學習風格、興趣、動機、問題以及天分等，對於幼兒園教師而言都很有用處，如果家長可以與教師善加聯繫，對於孩子的學習適應與潛能發展等，將會產生正面的幫助。

二、家長對於子女的受教經驗存有濃厚興趣

家長的教育學歷不斷地提升，在受教的過程中，家長也逐漸認識到家園合作的益處與重要性，更具備了良好參與園務的能力。在子女受教育的過程中，家長扮演著提供者、協助者、參與者、諮詢者以及決策者等角

色，對於子女受教育的機會與品質，家長有權力也有興趣深入了解，家長希望被告知或諮詢、成為子女學習的助力，甚至避免成為負面因素。

三、家長難以免除評斷幼兒園教學的好壞

家長是子女的第一位教師，透過親子互動的經驗，家長也積累出不少的心得與教養方式的優缺點，甚至希望幼兒園能承續自己摸索出來的教養心得以避免重蹈缺失。當幼兒園的教育成果不如期待之際，家長便容易以先前經驗加以類比，甚至對於幼兒園的教育內容與方式提出批評。前述批評縱使對幼兒園行政或教學可能形成一定程度的壓力或困擾，但幼兒園應正向地面對相關建議並妥善地予以對應，進而轉化為調整或修正園務或教學的具體作為，使幼兒能實質獲益。

四、了解幼兒園經營屬於家長的公民權限

作為納稅義務人，家長希望了解公共政策的運作情形，幼兒園的經營狀況自屬公共政策的一環，致使家長有意對其經營情形加以了解或掌握。家長不只視自己為被動的義務者，而是能夠主動提出對幼兒園發展與改進建議的人；即便幼兒園對家長所提的看法不表認同，至少應承認家長提供一些值得關注的訊息，親師間如何透過適切的溝通並了解彼此對教育的看法則更顯重要。

五、家長間的多元特質可為幼兒園資產

由於家長各擁有特殊旨趣、嗜好、職業以及社區角色，家長本身就是幼兒園的重要資源，且家長為使子女獲得良善的教育，將更有意願提供所長以協助幼兒園的教學。家長的學歷和經歷具有多元性，加上工作經年已累積相當足堪借鏡的經驗，如果家長具備可應用在幼兒學習或擴展生活經驗的知識及技巧，並足堪成為教師的激勵來源時，教師便可積極的尋求家

長提供協助；家長與幼兒園都共同擔負協助幼兒學習與成長的目標，只要有助於促進兒童智能發展，家長會樂於提供專長所學。

　　基於前述理由，即使近年來幼兒園承續許多昔日家庭的教養責任，但孩子的教養權責並不能隨著前述轉變而完全「讓渡」到幼兒園。藉著反省家長的教養職責以及家園合作可能獲致的利益，使得鼓勵家長參與園務活動的理由更形充分。其次，就兒童教育權的歸屬加以分析，洪福財（2000：197）認為受教者、家長、國家、社會以及教師同為掌握教育權的共同持份者，協助受教者健全發展、維護受教者最大利益為目的（見圖4-2-1），可見家長在兒童的教育過程中的重要角色，更是責無旁貸地應予支持。

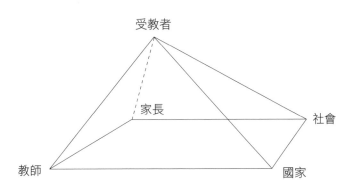

圖 4-2-1　教育權持份者之平衡架構圖

　　邇來探討家長參與孩子學習活動的相關研究發現，倘使能適度地讓家長參與孩子的學習，將會對孩子、家長本身、教師甚至是幼兒園等都產生正面的助益，並可帶來各項積極的影響。例如 Sussell 等人（1996）便指出，藉由家長參與，對幼兒與幼兒園的運作將會帶來下述五項優點：

1. 讓家長對教師及幼兒園有更正面的態度。

2. 引發幼兒更多的正向行為及態度。

3. 改善幼兒的表現。

4. 改善教師士氣。

5. 改善幼兒園氣氛。

Karther 與 Lowden（1997）也指出，家長參與的主要優點有四：

1. 學生可以從各種學習領域中獲益。

2. 有助於增加家長對學校的滿意度。

3. 有助於增加家長參與的自信。

4. 有助於帶來全面的學校進步。

Ballantine（1999）則認為，家長參與可以帶來下述八項正面結果：

1. 改善親子間的溝通。

2. 參與者的子女能有較佳的學習表現。

3. 增加參與校務的機會並減少破壞行為。

4. 提高孩子完成高中學歷的機會並繼續順利升學。

5. 讓父母有成就感。

6. 提高父母對孩子的期望。

7. 改善學生的學習習慣。

8. 增加父母決定繼續進修、自我充實的可能性。

綜合前述學者的看法可知，鼓勵家長參與園務與幼兒的學習活動，可以歸結出對不同對象的正面助益：

1. 對孩子而言

可提供更多元的學習刺激，獲益的範圍涵蓋孩子的各種發展層面，例如，在心理發展方面，有利於孩子及早熟悉新環境，家長受到幼兒園尊重也有利於使孩子提升自我價值感等；在學習表現方面，有助於增加孩子的學習表現，包含知識、態度以及生活習慣等，甚至有利於孩子獲得學習成就的機會。

2. 對家長而言

　　有助於增加親子溝通的技巧與自信，讓家長了解孩子的學習表現並訂定適當的期望，進而與教師及幼兒園建立良好的關係，增加家長對幼兒園辦學的滿意度；家長能從中了解自己在教養知能方面的不足，虛心獲得學習建議與具體的資源，或有利於進一步進修。

3. 對教師而言

　　透過家長參與有助於使教師獲得更多幼兒的訊息，順暢的溝通使教師的努力能完全得到家長的了解，得到更多教學的支持，以提高工作士氣。當親師能夠藉由互動而逐步建立相互信任的關係，對親師溝通與家長資源的引進等，都將產生實質的幫助。

　　鼓勵家長參與園務活動，一方面有助於家庭親子關係的和諧，使家長透過參與園務活動的機會，掌握孩子的學習情況並形成對孩子的合理期待，更形確立家庭的教養目標；另一方面，幼兒園因為得到家長的了解與認同，親師密切聯繫更是有助於減少孩子在園的負向行為，或經由家長協助使得幼兒學習成效更佳或幼兒園辦學品質更加精進，長遠而言甚至有利於幼兒在後續教育階段獲得學習成功的機會，對家長和幼兒園產生雙贏互利的成果。

　　鼓勵家長參與園務活動雖有前述的利基，但家長是否具備適切的參與能力，以及家長心態是否經過妥適的調整等，可能影響前述目標的達成，甚至可能產生園務或教學運作的另一種阻力。Sarason（1995: 46-48）便指出，家長未必具備完整參與學校／園務活動的能力，這些能力可能將影響學校／幼兒園的預期成效，其主要原因有三：

1. 家長對於學校文化與學校體系的基礎知識不足。
2. 家長對於一般學校及成員的知識與態度，主要仍源自他們以前的學生經驗。

3. 當家長或其他人要求一定程度的參與決策權時，焦點仍置於「權力」議題，而非實質的教育問題的討論。

　　鼓勵家長參與園務活動必須設法排除前述因素，除利用各項親師互動的機會培養家長的正確觀念外，社會教育的宣導、親師應秉持開放心胸看待家長參與等，一方面尊重家長的教育參與權，另方面也要尊重幼兒園教師的專業角色，藉由彼此的角色認知與積極磨合，使家長參與獲致最大的效益。

第三節　家長參與園務活動的類型

　　有鑑於家長參與對園務運作可能帶來的正向幫助，對於如何帶動家長參與以達成「興利」之效，應是所有成員關心之所繫。透過參與園務活動，家長獲得了解園務與反思親子關係的機會，從中發覺自己在教養知能的不足，有助於增加自己的親子溝通技巧與自信，釐清對孩子發展與學習成長的適切期望，以達到協助孩子健全發展的理想，是幼兒園推展家長參與的理想。同時，幼兒園藉由家長參與可以獲悉園內幼兒的成長資訊，適時提供家長所需的教養知能，形成共同承擔教養孩子職責的共識，使孩子能在親師合作中獲得最佳的成長機會。

　　就發展演進觀之，家長與學校的互動從昔日未能積極參與到主動參與，事實上也歷經一段演進的歷程；Wolfendale（1992）曾將家長參與的方式，依據活動劃分出階段，將家長參與的方式圖示如後（見圖 4-3-1，洪福財，1996）：

1. 家長進入校園

　　家長獲邀進入校園，但未能積極參與校務運作。

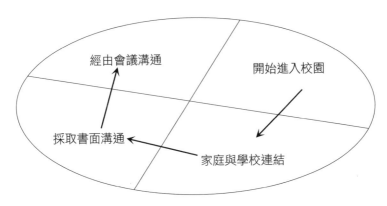

圖 4-3-1 家長參與的演進輪狀圖

2. 學校開始與家庭連結

家長獲邀進入校園，開始獲得部分參與校務活動的機會。

3. 學校與家庭開始採取書面的溝通方式

家長獲邀進入校園並獲得部分參與校務活動的機會外，學校與家庭透過書面的間接溝通方式以獲取資訊，溝通方式多以單向為主。

4. 學校與家庭採取會議的形式進行相互了解和溝通

家長獲邀進入校園並參與校務活動，學校和家庭能採直接溝通的會議方式交換資訊並凝聚共識，雙方角色相較之前更為對等。

家長從開始進入校園、與學校產生不同型態的連結與互動、進而發展到雙方經由會議溝通，家長參與的方式也從被動獲得參與的機會開始，漸而與學校成員產生連結互動，逐漸由間接的書面溝通、發展為採會議直接溝通的方式，顯示出家長與學校成員互動需求與角色等改變，家長與學校雙方的互動角色也逐漸發展出較為對等的型態。

家長參與除前述參與管道的演進外，家長參與園務活動的內涵也漸生改變。Wolfendale（1989: 5-9）曾以幼兒教育機構的家長參與情形為例，對於 130 個幼教機構進行為期三年的觀察研究後，依據家長參與園務活動的

情形，將家長參與區分成五種不同類型，綜合歸結說明如後：

一、非參與型

此類型的家長純粹是教育的消費者，不親身參與機構的運作；該類型又可分成兩種：

（一）主動的非參與型

主動決定不參與幼兒園的活動，例如：

1. 有工作的家長。

2. 希望有一段時間不用帶孩子的家長。

3. 想要「買」一段專業時間的家長。

（二）被動的參與型

家長雖想參與，但卻實際上、或感到無法如願，例如：

1. 當家長覺得他存在現場時，孩子就不會安分。

2. 缺乏自信、厭倦或感到失望的家長。

3. 語言能力不好的家長。

4. 擁有更需要親自看護的孩子之家長。

二、支持型

此類型的家長提供幼兒園外在的支持，藉由實際的幫助或理念贊同等方式支持幼兒園的運作，提供的支持列舉如後：

1. 提供經費支持。

2. 提供幼兒園要求的材料資源。

3. 參加夜間開放活動及社區聯歡會。

4. 提供幼兒園成員精神支持，協助發揚機構的哲學。

5. 支持幼兒園所建議的家庭活動。

三、參與型

此類型的家長親自參與或做一些對幼兒園運作有所貢獻的活動,這些活動通常是在幼兒園成員的指導下產生,家長可能扮演的角色及參與的活動內容列舉如後:

(一)扮演協助者的角色

1. 將整個群體視為服務對象。
2. 幫忙成立一個特別的社團或玩具圖書館。
3. 輪流與孩子共事,一起學習。
4. 跟教職員工及孩子一同遠足。

(二)扮演學習者的角色

1. 家長可以藉由參與公開朝會、工作坊、幼兒園聚會或透過在團體裡分享育兒經驗的過程,進一步了解自己的孩子以及幼兒園的辦學目標。
2. 藉由成人教育的活動,更認識所居住的世界。

四、夥伴型

此類型的家長與幼兒園維持著共事關係,有共同的目標、相互尊重且願意協商,這意味著訊息、責任、技巧、決策以及績效等共享,例如:

(一)個別家長與專業人員的夥伴關係

1. 家長是共事者、共同施教者,共同計畫並實施一個在幼兒園或家裡關於孩子的計畫。

2. 家長有相同的機會得到資訊及紀錄。

3. 家長對於子女的教育能有共享決策。

4. 家長能共同診斷、評量、計畫、檢視並照料他們的孩子。

（二）一般家長與特定機構的夥伴關係

1. 參與計畫及經營。

2. 共享目的、目標以及活動計畫等形成。

3. 共同選擇教職員工。

4. 共同討論招生的條件與特性。

5. 機構的評鑑。

（三）家長作為工作者與特定機構的夥伴關係

1. 協助家庭訪問。

2. 協助社團的運作。

3. 與其他家長進行諮商。

4. 作為孩子遊戲分組的領導人與照料者。

（四）社區家長與決策者的夥伴關係

1. 藉由社區健康諮詢會議、家長夥伴協會（Parent Partnership Association; PPA）委員關係進行聯繫。

2. 與學區健康中心及教育與社會服務委員會接觸並共享訊息。

五、控制型

此類型的家長會做決定並實行決策，是最後的負責者並講求績效，他們同時控制著幼兒園運作或是獨立於機構運作，例如：

1. 選擇、雇用及管理教職員。

2. 管理預算及資源。

3. 參與招生。

4. 決定目的及目標。

前述各種家長參與的類型，呈現出家長對幼兒園事務參與的不同程度，有助於分別出家長參與園務活動的角色與傾向。但必須注意的是，各種家長參與類型不見得會同時出現在同一個機構當中，家長參與的程度也不能只依照參與人數而定；其次，有必要將幼兒園視為一個整體，了解教職員對於家長參與園務活動與角色的觀感，不宜倉促地斷定各種家長參與類型的適切性。

從前述家長參與的類型觀之，家長可能是不參與任何園務活動，或在有意願、但有不同程度的參與，其中包含做好學校發展的支持、夥伴，甚至控制者等角色，這些不同類型說明了家長參與類型的多元性與可能性，也同時提醒應從幼兒園成員的角度了解不同家長參與類型的適切性。

有關家長參與的模式方面，Cunningham 與 Davis（1985）以及 Swap（1993）另依據家長參與校務活動的內容，將家長參與區分為下述六種模式（Hornby, 2000: 17-20; Spring & Stegelin, 1999: 45-48）：

1. 保護模式（protective model）

將教學與親職的功能區分開來，避免教師與家長間的可能衝突。孩子的教育是教師的工作，家長的角色只是在確定孩子每天是否帶齊應帶的東西且準時入園，家長的參與對幼兒園而言不甚必要、甚至具有潛在干擾孩子教育效能的危險。Swap 認為這是親師關係最常見的模式。

2. 專家模式（expert model）

教師自視為各方面發展與兒童教育的專家，家長的想法是不大可信的；教師掌有決定權，家長的角色只要接收有關子女的訊息與教學而已。此模式主要的問題是要求家長一味地服從與尊重教師，家長不應質疑教師的決定及他們的專業能力；其次，由於教師未能利用家長對子女了解的豐

沛資源，致使他們可能忽略了兒童的重要問題或能力；此外，教師無法覺知家長可能經驗到的任何困難。凡此種種，都將可能使得家長對教師所提供的教學服務感到不滿意。

3. 傳送模式（transmission model）

使用此模式的教師自視為兒童專家，但同時也承認善用家長為資源的益處，他們認為自己有一些經驗可以傳送給家長，好讓家長可以應用在孩子的身上。

在此模式中，教師依舊處於控制並決定使用哪些介入措施，只是他們承認家長在促進孩子學習進步過程中扮演著重要角色；因此，家長的觀點與所強調的事件比較可能獲得考量。即便如此，採取此模式的教師並不認為需要一些額外的技巧——像是有效地引導家長以及與家長建立正向工作關係的人際技巧等。這些因素將會增加家長滿意教師教學服務，並減少依賴教師的可能性。

此模式的危險在於假定所有的家長都能夠、且應該積極成為資源提供者的角色，如此一來有可能因家長過度投入孩子學習計畫而有負擔過多的危機。這種情形在一些有特殊需求孩子的案例中更容易發現，甚至有教師要求家長必須要在家扮演諸如語言治療師、心理學家以及教師等多重角色，形成家長的教養壓力與難以負荷的負擔。

4. 課程增添模式（curriculum-enrichment model）

希望結合家長的貢獻以擴充課程，所持的假定是家長有重要的專業能力可資貢獻，而且家長提供課程材料將有助於強化教師的教育目標。此種家長參與模式的重點在於學校的課程與教學，尤其在多元文化的教育裡普遍地應用（當然也不限於多元文化教育，擁有其他專長的家長也能對其他課程領域有所貢獻）。

此模式提出一種家長參與孩子學習的新方式，藉以增加家長的可用資源並提供親師相互學習的機會；主要的缺點則在於實現此模式，教師必須

讓家長成為決定教學內容與方法的主要來源，對教師可能會造成威脅。

5. 消費者模式（consumer model）

家長被視為教育服務的消費者，當家長決定對孩子的學習採取任何行動時，教師扮演著顧問的角色。在此模式下，家長擁有決策的控制權，教師則提供決策的相關資訊與各種選項；不同的是，家長彙整相關資訊之後對孩子的學習做出決定，儼然成為專家的角色，反觀教師角色僅在於聽從家長觀點並提供各種可供選擇的訊息。家長在此模式中具有主導決策權，對於所受到的教學服務會比較感到滿意，對自己的教養能力相對地具有信心，同時也比較不會依賴專業人員。

此種模式如果推導至極端，將家長置於絕對決策權的專家角色，使得教師容易迎合孩子與家長的各種需求，造成專業責任退位的情形。

6. 夥伴模式（partnership model）

將教師視為教育專家，將家長視為他們自己孩子的專家。親師間可以保持著夥伴關係，共享專業與控制權以提供孩子最好的教育；由於親師各有所長，更增添他們成為夥伴的可能。理想中的夥伴模式應該基於相互尊重，例如雙方應相互傾聽並對彼此的觀點提出合理的考量。在夥伴模式之下，需要對親師所進行的各項活動有著長期的認同，同時包含計畫決策責任的共享，如此一來才會建立有效率的共事關係。夥伴關係的建立必須包含四項重要因素：雙向溝通、相互支持、共享決策，以及強化孩子在學校及家庭中的學習等，家長和教師各自了解也尊重彼此的專家角色，共享資訊並共同形成孩子學習的教育決策。

前述有關家長參與的各項模式，其間差別最主要在於家長與教師間的角色差異。以教學為例，長久以來教室是教師揮灑教育理念的場所，但教學的過程及內容也因缺乏適切的評鑑機制，不僅教師不習慣與他人交換經驗心得，更不贊同開放課室教學接受檢視，讓外界視教室為一個「黑

箱」；如何讓教師打開這封閉已久的黑箱並接受家長的支援，成為今日應積極調適的課題。

　　教師長期被委以教學的重任，教師也以教學專家的角色自居；綜觀今日各幼兒園實施家長參與園務活動的現況，以保護、專家以及傳遞等模式較為普遍可見，但隨著教育權的演替，家長在孩子成長與教育的過程中扮演更為重要的角色，另方面則鑑於家長可提供幼兒園教學諸多支持，使得教師對於家長參與的立場更形開放，此過程的確經歷教師及家長彼此調整心態、溝通共識之後方有今日一番景象。無論採取課程增添、消費者或是夥伴模式，都是教師與家長透過互動過程所選擇的角色轉化，自然對家長參與的內容與方式產生影響。前述模式的劃分的用意並非在於陳述區別模式間的優劣，藉由不同家長參與及其親師角色的理解，有助於吾等重新省思教師與家長的角色，進一步探詢親師角色互動與分工合作的可能性。

　　除前述依據家長參與學校活動的內涵劃分出各種家長參與的模式外，Hornby（2000: 23）另以家長需求及家長貢獻為兩個分析端點，並依據教師需花費在滿足家長需求的時間，以及家長貢獻時間多寡等不同角度，提出一個家長參與的雙金字塔模式（見圖4-3-2）。在家長專業一端，家長在訊息、合作、資源以及政策等不同層次都花費不同程度的時間，其中提供兒童各項訊息耗時最多，用在政策訂定層次的時間相對較少；在教師專業一端，教師在溝通、聯絡、教育以及支持等層次依次花費不同程度的時間，其中日常的溝通聯繫花費教師較多時間，在提供家長支持性服務的部分則費時相對較少。

　　依據前述家長參與模式，教師可以依不同層次研擬出有關家長參與情形的檢核表，以掌握家長的參與情形（Hornby, 2000: 27）。例如，在家長專業一端，關於訊息一項可以提出以下檢核議題：

　　如何從家長處了解有關學生的特殊需求、就醫狀況，以及相關的家庭環境等訊息？——除了親師會以外，還有其他的家庭訪問嗎？

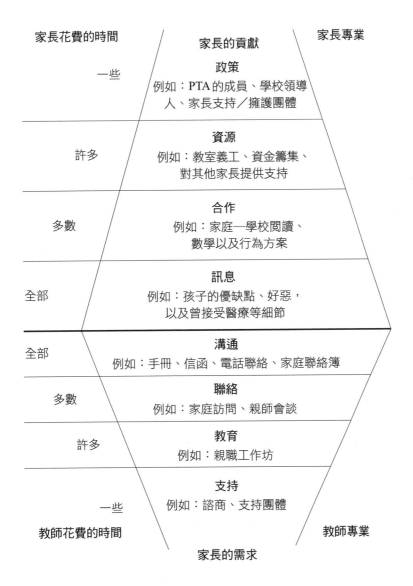

家長花費的時間　　　　　　　　　　　　家長專業

家長的貢獻

政策
例如：PTA 的成員、學校領導
人、家長支持／擁護團體
一些

資源
例如：教室義工、資金籌集、
對其他家長提供支持
許多

合作
例如：家庭─學校閱讀、
數學以及行為方案
多數

訊息
例如：孩子的優缺點、好惡，
以及曾接受醫療等細節
全部

溝通
例如：手冊、信函、電話聯絡、家庭聯絡簿
全部

聯絡
例如：家庭訪問、親師會談
多數

教育
例如：親職工作坊
許多

支持
例如：諮商、支持團體
一些

教師花費的時間　　　　　　　　　　　　教師專業

家長的需求

圖 4-3-2　家長參與的雙金字塔模式

資料來源：Hornby (2000: 23).

另在政策一項可提出以下檢核議題：

學校對於家長參與，有特別研擬出書面的政策嗎？——這份政策是否清楚地釐清家長的權責，而這些政策是否都以書面的方式發送給所有的家長與教師？

在教師專業一端的溝通項目部分，可行的檢核議題如下：

哪些活動用來確定所有的家長與學校保持接觸？——學生的表現或展覽，以及要求知名人士蒞校演講的活動是否吸引很多家長到校參加？

另在支持項目之下，建議的檢核議題如下：

家長有哪些機會可以和學校的成員一對一地聊聊他們對學校的關心？——例如，家庭訪問時或在學校一些特殊安排的親師會，會有這種機會嗎？

Hornby（2000）所提出的家長參與模式，簡潔地勾勒出家長參與園務活動的架構與可能面向，有利於幼兒園作為親師檢核家長參與園務的依據。有意推動家長參與的幼兒園，可以依據各園的特性，利用此架構進一步地發展出各項檢核議題，請教職員工共同討論並回應。

第四節　藉由家長參與營造社區連結

有關學校與外部關係的討論，公共關係（public relations）一詞最常被使用，其意指學校運用媒體溝通、服務及其他活動方式，與社會民眾建立相互了解與良好關係的歷程，以獲得社會民眾的支持與協助，並促使學校的教育能符應社會的需要（謝文全，1993）。但公共關係所指的概念相對較廣，另有將公共關係的範圍縮小至社區，並以學校與社區關係（school-community relations）探討學校與社區間的互動關聯。

　　長期以來，學校一直扮演著教育傳承的角色，1994 年由美國教育部發行的一份報告書《鄉村學校教育現況》（The Condition of Education in Rural Schools），便指出學校扮演著重要的角色，不僅是當地孩子接受教育的中心，更是當地社區永續經營的命脈關鍵；學校也是社區居民「記憶中的社區」（community of memory），亦即曾共同經歷求學過程，對社區裡的學校產生特殊的情感，將學校視為社區的核心體系，是一份歸屬感的認同，也是外人無法體會的一種社群感；尤其就偏遠地區而言，學校是社區得以延續命脈的庇護所，更是關乎社區發展的關鍵（陳幸仁、王雅玄，2007）。

　　臺灣在 1990 年代開啟的教育改革風潮中，鼓勵家長與社區參與學校教育，是當時各界所提的主要訴求之一。李建興（1994）曾指出，學校若孤立於社區外，學校的課程、教材、活動侷限在學校圍牆內，學校閉門造車，學生只接受書本教育，所造就的學生不免四體不動，五穀不分。同樣地，社區的發展如果沒有學校教育的協助，也將窒礙難行，社區生活品質與需求的滿足，很難有效達成。行政院教育改革總諮議報告書（1996）指出，學校應建立多元參與的原則，更明定教師、家長、社區參與學校教育政策的管道，以促進多元的參與；又如 1999 年公布實施的《教育基本法》第 8 條第四項也明確指出：「學校應在各級政府依法監督下，配合社區發展需要，提供良好學習環境。」在推動教改如火如荼的彼時，「學校社區化，社區學校化」成為學校辦學的願景與方向。期待學校融入社區生活，進而提供社區成員教育服務等觀念，實已日漸普遍。

　　依據林明地（2002）的看法，學校與社區關係是學校與其內、外公眾之間以相互尊重為立場而進行有計畫的、持續的、雙向的以及真誠的溝通管道，強調參與、資源互惠及相互服務等方式，以使學校運作良好，獲致家長與社區民眾的支持與協助，並使學校教育能適當地符應社區的需求。張弘勳與蔡雅琳（2009）從學校發展與外界良好互動關係的觀點，將學校公共關係、學校與社區關係等視為相似概念，將學校公共關係界定如下：

　　為達成學校教育目標，透過多元的管道和策略，與校內成員（包括教職員工和學生），以及校外成員（包括家長、社區人士、政府單位、媒體），進行雙向的互動與溝通，以建立互助、互信的和諧關係，進而達成教育目標，並提升學校教育效能的一種有計劃、有系統的長期性活動。

　　由於學校與社區間存在相互依賴的關係，學校能提供社區居民參與教育並提升知能的機會，引進社會資源與社區居民參與都有益學校的發展與改革，透過雙向互動與溝通等方式，期能建立互助與互信的和諧關係。張茂源（2004）將學校與社區的相互依賴關係的意涵，歸結有四：

1. 學校促進社區的改造

　　從社區發展的觀點來看，學校的人力資源、物力資源及知識資源均對社區改造產生重大貢獻。學校是社區重要的一環，負有領導社區的責任，對社區的改造責無旁貸。

2. 社區增進學校的發展

　　學校教育發展與經費、人力、物力都是不可或缺的資源，學校若能了解社區有哪些可運用資源，不但可彌補學校資源不足的現象，更可加強學校與社區的互動。另外，結合社區家長資源投入義工服務行列，可經由對子女教育的關心和參與，加深對學校教育的認識，增進學校的發展。

3. 有利推動學習型社區

　　學校教育對象不應限制在學生，應將其擴展到整個社區；學校可以設置諮詢服務小組，提供社區家長教育諮詢服務，使學校成為社區文化的動力，協助社區家長學習與成長。

4. 整合社區學習體系，創造知性、感性的社區環境

　　學校與社區關係主要在整合學校與社區資源兩者的資源，相互為用，

使社區具有教育的功能，並規劃有意義的知性藝文活動營造一個利於學習、適合成長、能發揮潛能的情境。

幼兒園位於社區，除招生對象多以社區居民子女為主，社區資源也可支持課程與教學發展。對社區而言，幼兒園是提供居民子女教養的重要機構，同時對於家長能提供適時的教養諮詢與協助，甚至擁有辦學優質的幼兒園更有助於提升社區形象，足見幼兒園與社區之間存在著共榮關係。對家長而言，如果所在社區能擁有近便且優質的幼兒園，幼兒可就近入園並獲得最好的照顧，幼兒園將可協助分擔家長教養的大半負擔；但如何獲得家長與居民的信賴，營造自身的幼教專業形象並提出具體的辦學績效，顯然是幼兒園必須積極對應的焦點。

幼兒園隸屬社會組織的一環，園務運作自不能獨立於社會之外；其次，無論招生、經營管理、資源引進、人員培訓、專業成長，乃至於特色建立等，幼兒園都需要與社會或社區互動對應，尋求最佳的效能與永續成長。另依《幼兒教育及照顧法》第 14 條，對教保服務機構的角色職責進一步加以規範，該條文內容提出「教保服務機構得作為社區教保資源中心，發揮社區資源中心之功能，協助推展社區活動及社區親職教育。」教保服務機構不僅是社區共處的一個環節，更應自期積極邁向「社區教保資源中心」的方向發展，成為社區親職教育與相關活動的主力推手。

在幼兒園經營實務方面，由於多數幼兒園招生並非採取學區制，尤其私幼招生更無居住地的限制，和國小、國中採取劃分學區的招生制度有很大的差別，在社區概念的界定上就必須特別留意；例如，位處臺北市中正區的幼兒園，招收的幼兒可能來自附近社區，但也可能來自其他行政區，甚至設籍於新北市的幼兒。陳淑敏（2002）指出，社區亦不只含有地理上的關係，還包含了社會與意識關係的認定；同時，社區所具有的意涵層面，並非是為單一性、靜態性、區段性的詮釋；相反的，社區乃是具有多層性、動態性、延續性的空間特質。周慧君與張美玲（2003）也認為，社區同時亦是一個與其它群體之間在活動範圍上有所區隔，心理層次的歸屬

也有所區分的一種群體，其有形、無形的界線都被強調。故幼兒園推動社區關係時，須跳脫單純從空間環境的社區觀，更應強調親、師、幼兒的在心理層面「社區感」（余孟和，2013），亦即重視學校與社區成員共同具有之社區依存歸屬感。

依據前述，幼兒園經營社區關係時，應涵蓋以下幾項重要觀念：

1. 幼兒園宜透過多元的策略與管道積極推展社區關係

幼兒園在推展公共關係時，需針對對象採取不同的策略，例如主動告知與學童有關的訊息，以獲得家長的信任；與社區應重視平時聯繫。此外，在社區關係的推展方式上，依據互動對象的需求與特性，彈性地採取書面、網路、活動等方式，以增加互動的有效性。

2. 幼兒園與社區關係有賴園內、外成員溝通加以維繫

由於社區關係的建立重視雙方互動，幼兒園在推展社區關係時，不能靠單方面傳遞訊息，而忽略了幼兒、家長或是社區民眾的需求。在雙向溝通管道的建立方面，應主動跨出幼兒園，與利害關係人藉由互動的過程了解彼此的需求；只有暢通的互動與聯繫，才是經營社區關係的不二法門。

3. 幼兒園與社區成員應建立互助互信的良性互動關係

建立社區關係的對象可區分為園內與園外的相關成員。園內成員包括老師、幼兒與職員工等，園外成員則可能包含家長、社區民眾、組織團體、媒體等。因此，幼兒園在規劃社區關係的推展策略時，應先釐清包含的對象，主動納入園內、外成員，同時兼顧各類成員的需求，以期建立互助與互信的和諧關係。

4. 幼兒園與社區關係應有益促進教保目標與組織效能

推展社區關係是幼兒園經營的重要環節，但推展社區關係的最主要用意在於達成幼兒園的教保目標與提升組織效能，同時善盡幼兒園的社會責任，幼兒園教師與經營者都不應加以忽略。由於社區關係的推展需要持續

投入人力與資源，幼兒園必須檢視資源配置以及對親、師、生產生的影響，量力為之，切莫過度側重推展社區關係而影響師生教學。

5. 幼兒園與社區關係需有計畫性、系統性的長期經營

推展社區關係應有事前的縝密規劃，幼兒園宜形成系統的任務編組或實施流程，詳細列出推動目標、推展策略、執行方式、可用資源、可能面臨的問題與因應、成效檢視、影響評估等事項，讓成員能了解推動社區關係的可用資源與可能面臨的情境及相關處置，方有利於讓相關作業朝向系統化穩定發展，有益於社區關係的落實推展。

6. 幼兒園與社區應共同營造「同村協力教育觀」

營造幼兒園與社區關係的目的，不僅在於開放幼兒園的有形資源，同時更要能解放所有成員的心智與觀念，接納推動與社區的共同合作，促使無論是施教與受教者，皆能具有全人、全時、全領域的教育機會與公平正義，有賴於建立「同村協力教育觀」（余孟和，2013）。所謂「同村協力教育觀」，乃是超越實質地理界線村落的範圍，是經由凝聚公眾共識而成為支持及影響生活的價值與關係脈絡，強調由家庭、幼兒園、社區所共同營造的人文關懷，並落實對幼兒教保產生正向的支持與影響。換言之，幼兒教保是同村人員的責任，所有人員都應參與撫養村落幼兒的工作；當幼兒園受限於各項原因而無法達成教育目標之際，更加凸顯出同村協力教育的重要性。

當前「夥伴模式」已成為普遍接受幼兒園推動家長參與的型態，除了幼兒園教師外，家長同被視為孩子學習的重要助力。家長來自於社區，同時也是幼兒園與社區關係連結的重要夥伴，親師藉由夥伴關係的建立，共同研商對孩子最好的教育方式與內容，家長與教師共同計畫與分享決策責任之際，同時營造雙方的互信與互助的和諧關係，逐步建立出有效率的共事關係。是以，藉由家長參與連結社區，透過家長參與以營造幼兒園與社區之間互信與互助的關連，是當前幼兒園經營必須積極對應的課題。

　　關於幼兒園藉由家長參與以營造社區連結的具體作法，茲列舉如下，各園可以盤點可用資源，進一步發展出具特色的作法（洪福財、謝如山、林曜聖譯，2003：29-66；張弘勳、蔡雅琳，2009：164-174）：

1. 舉辦班親會、教保說明會或親師座談會等，藉由面對面的溝通與聯繫，使家長了解幼兒園的現況。家長透過參與前述活動，與老師互相聯繫交流資訊，可以了解幼兒園的資訊及辦學方針，除有益於協助幼兒學習外，更能落實親職教育的意義。

2. 利用建置幼兒園網站、發行園刊或透過新聞媒體刊載訊息等，鼓勵家長運用並協助轉發各項資訊，讓社區民眾認識幼兒園，不僅有助於進行機構行銷與建立幼兒園正面形象，也讓社區民眾認識並認同幼兒園，增加幼兒園與社區居民的聯繫與連結。

3. 進行家庭訪問或社區調查，促進教師與家長或社區間交流與合作。教師平時與家長保持密切聯絡外，也可以主動安排家庭訪問時間；其次，對於社區民眾的育兒需求與教保現況等，可以尋求家長協助，透過社區調查進一步認識與了解。園內幼兒的家庭訪問有助於了解幼兒在家狀況並讓家長掌握幼兒在園學習情形，社區調查更擴展對社區民眾育兒需求的理解，有益於檢視幼兒園經營與社區發展之間的關聯，藉以回饋幼兒園教保目標與調整發展方向。

4. 設立家長或社區民眾意見反映管道，如諮詢電話、網頁留言版以及電子信箱等，使幼兒園與民眾建立立即且有效的溝通管道。前述溝通管道的建立，有助於塑造幼兒園的親和形象，獲得即時資訊以改善幼兒園教保品質；幼兒園要留意意見反映者的個資保護，盡量採匿名方式處理訊息並提供回覆，以獲取家長或社區民眾的信賴。

5. 尋求家長資源以主動拜訪村里長或民意代表等，維持良好互動並持續提供辦學資訊，保持良好互動關係。村里長或民意代表常是社區的意見領袖，也是社區民眾各項意見的主要反映對象，如能與前述人員保持良好的互動與聯繫，將有助於即時掌握社區對幼兒園的辦

學意見；此外，村里長或民意代表也是爭取各項資源的重要人物，幼兒園如有爭取資源的需求，也可以主動表達尋求協助。

6. 主動派員參加社區或（村）里村民大會，了解社區民眾對幼兒園的辦學反應。由於家長可能是前述會議的參與者，部分家長可能因故無法出席幼兒園辦理的親師活動，幼兒園派員參加社區或（村）里民大會便是另一個良好的溝通管道。幼兒園主動派員出席前述會議，代表對社區發展與民眾意見的重視，同時藉此建立家長與社區民眾對幼兒園的正面觀感與評價，將更有利於幼兒園的經營。

7. 提供幼兒園人力與設備舉辦家長與社區民眾研習活動，提供社區成員親自入園了解教保環境與教學特色的機會，幼兒園也可藉由良好的環境與設備資源，呈現經營與管理的效能。幼兒園除了提供資源外，也可主動推薦教師擔任各項研習活動的講座或助教，增加教師與社區民眾互動的機會，更有助於營造教師的專業形象。

8. 開放校園設備及設施供家長或社區民眾使用，是有利於幼兒園與社區互利雙贏的工作。幼兒園因教學之需，時常需要使用社區資源或尋求社區民眾協助；除了取之於社區之外，幼兒園也應適度地開放校園設備及設施，提供家長或社區居民使用。前述作法有利於凝聚社區意識，強化教師的社會責任，同時可增進家長與社區民眾對幼兒園的了解，利於園務推展。

9. 定期舉辦教育活動展覽或參觀活動，如辦理運動會、音樂會、教學參觀日、校慶、教學成果展覽、社區親職教育講座等，邀請家長與社區人士參與。幼兒園除了鼓勵家長參與外，可請家長介紹或攜伴參與，讓參與對象擴及社區民眾；家長不僅可以透過相關活動了解園內教學狀況並獲取親職教育資訊，也可主動向其他社區民眾引介或推薦本園的辦學特色，成為口碑行銷的見證者。

10. 幼兒園平時除主動公告各項育兒教保資訊、育兒補助、推薦教保圖書之外，另提供教保諮詢時間，提供家長與社區民眾育兒諮詢，協

助民眾解決育兒問題或推薦相關教保資源與育兒資訊，落實《幼兒教育及照顧法》對幼兒園成為社區教保資源中心的期盼。

1 嚴格說來，有些親職教育的實施是具有強制性的。例如 2001 年 1 月 17 日通增訂《道路交通管理處罰條例》案，其中第 43 條第一項就為蛇行及 飆車行為提供處罰的法源；該條例規定，行為者除處以新臺幣三萬元以 上九萬元以下罰鍰，並當場禁止其駕駛及吊銷其駕照，再吊扣該車輛牌 照三個月；未滿 18 歲之人，駕駛人及其法定代理人或監護人應同時接受 道路交通安全講習，並得由警察機關公布其法定代理人或監護人姓名； 這種透過社會司法機制強制執行的教育型態，廣義來說也可以屬於親職 教育的一個環節。

2 實驗教育三法通過後，對於臺灣的教育環境產生深遠的影響，每年參加 實驗教育的學生數量呈現增加的趨勢，又怎是前數十年臺灣社會快速發 展時能料到的呢？

3 當然，改革建議中也有如廢除學校教育制度的極端看法，如 E. Reimer、 I. Illich 等人所提出的「去學校化」（deschooling）主張，本文則不論 及，有興趣者可逕參閱前述主張者的代表論著。

4 協助學校教育效能的發揮似乎是推展親職教育的消極因素，但從積極面 反省親子關係的發展本質以及父母對孩子成長的教養責任，學校推展親 職教育則又是具有積極性的導正意義。

研究題目

1. 名詞釋義
   (1)家長參與
   (2)父母教育
   (3)家庭支持方案
   (4)教育選擇權
   (5)學校公共關係
   (6)學習型社區

2. 「幼兒園推動社區關係時，須跳脫單純從空間環境的社區觀，更應強調親、師、幼兒的在心理層面『社區感』（余孟和，2013）。」請問這一段引言所談的「社區感」有何獨特之處？從這個觀點而言，幼兒園如果要經營社區關係，你認為該如何做起？

延伸活動

1. 本章提到 Cunnningham 和 Davis（1985）、以及 Swap（1993）依據家長參與校務活動的內容，將家長參與區分為六種模式。請試著訪談公幼、私幼、以及非營利幼兒園各一所的老師，瞭解他們的家長參與各是屬於哪一種模式？並請教他們採取此種家長參與模式，是基於哪些考量或理由？他們對於現有的家長參與模式感到滿意嗎，為什麼？

2. 本章提到幼兒園如何藉由家長參與以營造社區連結，提出包含如舉辦班親會、建置幼兒園網站等十項具體作法。請各以公幼與私幼一所為例，訪談各園採取哪些家長參與的具體做法以營造社區連結？並請教他們採取這些具體做法所考量的理由為何？

社會變遷中的
親職教育

洪福財

　　親職教育是家庭功能的重要環節，觀其內涵與發展，時刻都與社會生活相連結。家庭是孩子進入社會前的安心生長場所，也是學習社會化生活的重要場域，藉由親職教育便有助於協助家長與孩子，共同連繫著家庭、教育機構，以及社會情境之間互動發展。社會變遷提供親職教育有利的發展條件，但也同時帶出了新的情境或問題，等待親職教育加以回應；換言之，社會變遷影響著親職教育的內涵與發展，相對地，親職教育也因應著社會變遷，不斷地進行調適與回應。

　　人類最早接受的教育場所是家庭，家庭擔負教育兒童之責，藉由親子互動，家長提供孩子各項教育的素材，其行為舉止則是兒童立即可見的仿效樣版，家庭成為孩子發展過程重要形塑的環境。《顏氏家訓》可謂是中國傳統論述家庭教育的重要代表作，作者顏之推（531-約590以後）更被推舉為「中國家庭教育理論的奠基者」（馬鏞，1997：117）。在談及父母角色與教養方式時，該書〈教子第二〉有著以下內容：

> ……當及嬰稚，識人顏色，知人喜怒，便加教誨，使為則為，使止則止。比及數歲，可省笞罰。父母威嚴而有慈，則子女畏慎而生孝矣。吾見世間無教而有愛，每不能然，飲食運為，恣其所欲，宜誡翻獎，應訶反笑，至有識知，謂法當爾。驕慢已習，方復制之，捶撻至死而無威，忿怒日隆而增怨，逮于成長，終為敗德。……
>
> 《顏氏家訓》〈教子第二〉

　　家長具有教養子女的權威角色，秉持著「威嚴而有慈」、「重早教」、「戒溺愛」、「子女畏慎而家教成」等教養原則，前述家長的教養角色刻畫出中國家庭教育的樣貌，得到家長拳拳服膺。於是，具有絕對權威的家長成為中國文化中家庭的典型角色，「夫風化者，自上而行於下者也，自先而施於後者也。是以父不慈則子不孝，兄不友則弟不恭，夫不義則婦不順矣」（顏之推原著，1999：26），家長是施予子女教化的執行者，也是孩子仿效家庭角色的典型，況且「上智不教而成，下愚雖教無

益,中庸之人,不教不知也」(顏之推原著,1999:5);前述對於孩子心理發展帶性惡取向的白板說,忽視孩子發展的主動性,成為中國文化裡家長看待孩子的「原型」。此外,家族式的種族傳續、社會封建塑造的絕對權威思想、儒家塑造的忠孝觀在社會與家庭中發酵,以及未具節育觀念等多重因素的併存下,逐步營造出重家長威嚴、單向式的教養觀,形塑出傳統社會教養子女的價值與樣貌。

　　學校型態的教育機構出現,分擔許多家庭教育的功能,同時對家庭教育造成衝擊與影響,可視為當時社會變遷與家庭教育交互影響的實例。依據《禮記・王制》的記載,鄭玄曾加註曰「皆學名」,且皆為小學,前述內容可略推斷中國可能很早便出現類似學校制度,透過制度化的機構擔負教育責任(洪福財,2000a:188)。中國自漢代以降,歷代或曾設立小學以教幼子,如東漢明帝的四姓小侯學、安帝鄧太后的官邸學、後趙石勒的襄國四門小學、北魏孝文帝的四門小學、北齊的四門小學,以及唐高祖武德年間所設的小學,然而,上述學校在性質上均屬中央貴冑宗室之學,旨在教授冑子;平民子弟大量有機會開始進入小學應是自宋代始(周愚文,1996:97)。宋代始辦的官立小學容量有限,私人辦學順勢承接官辦之不足,逐漸成為辦理兒童教育的主體,也顯示社會對學校教育的依賴。爾後明清之社學、義學發展,受到政府提倡而創造不少平民就學機會。清末列強入侵,清政府為求自強乃實施「新政」,在知識分子的鼓吹與西方教育制度的引進下,中國新式學校教育制度逐漸成形,學校則順勢接收原屬家庭的教育職責,家庭教育也隨著學校教育的發展進行必要的調整與因應。

　　學校機構的普遍化發展,使得幼兒園與學校都逐漸成為孩子成長的重要(甚至是必經)場所,孩子教育權從原本幾乎全歸家長一端而逐步朝向學校端擺盪;但也由於許多家長逐漸慣習於將教育權責託付予學校機構,甚至將責任自限於送孩子上學(洪福財,1996),家長在孩子成長中教育角色的弱化,形成另一個引發關注的議題。前述發展有著憂喜各參的考量,喜的是,學校機構因普及而有朝向專業化發展的趨向;但家長逐漸忽

略自身的教養權責，甚至成為孩子教育過程中的陌客，則不免令人擔憂。因此，為使孩子得到整全的照料，幼兒園一方面以教保專業者自居，另方面更應從孩子完整地發展加以規劃，主動喚起家長共同承擔教育職責，協助發展妥適的親職教育，強化家長在幼兒成長與學習過程的角色。

有鑑於社會變遷與親職教育間存有密切關聯，本章擬檢視近年兩者發展的內涵及其樣貌。首先，討論家庭結構變遷與親師角色期待；其次，探討社會變遷的趨勢並檢視其對家庭成員角色及親職教育的影響。

第一節　家庭結構變遷與親師角色期待

依據行政院性別平等會（2018）的調查，臺灣在各類家庭組織型態方面，近十餘年的發展情況詳如表 5-1-1。依據表 5-1-1，家庭組織型態比例最高的前三名依序為核心家庭、夫婦家庭以及三代家庭，所占比例分別為 38.78%、17.30%、14.40%，前述三種家庭組織型態占所有家庭組織型態的 70.48%；在各家庭組織型態的發展趨勢方面，單人家庭、夫婦家庭、單親家庭以及其他等四種型態呈現增加的趨勢，但核心家庭的比例則呈現明顯的下降趨勢，其間是否與「不婚」或「不生」等少子化發展因素有關，應予持續觀察。

另依據傅仰止、章英華、廖培珊與謝淑惠（2017：133）所進行臺灣社會變遷基本調查結果指出，受訪者家庭人數比例以四人為最多（26.3%），其次為五人（16.9%），再次為三人（15.9%）；由該研究結果得知，受訪者家庭人數介於二人至五人佔 71.2%，可見現有家庭人數規模均偏於小家庭型態，此結果與表 5-1-1 的家庭組織型態調查結果大致相符。其次，該研究（頁 122）針對受訪者的家庭婚姻狀況調查指出，離婚者的百分比為 4.6%，較研究團隊於 2006 年、2011 年分別調查結果 3.6%、3.7% 高出許多，離婚比例的攀升，同步影響家庭組織型態的轉變，此等趨勢對孩子教養的影響情形，值得進一步關注。再次，該研究（頁 188）對於家庭的子

表 5-1-1　2007 年至 2018 年臺灣家庭組織型態狀況

單位：%

家庭組織型態	單人	夫婦	單親	核心	祖孫	三代	其他
2007 年	9.6	15.91	9.47	43.16	1.32	14.66	5.87
2008 年	10.76	15.44	9.59	42.77	1.15	14.76	5.52
2009 年	10.54	16.11	9.78	41.47	1.07	15.23	5.8
2010 年	11.21	15.97	9.82	41.73	1.13	13.6	6.53
2011 年	10.12	17.05	9.31	40.19	1.23	15.13	6.97
2012 年	11.02	16.77	9.76	38.98	1.28	14.77	7.42
2013 年	11.08	16.85	9.55	37.91	1.27	15.24	8.09
2014 年	11.85	17.93	9.67	37.34	1.1	14.05	8.06
2015 年	11.82	19.06	10.32	35.48	1.2	14.27	7.85
2016 年	12.09	18.98	10.09	35.96	1.13	13.83	7.91
2017 年	12.11	18.7	10.04	35.71	1.11	13.78	8.56
2018 年	12.81	18.77	9.61	34.68	1.32	14.02	8.78
平均	11.25	17.30	9.75	38.78	1.19	14.40	7.28

資料來源：行政院性別平等會（2018）。

女教育分工調查結果指出，受訪者回答「我和我配偶各半」的人數比例為50.4%為最高，可見昔日家庭教育分工以女性為主的刻板印象正逐漸調整中，近年不僅家庭組織型態呈現量變，在子女教養分工也呈現出質變。

家庭組織型態的變遷也同樣出現在中國社會，尤其是在推行多年計劃生育政策之後，家庭組織型態更有著獨特的變遷方式。近年來，中國的家庭組織型態由原有的金字塔型的結構，呈現了結構式的翻轉，尤其是出現典型的家庭「四二一」組成（「四」指爺爺、奶奶、外公、外婆，「二」指爸爸、媽媽，「一」指獨生子女）之倒金字塔結構，這意味了少子女化社會的形成，每位幼兒可以獲得較以往更多成人的照料，親職教育的需求與發展值得關注。另再以 2010 年的調查為例，中國的核心家庭比例高達60.89%（景雲，2019），對照近十餘年臺灣家庭組織型態的發展情形（見表 5-1-1），兩岸家庭成員規模都在呈現逐步縮減的現象，少子女化趨勢的

發展日益定型，子女的教養需求與親職教育的內涵，勢必有著與昔日不同的景象。

　　隨著前述家庭組織型態朝向「小規模化」，社會出現「少子女化」，家庭所擁有的子女數量將較昔日更為減少，加上家長的學歷水平上升，家長對於子女教育的品質將更形關切。相關研究指出，兒童的家庭環境、父母的態度及教養方式等因素，對子女人格的發展、學業成績以及將來的職業與成就等，都存在著密切的關聯（劉國光，1989）。林慧芬與涂妙如（2013）曾就新北市國小低年級的家長參與及學童學校生活適應情形進行研究，獲得主要研究結論如下：

1. 國小低年級家長參與屬中等程度，且「家庭參與」高於「學校參與」。

2. 國小低年級家長參與情形，因學童性別、家庭結構、家庭社經地位及學校所在區域的不同而達顯著差異。

3. 國小低年級家長參與及學童學校生活適應呈顯著正相關。

　　依據前述研究結果發現，家長參與情形雖然可能因家庭結構、家庭社經地位甚至學童性別而呈現差異，但家長參與對於學童學校生活適應確實能產生正向影響。如果家長透過參與子女教育活動，對於子女教育能採取積極與鼓勵的正向態度，子女將可能從家長參與中獲得更多的積極效益。

　　綜觀近年各國的教育改革，無不提及家長應該關心學校機構的運作，並且說明家長參與對子女教育所可能帶來的助益。以英國為例，1967 年公布《普勞登報告書》（The Plowden Report）及 1988 年保守黨所提的教改方案（又稱《貝克法案》）（Education Reform Act 1988），便將家長對於學校教育的權利及義務納入方案計畫中。茲將前述方案的基本假定說明如後（Wolfendale, 1989）：

1. 如果家長愈了解孩子的學校及其教育的過程，對孩子將愈有幫助。

2. 愈多家長參與，會增加孩子得到更高品質教育的機會。

3. 家長對於學校的課程發展與實施將有所貢獻。

4. 家長參與學校活動，將使學校有更多發現問題與省思的機會。

可見家長更了解孩子的學校教育情形，即使將對學校教育帶來多樣的刺激與挑戰，但最重要的受益者還是孩子本身。

美國前總統布希（G. Bush）曾在 1991 年的演講中談到美國教育系統的缺失，他認為「家長應該為自己孩子的行為負責，我們對於教師有太多不真實的期望，我們甚至期望教師們都是社會工作者、心理學家與諮商員」（Wagonseller, 1992）。布希的發言主要是針對家庭與學校角色的失衡，家長在有意或無意之間使得孩子的教養責任，一味往學校教師端傾斜。另，全美親師協會（The National PTA）也曾有相同的觀察，1986 年該協會的指導委員會通過「家長參與聲明」（parent involvement statement），將父母的權責明列如後（Cutright, 1989: 221）：

一、責任部分

1. 保護並涵育兒童生理、心理、社會及精神上的教育。
2. 養成兒童對自己、他人及學習的尊重。
3. 提供兒童與其他孩子及成人互動的機會。
4. 奠定兒童成為負責公民的基礎。
5. 提供良好的家庭環境，做好兒童學習的楷模。
6. 與教師及學校行政人員保持接觸，並提供適時協助。
7. 參加學區負責人的選舉。

二、權力部分

1. 正確、清楚並完整地得到關於學習及每一個孩子進步的訊息。
2. 關於自己孩子學習情形的正確訊息。
3. 清楚的了解到如何與學校聯繫的管道、參與並制訂影響孩子的相關決策。

　　釐清家長在孩子教育過程中的教養角色與職責，希望家長能與學校機構教育相互配合，並期望家長能在孩子成長的過程中善盡權責且投注更多的努力，是近年來各國教改方案中都紛紛列出的親職教育目標。

　　除了從學校機構端提出對於家長角色與權責的期許外，家長對於學校教師角色與權責也同樣地存有期許。Hornby（2000: 16-17）便曾經以家長與教師為研究對象，分別以「我們希望從教師處獲得什麼？」「我們希望從家長處獲得什麼？」等兩個方向為題，以英國、紐西蘭、巴貝多以及印度等地區的家長與教師為調查對象，分別將家長和教師彼此間想從對方獲得的事項彙整如後：

　1. 家長希望從教師處獲得的事項為：

　　(1)教師能諮詢他們的意見並傾聽他們的觀點。

　　(2)教師能夠持著更開放、容易親近的心。

　　(3)教師願意虛心地承認對某些事情的無知。

　　(4)當他們懷疑孩子出現問題時，教師都能與他們聯繫。

　　(5)教師能尊重地對待所有的孩子。

　　(6)教師能允許孩子間的個別差異。

　　(7)教師能指出並試著處理孩子的學習困難問題。

　　(8)召開有效率的親師會議以討論他們孩子的進步情形。

　　(9)教師能定期地訂正孩子的課堂與家庭作業。

　　(10)定期地詳述孩子的進步情形。

　　(11)希望有更多的教師參與親師協會（PTA）。

　　(12)教師能更常邀請他們作為學校的資源人物。

　2. 教師希望從家長處獲得的事項為：

　　(1)能夠更真誠地說明孩子的特殊需求或健康問題。

　　(2)告訴他們任何可能影響學生的家庭環境。

　　(3)與他們合作，在家裡也共同強化孩子遵守學校的紀律。

　　(4)藉由檢查家庭作業或聆聽孩子閱讀，幫助孩子強化學校的課業。

(5)教孩子了解學校期望的行為表現。

(6)對於孩子能力所及應該有真實的期待。

(7)參加親師協會召開的會議。

(8)參加會議與教師共同討論孩子的進步情形。

(9)閱讀並告知已收到學校寄到家裡的各項報告與信件。

(10)隨時了解學校最新的地址與電話情形以便進行聯絡。

(11)當孩子不舒服的時候能陪他們在家。

(12)志願利用各種方式幫學校解決困難。

從教師與家長的立場觀之，雙方對於彼此在孩子教育的應盡職責各有觀點。就教師的立場言，無非期待教學工作得以順利圓滿，希望家長提供影響孩子的細節訊息，並且必要時能夠提供協助；就家長的立場言，希望教師能夠心胸開放地傾聽他們的看法，尊重孩子個別差異並予以必要的協助，甚至也自願成為學校教育的資源提供者。

林晏瑢（2007）曾就臺北市公幼家長參與親職教育活動現況與需求進行調查研究，發現教師與家長對於親職教育活動存在以下看法：

1. 教師認為了解家長親職需求甚於舉辦親職教育活動。

2. 幼兒園親職教育活動多為動態，與家長需求相符。

3. 幼兒園辦理親職教育活動時間與家長需求存在差異。

4. 幼兒園規劃親職教育活動多基於過去經驗，缺少相關專業協助。

5. 家長參與親職教育活動意願與成效不佳，兩者皆待提升。

前述幼兒園辦理的親職教育活動與家長需求仍舊存在不少差異，教師更是認為了解家長親職需求更甚於辦理相關活動。教師與家長彼此對於親職教育需求都未能準確掌握之際，但幼兒園多年來仍堅持著辦理親職教育活動，這樣的活動是否有助於落實親職教育？家長的親職教育需求應該藉由何等方式與作為加以補強？實令人關切。

歸結前述，其實親師之間對於強化孩子學習、解決孩子的教育問題等

具有高度的共識，雙方就協助孩子學習成長進行合作一事，同樣也存在相當程度的意願。Dymacek（1988）指出，原本將父母完全排除於兒童教育之外的情形，自 1990 年早期出現極大的轉變，家長逐漸從以往未參與任何教育方案，轉而成為學校機構專業人員的共同決策夥伴。當親師合作已有不錯的利基且已經逐漸成為社會各界的共識，實施親職教育其實已具備了良好的起始點；但必須思考的是，當親師雙方對於彼此的角色與職責仍舊存有不少期待之餘，是否也意味著雙方都少／或多做了些什麼？雙方理解彼此期望的管道與作法為何？如何進一步轉化且落實於親職教育的規劃？都成為當前幼兒園推展親職教育必須積極對應的課題。

第二節　社會變遷、家庭成員角色與親職教育

　　近年來，臺灣歷經政治、經濟，乃至社會等轉型發展，帶來了許多進步，但也造成許多脫序之舉。衡諸近數十年來的臺灣社會發展，其變遷方向大致可歸納為三：從社會結構與心理價值的轉變而言，由傳統農業社會轉型為現代工商業社會；從政治的民主、開放程度而言，由威權轉變為民主；從經濟的發展建設而言，由貧窮發展至富裕（張樹倫，1998）。整體言之，政治開放、經濟成長、社會結構轉型等，隨著社會變遷而呈現多元的樣貌，但居於其中的個體如何因應？家庭屬於社會結構的一環，又隨之產生何等變化？在有關家庭組織結構的相關討論中，婚姻狀況的轉變時常受到關注，其中所繫與婦女角色的轉變更是有關。

　　關於婦女角色的變遷，可溯及 1945 年頒行的「聯合國憲章」（United Nations Charter, 1945）從人權角度推動婦女議題與地位提升，並於次年（1946）成立「婦女地位委員會」（Commission on the Status of Women; CSW），為重要的發展里程。有關婦女平權運動的發展，從最初致力於婦女消解不平等待遇，逐漸轉為考量經濟與社會脈絡的實質平等，進而尋求不同性別間的平權發展；其間聯合國將 1975 年訂為「國際婦女年」，1979

年通過《消除對婦女一切形式歧視公約》（Convention on the Elimination of All Forms of Discrimination Against Women; CEDAW），作為國際人權重要規範，成為聯合國五大人權公約之一（謝若蘭，2008），都是有關婦女權利保障的重要發展指標。以《消除對婦女一切形式歧視公約》為例，便以女性需求出發，清楚界定女性基本人權的內涵，其主要精神有四（林秀娟，2015）：

1. 女性享有完整的人權。
2. 清楚界定歧視女性的定義。只要涉及任何性別上的區隔、排除或限定，讓女性無法享有完整人權，都算歧視。
3. 政府必須承擔消除歧視的責任，透過政策將歧視女性的因素從習俗、文化中消除。
4. 鼓勵民間團體參與，提出影子報告或替代報告，監督政府是否落實公約。

臺灣在 2007 年經立法院通過簽署 CEDAW 公約，後由總統頒布簽署 CEDAW 公約加入書，宣示保障婦女權益的肯認與決心。

在前述提升與保障婦女權益的宣示下，當前臺灣社會與家庭的婦女權益，仍存有諸多亟待持續關注或協助之處。以家庭婦女為例，鍾思嘉（1993：4-7）便指出，婦女角色隨著家庭與婚姻狀況的變化而發生革命性的改變，但是當婦女為尋求自我實現時，家庭與婚姻反而成為可能的障礙；在家庭成員逐漸調整自我角色之下，使得家庭陸續造成下述三種現象：

1. 孩子數減少：孩子成為強調自我實現此刻的累贅，是一種沈重、甚至可怕的責任。
2. 沒有孩子的家庭增加：以美國為例，只有 52% 的家庭有 18 歲以下的孩子；臺灣則是愈來愈多人接受「一個孩子恰恰好」的觀念和作法。
3. 為人父母的壓力：成就感和自我滿足成為許多人追求的目標，人們漸漸不願意為孩子做出過多的犧牲。

有關婦女介在職業與家庭間的兩難，謝坤鐘（1993）的研究便指出，這些壓力實源於職業婦女承擔著來自不同角色衍生的衝突所致：

1. 角色間的衝突：職業婦女同時扮演，為人妻、為人母、為人媳、以及職場角色等，因為角色間的要求不同，會產生多重角色的衝突。

2. 角色內的衝突：

   (1) 角色要求與個人認知間的衝突：一般而言，多數丈夫認為妻子的工作所得只是「補貼家用」，也因此希望妻子不要過於投入工作而疏忽家務，但現今的職業婦女在工作動機上並不止於「補貼家用」，形成他人期望與自我認知衝突的壓力。

   (2) 角色期待與角色實現的不一致：即使是雙薪家庭，丈夫仍然期待妻子善盡家庭主婦之責，但妻子在有限時間下，必須扮演工作與家庭中的多重角色，在家務操持上自然不如家庭主婦般面面俱到，衝突也因此產生。

   (3) 夫妻雙方角色評價不一致：雙薪家庭中丈夫對妻子在家務工作上的評價低於全職的家庭主婦，但妻子看待自己必須負擔家庭與工作的多重責任，對自己的評價與丈夫的觀點不同。

「男主外、女主內」的家庭經濟結構產生改變，使得家庭成員間的角色與定位重行調整，另加上社會思潮的開放與多元，婦女也不再承襲昔日的單純家庭主婦角色，更在自我實現的動力下，試圖擺脫傳統社會與家庭思潮對於達成目標的可能障礙。另方面，家庭組織結構變遷也衍生許多困境，例如：孩子數減少，反而造成父母育兒的壓力卻持續攀升；育兒工作可納入父母職涯發展，或是追求自我實現的可能障礙因素；許多父母暫時捨棄自我實現的理想而盡力促成孩子成長，對父母生涯發展產生影響……等。家庭組織結構的改變究竟對於父母教養方式產生哪些影響？是更加地放棄（不願做出犧牲）這為數已少的孩子以尋求自我實現？還是更加地珍惜這為數已少的孩子而做出些許讓步？家長的選擇不僅攸關家庭的發展，

對整體社會發展的影響也逐一浮現。

　　林清江曾根據 R. McGee 的分析，將社會變遷與教育的基本關係歸納為三：(1)在意識型態方面，教育常為社會變遷的動因（agent）；(2)在經濟方面，教育成為社會變遷的條件（condition）；(3)在技術方面，教育成為社會變遷的結果（effect）（陳奎憙，1996：50）。社會變遷與教育間存在著辯證關連，社會變遷帶來家庭結構、成員角色、教養態度、成員價值等不同程度的影響與變化，親職教育更難免於社會變遷所致的影響。

　　茲將近年學者對社會變遷的特徵及其對親職教育可能影響的討論，歸結為八點分別說明如後（王麗容，1994；李建興，1999；洪福財，2004）：

一、婦女勞動參與率增加影響家庭成員的教養職責

　　就主要國家的勞動參與率言（見圖 5-2-1），依據性別劃分，可以發現各國男性勞動參與率都約略落在七成左右，其中以義大利 59.4% 及法國 60.5% 相對較低，我國則有 67.2%。其次，在女性勞動參與率部分，各國則有比較大差別，我國女性勞動參與率為 51.1%，與日本、韓國以及法國等國約略相當，可見女性就業已成為不容忽視的環節。

　　男主外、女主內的型態，隨著婦女勞動參與的增加，使得前述結構發生改變，甚至擁有年幼子女的婦女勞動比例，近年來也一直居高不下。依據行政院主計總處對女性勞動參與情形調查（見表 5-2-1），以 2011 年至 2018 年為例，女性就業人數逐年提升，女性勞動參與率也逐年攀升；此八年期間，平均每年增加勞動力人數約 555,000 人，平均每年勞動參與率約 50.61%，平均每年勞動參與率增加約 0.16%，且增加的趨勢未變。其次，依據行政院主計總處對 2018 年女性勞動參與情形的調查結果發現，女性勞動參與率於 25～29 歲達到最高峰為 91.8%，爾後在婚育年齡之際（30～34 歲）即開始下降至 85.64%，35～39 歲又降至 78.16，40～44 歲復緩降至

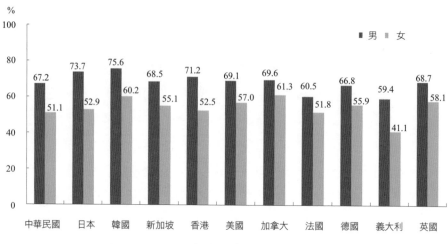

圖 5-2-1　2018 年勞動參與率——按性別分

資料來源：勞動部（2019）。

表 5-2-1　近年我國女性勞動參與情形

年別	15 歲以上民間人口數（千人）A	15～65 歲（千人）	65 歲以上（千人）	勞動力人數（千人）B	較上年增減人數（千人）	勞動力參與率（%）B／A×100A	較上年增減百分點（百分點）
2011	9,798	8,492	1,306	4,896	68	49.97	0.08
2012	9,906	8,560	1,346	4,972	76	50.19	0.22
2013	9,995	8,597	1,398	5,043	71	50.46	0.27
2014	10,060	8,600	1,461	5,094	51	50.64	0.18
2015	10,132	8,602	1,531	5,141	47	50.74	0.10
2016	10,207	8,591	1,617	5,186	45	50.80	0.06
2017	10,265	8,553	1,712	5,227	41	50.92	0.12
2018	10,309	8,505	1,804	5,272	45	51.14	0.22
平均	—	—	—	—	55.50	50.61	0.16

資料來源：楊玉如、王雅雲（2019）。

75.08%，45～49 歲又緩降為 74.0%（楊玉如、王雅雲，2019）；可見婚育對女性勞動參與率確實產生影響，但即使如此，女性勞動參與率仍高達七成以上，可見婦女就業確實存在相當高度的需求。

進一步分析婦女未從事工作的原因（見表 5-2-2），依據 2020 年衛生福利部進行的婦女生活狀況調查結果指出，婦女沒有工作的前三項原因分別為在學或進修中、料理家務以及照顧未滿 12 歲兒童，所占比率分別為 25.73%、19.59%、17.33%，可見料理家務和照顧小孩的因素係影響婦女參與勞動的主要影響因素；其次，在未從事工作的婦女中，因家人反對工作者僅占 0.27%，可見家庭成員支持婦女就業的觀念已相當普遍。

表 5-2-2　婦女目前沒有工作亦未找工作主要原因

單位：%

項目別	總計	健康不佳，不想工作	照顧未滿12歲兒童	照顧65歲以上家人	照顧12-64歲家人	料理家務	家中經濟尚可，不需要工作	家人反對工作	在學或進修中	退休	其他
2018 年 6 月	100.0	9.40	17.33	3.52	1.50	19.59	9.58	0.27	25.73	10.82	2.27
按婚姻狀況分											
未婚	100.0	8.41	27.66	3.96	2.13	30.06	12.71	0.25	0.21	13.47	1.14
有配偶或同居	100.0	27.88	9.42	6.04	0.74	16.81	9.76	0.44	0.56	22.95	5.40
離婚、分居或喪偶	100.0	24.97	14.33	4.62	1.73	20.20	10.89	0.82	—	21.40	1.04

資料來源：衛生福利部（2020：38-39）。

隨著婦女就業人口的增加，母親的親職角色也將愈加多元，其他家庭成員的角色勢必要相對地進行調整，以共同擔負教養責任。事實上，近來「父職」參與的提升，其實也受到許多因素的影響，如女性就業人口的增加、兩性性別角色觀念的改變、女性的「母職觀念改變」與重視工作承諾、成長過程提供父職認同、育兒經驗增加父親的認同，以及社會參照團

體給予適切的支援等（王叢桂，2000），使得雙親共同承擔對子女教養分工，值得持續加以關注。

二、家庭成員生活樣態變遷造成教養需求的改變

近年臺灣教育普及，民眾接受高等教育的比例逐漸攀升，依據衛生福利部（2019）針對2018年的兒童及少年生活狀況調查指出（見表5-2-3），育有學齡前子女的父母親，學歷皆為專科及大學者高達40.0%，同有研究所以上學歷者也有4.6%，可見父母學歷皆為專科以上者已達五成五，如此高學歷的父母親對子女的教養需求、方式與態度等，都值得關切。

表 5-2-3　學齡前兒童父母親之教育程度（2018 年 8 月）

單位：%

項目別	總計	父親教育程度			
		國（初）中以下	高中（職）	專科、大學	研究所以上
母親教育程度	100.0	6.5	28.5	51.8	13.2
國（初）中以下	5.7	1.7	2.9	1.1	－
高中（職）	26.4	3.6	14.7	7.7	0.4
專科、大學	59.9	1.3	10.6	40.0	8.1
研究所以上	7.9	0.0	0.3	2.9	4.6

資料來源：衛生福利部（2019：8）。

其次，在學齡前兒童的居住型態方面，以2018年為例（見圖5-2-2），學齡前兒童僅與父母雙方同住者占33.9%，除父母外還與祖父母同住者則占29.2%，另外除祖父母外亦有其他親屬一起同住比率為19.3%，至於只與父或母一方同住者占8.3%。從前述家庭成員的組成觀之，有近九成的學齡前兒童與父母親同住，但仍有逾一成未能與父母親同住，值得關切；另家中除父母親外至少還有祖父母或其他親屬同住者約占48.5%，此等親屬

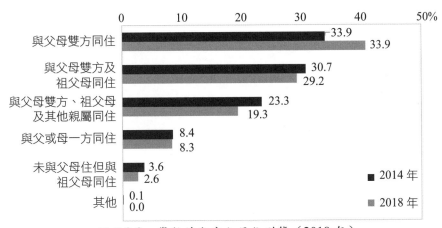

圖 5-2-2　學齡前兒童之居住型態（2018 年）

資料來源：衛生福利部（2019：11）。

或許可部分協助孩子的教養工作，但此等居住型態仍未達半數，可見多數家庭仍由父母親承擔子女教養職責，倘使父母因工作而衍生子女教養需求，勢必尋求家庭以外成員協助。

在學齡前兒童的父母親工作狀況方面，以 2018 年為例，兒童父母親均有工作者占 58.1%，僅父親有工作者占 35.6%，僅母親有工作者則占 4.4%（衛生福利部編，2019：9），可見學齡前兒童成長於雙薪家庭的比率近六成，其中父親外出工作的比率達 93.7%，一方面顯示雙薪家庭的子女教養亟需協助外，另方面相對多數的母親需擔負料理家務與教養子女之責，此等家庭分工雖與以往家庭相似，但實質內涵已多有不同。子女主要教養者（無論父親或母親）的教養知能與需求，尤其令人關注。

在學齡前兒童目前實際的照顧安排方面，以 2018 年為例（見表 5-2-4），就讀幼兒園的比率近五成，由父母親自照顧者約為 27.6%，由父母親以外的親屬照顧則約占 17.5%，其中不同性別幼兒接受各項照顧安排的比率相近，足見幼兒園已分擔多數學齡前兒童的教養職責，同時也承擔提供親職教育的重要責任。進一步分析兒童就讀幼兒園的機構類型（見表

表 5-2-4　學齡前兒童目前實際的照顧安排（2018 年 8 月）

單位：人；%

項目別	總計		父母親自照顧者	父母親以外的親屬照顧者	送托居家式托育人員（保母）	送托嬰中心	就讀幼兒園
	人數	百分比					
總計	1,232,402	100.0	27.6	17.5	3.7	1.7	49.5
性別							
男	638,276	100.0	26.9	17.6	3.9	1.9	49.7
女	594,126	100.0	28.3	17.4	3.5	1.6	49.2
年齡別							
0～未滿 3 歲	592,129	100.0	48.3	30.1	7.0	3.6	11.0
3～未滿 6 歲	640,273	100.0	8.4	5.8	0.7	─	85.1

資料來源：衛生福利部（2019：20）。

5-2-5），就讀私立幼兒園者達 73.3%，就讀公幼與非營利幼兒園的比率約為 26%，可見多數幼兒家庭在教保支出方面仍需承擔較多的開銷，對於家庭經濟負擔、家庭成員工時等影響，值得關切。

　　復依據衛生福利部（2019）針對學齡前兒童家長的調查研究指出，學齡前兒童家庭曾遭遇到托育相關問題的比率占 71.8%，父母或照顧者如果未能獲得即時的支持或協助以解決問題，相信對家庭成員將是不小的困擾。另再就學齡前兒童家庭育兒知識來源調查發現（見表 5-2-6），學齡前兒童家庭的育兒知識主要來源為「網路搜尋資訊」、「長輩親友傳授」、「自己閱讀育兒相關書籍」，比率分占 59.7%、58.5%、51.8%；進一步就幼兒年齡觀之，0 至 3 歲兒童家庭的育兒知識來源中，「長輩親友傳授」和「網路搜尋資訊」的占比約莫相當，但 3 至 6 歲兒童家庭育兒知識來源則來自於「網路搜尋資訊」。對照前述家長具有專科以上學歷達五成五的情形，可見家長愈有能力愈仰賴網路工具以搜尋育兒知識，但育有 0 至 3 歲兒童家庭者雖然也仰賴網路蒐集資訊，但更多願意仰賴長輩親友的意

表 5-2-5　學齡前兒童就讀的幼兒園類型（2018 年 8 月）

單位：人；%

項目別	總計		公立幼兒園	私立幼兒園	非營利幼兒園
	人數	百分比			
總計	609,788	100.0	24.8	73.3	1.8
性別					
男	317,1956	100.0	24.0	74.2	1.8
女	292,593	100.0	25.8	72.4	1.8
年齡別					
0～未滿 3 歲	65,085	100.0	10.0	86.8	3.2
3～未滿 6 歲	544,703	100.0	26.6	71.7	1.7

資料來源：衛生福利部（2019：24）。

表 5-2-6　學齡前兒童家庭育兒知識來源（2018 年 8 月）

單位：人；%

項目別	人數	網路搜尋資訊	長輩親友傳授	自己閱讀育兒相關書籍	同輩親友討論	自己帶孩子的經驗累積	參與親子、育兒相關座談、演講等團體活動	求學過程中所習得之幼保、護理、家政等相關知識	參與保育方面的訓練課程	其他
2014 年	1,196,476	40.2	55.6	46.1	45.0	49.0	8.7	10.0	4.8	0.6
2018 年	1,232,402	59.7	58.5	51.8	50.3	42.1	14.5	7.4	4.4	0.6
性別										
男	638,276	59.4	59.1	51.7	50.7	42.9	14.0	7.1	4.4	0.6
女	594,126	60.1	57.9	52.0	50.0	41.3	15.1	7.8	4.3	0.6
年齡別										
0～3 歲	592,129	62.1	62.7	52.9	52.3	38.0	14.2	7.9	4.3	0.6
3～6 歲	640,273	57.5	54.7	50.9	48.5	46.0	14.8	7.0	4.4	0.5

資料來源：衛生福利部（2019：26）。

見。在網路盛行的今日，家庭在育兒知識方面高度仰賴網路資訊，但此等資訊對教養子女的合適性？又網路資訊多元甚或觀點抵觸之際，家長又將如何判斷？顯然是親職教育需加以關注的新興課題。

三、性別平等意識抬頭影響著教養的內涵

　　隨著家庭性別平等與各項條件的趨近，性別平等意識現已成為社會的主流價值之一，其發展實與傳統文化價值經過一番角力，而文化價值的轉變則受到社會變遷帶動各項條件的更迭所影響，包含文化價值對各種角色的可能歧視或誤解等。隨著社會不斷開放、允許家庭各角色擁有發揮機會，已然成形的主流價值經過再反省的過程，逐漸產生質變。前述平等意識落實在家庭中，對於婆媳關係、夫妻關係、親子關係以及手足關係等層面都將產生不同於以往的影響。

　　家庭的平等條件可以從檢視夫妻條件看起。首先是結婚年齡部分（見表 5-2-7），以 2011 年至 2019 年為例，結婚男女的年齡平均數均呈現成長趨勢，其中男生的結婚年齡均較女生為大，和臺灣傳統觀念夫長女幼的看法相近，就年齡上女性是「後輩」，年齡尊卑觀念已然存繫其間；以 2019 年為例，男生結婚平均年齡為 34.7 歲，女生結婚平均年齡為 32.1 歲，初婚男女年齡分別為 32.6 歲、30.4 歲，男女結婚平均年齡的差距都在 2 至 3 歲之間。其次是夫妻的學歷部分，以育有學齡前子女的父母親學歷為例（表 5-2-3），雖然父親在學歷方面仍有高於母親的趨勢，但雙親學歷皆為專科及大學者高達 40.0%，同有研究所以上學歷者也有 4.6%，雙親的學歷水平相當接近。併同前述我國女性勞動參與率為 51.1% 的情形（見圖 5-2-1），婦女就業的情形已非常普遍，在生涯規劃與家庭經濟來源等方面，婦女不如以往需仰賴丈夫養家，甚至已擁有相當不錯的經濟條件。

　　近年以個人主義（individualism）為基礎所開展的民主意識，重視個人權利與潛能的發展，使昔日的以家庭為核心的權威觀點逐漸得到消解，個

表 5-2-7　近年臺灣結婚人口年齡平均數

年別	年齡平均數					
	男	女	初婚		再婚	
			男	女	男	女
2011 年	33.6	30.6	31.8	29.4	44.2	38.2
2012 年	33.8	30.8	31.9	29.5	44.4	38.6
2013 年	33.9	31.0	32.0	29.7	44.4	38.7
2014 年	34.1	31.2	32.1	29.9	44.7	39.0
2015 年	34.2	31.4	32.2	30.0	44.6	39.4
2016 年	34.4	31.5	32.4	30.0	44.9	39.5
2017 年	34.5	31.7	32.4	30.0	45.4	40.1
2018 年	34.6	31.9	32.5	30.2	45.5	40.2
2019 年	34.7	32.1	32.6	30.4	45.7	40.3

資料來源：行政院性別平等會（2020）。

人選擇打破傳統家庭關係愈加普遍，連帶使得家庭成員的角色不斷地轉變。從前述夫妻條件的分析可知，隨著社會變遷，夫妻在各項條件有逐漸平等之勢，伴隨而來的是家庭夫妻角色的倡議平等，教養子女的職責也漸由夫妻共同擔負；而孩子在家庭的角色定位上，隨著少子化的趨勢以及尊重孩子為完整個體等思潮的帶動下，不再視孩子為「小大人」，尊重孩子的主體性及其在家庭中的發言權，有漸獲接受之勢 [1]。隨著前述的轉變，夫妻對子女的教養態度、方式也必須立於平等的共識上尋求共通原則，昔日威權管教方式將由重視輔導、溝通等所取代，從平等互信的基礎中建立親子關係。

四、社會價值多元化影響親子角色與互動關係

隨著社會變遷，社會發展歷經農業、工業，及爾後都市化與資訊化的發展，不但人類生活形態發展改變，也影響每個人生活所持的基本價值。臺灣社會迭創舉世注目的經濟奇蹟與寧靜革命，加上近年政治民主化的發

展，成為世界國家發展的重要典範之一，然隨之而來的傳統優良社會價值的逐漸解體，也使其發展面臨抉擇（林東泰，1997）。

　　受到社會結構的轉變、社會互動、個人人格系統以及文化等因素的影響，造成社會價值的分歧，但多元價值取代昔日單一權威價值的趨勢，也使社會不同分子獲得發聲的機會，對於家庭結構的發展也產生影響。舉例言之，臺灣從 2017 年 5 月 24 日司法院公布「大法官釋字第 748 號解釋」後，民間、行政與立法單位，花了近兩年的時間努力整合各方意見，立法院院會在 2019 年 5 月 17 日三讀通過《司法院釋字第 748 號解釋施行法》，賦予同志伴侶得以結婚的法律依據，使臺灣成為亞洲第一個同婚合法化的國家（吳柏緯，2019 年 5 月 17 日）。同志婚姻合法化的議題，在臺灣社會激盪多時，雖然立法過程中仍有不同的團體持有多方看法，但終在立法定案之後，讓此議題的發展得以定調。

　　又如林玉枝（2018）以臺灣 Y 世代為對象（又稱千禧世代，指 1980 年代和 1990 年代出生者）進行調查研究指出，Y 世代未婚者家庭價值觀中，「對父母的養育之恩心存感激」、「教導子女（兒童教養主要是家庭的責任）」、「家人感情好」三題得分最高，可以看出家庭的情感價值最受重視；但在「為了傳宗接代，至少生一個兒子」、「丈夫的責任是賺錢養家，太太是照料家庭」兩題得分最低，標準差最大，明顯看出 Y 世代未婚者對於生兒子傳宗接代的觀念愈來愈顯薄弱。男主外、女主內的傳統性別角色分工模式，也無法獲得高度認同。這種為家庭傳宗接代與角色分工的觀點轉變，反映著臺灣社會價值趨向多元化，也代表家庭結構或成員互動將迎來不同以往的挑戰。

　　社會價值的多元轉變，影響成員的角色與互動關係，改變成員的互動與溝通方式等，使現有的生活型態得到前所未有的挑戰；家庭處於此等社會價值多元變遷之際，家庭成員角色互動與親子關係也充滿新的挑戰且必須重加省思。關於親職教育的意義、內容及重要性等如何因應社會價值多元化的變革而做調整，以及家長在社會價值的體認與選擇應如何持續努力

等，都將是親職教育未來發展必須面對的重要課題。

五、民主化的思潮影響親職教育的理念與內涵

臺灣社會另一個變遷的方向是由威權轉向民主，主要表現在政治層面，而隨著政治上的民主，在各層面也展現出更多元、自由的發展（張樹倫，1998）。國民政府遷臺後，歷經威權主義的統治、地方自治的開始發展、戒嚴時代的結束、政治自由化及民主化的開展等，社會透過教育的手段薰陶人民的政治素養，因此，對教育而言，民主的理念不僅是教育的內容，也是教育的方法。民主化的思潮開展，影響著對人的平等看法與尊重；及於制度，則是透過民主涵養教化出的人民，孕育出有利於涵養民主素養民眾的環境與機制。

家庭屬於社會制度的一環，受到民主化思潮的影響，家庭成員的互動與父母教養方式更著重民主化的程序及內涵，藉由親職教育的過程試圖建構適合未來社會發展的民主理念。因此，已然萌芽開展的民主思潮，成為親職教育的內容，其理念也影響親職教育運作的方式，為親職教育機制的發展樹立重要的基石。

六、經濟自由與成就提供家庭有利的子女教養機會

近年臺灣經濟的發展，從安定中尋求契機、從勤奮中等待出路，一連串經建計畫的落實與成就，自由化的經濟發展機制與企業相互合作，使臺灣社會擺脫貧窮的陰影，逐步邁入已開發國家，一再創造「經濟奇蹟」以及 2020 年對抗新冠肺炎的公衛成就，著令國際社會感到詫異與敬佩。

隨著經濟條件與物質生活的不虞匱乏，就消極層面言，經濟富裕產生了福利社會，改變傳統養兒防老的觀念及父母對子女的期待，更影響了父母教養子女的目的與內容。就積極層面言，整體社會的經濟發展提供了有利的教育環境與資源，進而提升教育品質。經濟自由化的發展提升整體物

質環境的內涵，如何有效地導引這些新興發展的條件投入教育，便成為教育的重要課題。而家庭隨著經濟條件的改善，增加了家庭提供良好教育條件與品質的可能性，此刻親職教育的工作要項應是積極爭取更多的有利資源，強調父母再教育的可能性，提供父母教養子女所需的相關知能。

七、科技發展改變親職教育互動內涵

　　自歷史發展的觀點言，有意義的社會成長與發展往往發生於生存科技充分改進時或改進後，生存科技之改進是任何數量、複雜性、財富和權力增加的先決條件；區位演化論（ecological-evolutionary theory）的基本原理之一，即是指生存科技決定一個社會的限度，以及決定在這些限度內各個選擇的相對價值（涂肇慶譯，1992）。是以生存科技發展的影響所及，將使社會互動的型態、管道及內容等產生實質的改變；就親職教育言，便利的資訊傳遞管道，改變了昔日以家長為唯一的資訊來源，家長如何為子女篩選適度的資訊內容，子女如何因應多元的資訊內容，甚至調適自我與其他資訊呈現的觀念落差，對於親職教育都將產生一定程度的影響。

　　科技媒體的發展，不僅改變每個人的生活方式，也影響家長與子女的學習與互動型態；除了家長自身受到科技媒體的衝擊與影響，子女在科技媒體的使用以及受影響的情形，也較以往受到關切，甚至對於是否對子女的科技媒體使用採取介入（mediation）一事，有著更熱切的關注與期待。早期有關子女使用新興媒材（如電視）的議題，家長採取介入的方式相當常見，家長在管理兒童使用媒介之行為常採取限制、對話與詮釋方式（Nathanson, 1999），並持負向態度的限制（restrictions）加以應對。隨著科技媒體發展日益蓬勃，各界陸續出現對於家長應持正面態度的呼籲，希望以制訂規則（rule-making）甚至是共同收視等積極回應（Austin, 1990），陸續成為各方看待科技媒體發展下的親職教育主流主張。

　　有關科技媒體的快速發展以及對生活的影響，已經有勢不可擋的趨

勢，不僅在家庭、幼兒園、社教機構，乃至於商業環境等，早已成為日常
生活的一部分。科技發展也提供學校經營親職教育的不同選擇，如部分地
區積極推展「網路家庭聯絡簿」，便是可能的發展途徑之一（中央社，
2001），學校更應掌握科技發展的脈動，思索在親職教育的可能作為。其
次，資訊科技的發展快速且普及，家長在資訊提供的角色方面產生改變
時，如何因應親子關係的可能變化，就成為待解的重要課題。

　　面對這波新興的社會趨勢發展，家長除了決定家庭是否使用科技媒體
的時機外，如果能同時提升自己對科技媒體的相關認識與使用知能，不僅
有助於拉近親子對於科技媒體應用的知能落差，甚至在往後家園互動或子
女學習等領域，可以抱持溝通或支持的態度以預先釐清應用時機，對於親
子關係的經營也具有正向意義。

八、國際化交流密切有益於豐富親職教育的內容

　　經濟、科技以及政治民主化等發展，增加了民眾與國際社會互動的機
會，使整個國際社會形成一個相互依賴的龐大體系，不同國家之間的距離
也由於科技與交通的發展而更顯拉近。隨著國際化社會發展日益成熟，作
為現代社會的成熟公民，如何培養公民具有國際觀的視野與能力，當為現
代社會的重要任務之一。跨國文化經驗的豐富資源，對親職教育的實施也
有正面的助益，例如積極引進或選擇良好的跨國親職教育經驗，將跨國社
會互動列入親職教育內容，以及適時提供或尋求實施親職教育的協助等。
因此，國際化視野一方面豐富了親職教育的內容，另方面為獲益於國際化
的發展，親職教育的內容勢必加入涵養公民的國際觀、世界觀以及成為世
界公民的必要素養等，養成親師包容文化的氣度。如此將有助國際競爭力
的提升，健全國際間的交流互動，進而豐富親職教育的內容。

1 關於兒童權力的發展，無論從社會或哲學思潮層面等論述已多有之，本處不再析論；讀者如有興趣可逕參閱拙著（洪福材，2000b）。

研究題目

1. 名詞釋義
   (1)核心家庭
   (2)重組家庭
   (3)Y 世代（千禧世代）
   (4)勞動力參與率
   (5)角色衝突
   (6)國際婦女年

2. 請以表 5-1-1「2007 年至 2018 年臺灣家庭組織型態狀況」為例，依據各種家庭組織型態所佔比例，由高而低排出順序。以核心家庭為例，所佔比例呈現逐年降低的趨勢，你認為可能的原因為何？如果政府要提出政策以提升核心家庭所佔的比例，你有何建議？

延伸活動

1. 本章提到 Hornby（2000: 16-17）曾以家長與教師為研究對象，分別以「我們希望從教師處獲得什麼？」、「我們希望從家長處獲得什麼？」等兩個方向為題，瞭解不同國家的家長與教師的想法。請仿照 Hornby 的研究問題，試著訪談你所在區域的老師和家長各三名，寫下他們對各自的想法或期待為何？前述結果和 Hornby 的研究結果有何異同？

2. 目前以親職教育為宗旨所架設的網站日漸普遍。請找出三個以推廣親職
　　教育為宗旨的網站名稱與網址？其次，請瀏覽網站的訊息後，說明各網
　　站的特色及其間的異同？以網站形式推展親職教育，你認為有哪些優點
　　和缺點，並請說明你提出前述觀點的理由。

不同家庭型態的親職教育

蔡春美、洪福財

　　世界上沒有兩個家庭完全相同，各種家庭型態的親職教育也應有不同的重點。隨著工商業發達、科技進步所帶來之社會變遷，使得家庭的類型增多，教育部有鑑於此，提出「學習型家庭」的方案，希望國人在邁向 21 世紀之際，能提升國家競爭力，加強人文關懷，以滿足不同家庭型態的成員個人發展的需求，落實終身學習與學習社會的理念於家庭。

　　所謂「學習型家庭」是一種家庭的型態，不論雙親、單親或其他樣式家庭，也不分中產階級或勞工家庭，在其中，家庭提供成員有效的學習環境，能對學習有積極的態度和參與的行動。臺灣地區家庭教育中心編製之《學習型家庭手冊》中亦提到：「學習型家庭是透過家庭成員的相互學習，共同創造新知識，並透過知識的運用及轉化，進而能持續家庭整體的生命力與適應力。」學習型家庭的主要精神在於家庭成員都從事學習活動，而且彼此分享學習的經驗或心得，進而促進個人和家庭的成長發展。所以，學習型家庭能孕育健康的個體，讓家庭走向健康穩固，是良好社會的根基，也是社會學習風氣的催化者，更是提升國家競爭力的必要途徑；學習型家庭對問題有較佳的免疫力及處理能耐，亦可使家人有較佳的機會掌握競爭的優勢（王以仁，2001）。

　　本章將討論現代社會較常見的單親家庭、重組家庭、收養家庭、隔代教養家庭、有身心障礙子女之家庭、雇用外勞照顧子女之家庭，及跨國婚姻家庭等七類家庭的親職教育問題，並從學習型家庭的觀點與作法提出建議，期能協助所有的家庭皆能發揮家庭功能，維持良好的親子互動關係。

第一節　單親家庭的親職教育

　　所謂的單親家庭一般係指因離婚、喪偶、分居、服役、服刑、長期異地工作或未婚的單一父親或母親，和其 18 歲以下未婚子女所組成的家庭。全球各工業先進國，單親家庭的比例都在增加之中，在臺灣的情形亦是如此。根據行政院主計處調查，以 2010 年為例，單親家庭占整體家庭數的

12.71%，有未滿 18 歲子女的女性單親多於男性單親（56.68%比 43.32%），
有未成年子女者約為全部單親家庭數的 29.57%。單親家庭的原因有離婚、
喪偶、未婚生子、遺棄等，而鄰近地區香港有關單親家庭之研究報告顯
示：香港單親家庭的成因有 56.4%是離婚或分居，這些家庭中有 5～14 歲
的孩子者占 62%。另發現 97.5%的家長表示家庭的收入僅足夠或甚至是不
敷開支的，78%的單親家長表示極需要資源協助他們對子女的照顧和管教。
在九七回歸後，香港的工業及貨運事業北移，因而產生「父或母因工作或
居留問題而須長期離港」的單親家庭（邵次英，2000）。可見子女的教養
問題、生活維持問題是單親家庭最迫切需要解決的問題。

一、單親家庭易遭遇的難題

　　不管是男性單親或女性單親，當他們獨立撫養子女時，都可能遇到下
列難題：

1. 單親家庭的孩子容易產生焦慮情緒。據邵次英（2000）所進行之研
   究：單親家庭對小學生的情緒有較多負面影響，孩子也容易把這些
   不快樂的情緒外顯於行為態度及學業上。在三種單親家庭（離婚、
   喪偶、異地工作）中，喪偶家庭學生的哀傷情緒較顯著及持久，異
   地工作家庭之子女受影響較小；以學生性別來看，男性在外顯行為
   上有較負面的傾向，而女生則會把不快的情緒藏在心裡，以致性格
   較沉默。

2. 孩子模仿認同對象易限於父親或母親。父母單獨撫養子女須拼命工
   作，無暇照顧子女，則親子互動時間相對減少，難顧及子女身心之
   需求，易造成子女偏差行為的發生。

3. 單親家長本身常面臨心靈無依靠、經濟來源困難、心情苦悶、沒有
   安全感，又擔心子女在校受人另眼看待等問題。

4. 單親家庭不一定是問題家庭，但因承受較多社會與經濟壓力，使孩

子成長過程比雙親家庭辛苦，有些孩子須面對父母離婚、爭吵或施虐情形，常有逃避、失落與憤怒的情緒，如不適時疏導，則很可能走入歧途。

二、單親家庭的親職教育重點與方法

（一）辦理成長團體及支持性聯誼團體，強化社會支持體系

　　學校或社會教育機構，可加強辦理單親家長的成長團體或支持性聯誼團體，讓同樣處境的家長可以互相傾訴、互相打氣、交換經驗、互相扶持，以盡快渡過灰暗期、重新出發，迎向光明的未來。據研究：單親家庭面臨許多困境，與親職教育有關者有：(1)子女教養及照顧壓力；(2)社會人際關係適應壓力（吳瑞華，2011）。

（二）辦理單親家庭親子活動，以豐富單親家庭子女之成長經驗

　　據上述調查發現，單親家庭有 49.4%需要辦理親子活動，有 48.1%需要有關子女人格成長輔導之活動。因此，辦理這類主題的夏令營、冬令營或假日活動，都可促進這些子女的親子關係與人格發展。

（三）注意不造成二度傷害或標記

　　在方法上，須注意不要刺傷單親家長內心之傷口，故通知單或簽到本上應避免出現「單親家庭」字眼，以防標記之二度傷害。

（四）採用多元的活動方式

　　對於子女管教問題，與離異的另一家長如何分享與子女團聚時間，以及家族人際關係調整、家庭經濟改善等問題，亦可辦理講座或成立諮詢專線，介紹相關書刊，協助單親的家長獲得適當親職知能。

第二節　重組家庭的親職教育

　　隨著單親家庭的增加，重組家庭（reconstituted family）也會不斷增加。所謂重組家庭乃指單親家長再婚所組成的家庭。重組家庭有許多情況，通常是單親家庭的戶長再婚，其再婚對象可能是單身未婚者，也可能是另一位單親的戶長。若是後者，則重組家庭裡可能會有「你的孩子和我的孩子，打我們的孩子」之狀況發生，在教養上更需特殊的技巧（黃迺毓，1988）。

　　在美國，單親的戶長約有半數在三年內會再婚，但在臺灣的情形較不相同。臺灣的單親戶長，尤其是女性單親，常願意為子女犧牲，過著母子相依為命的日子。不過近年來，隨著西風東進之影響，女性單親重組家庭的情形也逐漸增多。

一、重組家庭易遭遇的問題

　　重組家庭比較常見的難題如下：

1. 由於不同家庭生活背景及角色型態需在重組家庭中重新調整，許多原先習以為常的生活方式，在新的家庭成員眼中可能認為不妥，故大家必須配合新的家人重新調整改變。

2. 重組家庭由於來自不同家庭，可能都是原來家庭的主要決定者，一旦重組新家庭，則由誰來公平分配時間、精力、物質、財務、情愛等，將成為重組家庭需面對的問題。

3. 親子關係、家庭向心力需重新培養，對新加入的家庭成員，在孩子的想法仍屬「外人」，故在心理上需要較長時間去調整、培養；而傳統小說、故事或戲劇中，繼父或繼母常被刻板描述為陰險惡毒，故孩子在調整新的親子關係時，常受影響而有抗拒、不合作、故意

唱反調之現象。

4. 鄰居、親友不具同情心或主觀介入，也會使繼父或繼母在教養子女
的過程中倍感艱辛，吃力不討好。據研究（Duberman, 1973），繼
母所遭遇的困難比繼父來得多，可能與繼父會保護孩子，能負責家
庭經濟，彼此像朋友，母親因再婚心情較佳，孩子就較不排斥繼父
等有關。但繼母的角色則困難重重，常被認為是家庭幸福破壞者，
不易得到丈夫前妻所生之子女的諒解與接受。

二、重組家庭的親職教育重點與方法

（一）親職教育的重點

重組家庭的親職教育重點在適時支援繼父母親，透過各種策略教導繼
父母能理智、耐心，並提供重新建立良好親子關係的方法。

（二）教導父母認知孩子的身心發展階段

了解丈夫前妻所生之子女，目前正處哪一發展階段？其特徵為何？透
過講座或專書介紹，可以協助父母更早進入狀況，把握孩子的身心發展特
質，在溝通上更能得心應手。

（三）設計多樣親子活動

學校除安排一般家長參與親職教育活動外，可設計親子共遊的活動，
如親子烤肉、親子登山等活動，亦可設計孩子的讀書會，技巧而不露痕跡
地，有計畫邀請重組家庭的親子或子女參加，透過精心設計的活動與刻意
選擇的書籍，化解他們親子之間的心結，協助這些家庭早日建立良好的親
子互動。

（四）避免標記並保持家長隱私

　　由於重組家庭可能較不希望別人知道，故老師在辦理親職教育活動時，一定要以平常心對待每位家長，不可強調哪一位家長之特別狀況，只要在適當時機一對一的表達關心，或針對問題做輔導即可。

第三節　收養家庭的親職教育

　　收養家庭乃指收養他人之子女為自己子女的家庭。一般家庭之所以會收養子女，其原因有下列六點（黃迺毓，1988）：

1. 夫婦至少有一方不能生育。
2. 結婚多年，膝下猶空，民間迷信收養孩子會「招弟妹」，故想收養一個孩子，以期能親生自己的孩子。
3. 晚婚，不願冒高齡產婦之危險。
4. 夫婦只生一個孩子，很想收養孩子來做伴。
5. 出於愛心，收養破碎家庭或父母雙亡之遺孤。
6. 收養孩子，以求孩子長大後可以成為家務之助手，這在臺灣早年較常見，尤其是收養女孩當養女來幫忙家務，不過目前已很少見了。

一、收養家庭常見的問題

1. 由於收養子女同樣會有一般孩子所具有之辛苦撫育過程，因此如果孩子個性較倔強，與養父母間溝通不良時，極易歸咎於收養關係，認為是養父母所以不像親生父母會疼愛他。
2. 由於許多小說、故事或大眾傳播媒體，常介紹不好的養父母形象，或過分強調生育之情，而忽略養育之恩，因此養子女常會為一點小摩擦就離家出走，想去找親生父母。

3. 鄰居或親友也常以有色眼光或雙重標準來看待，例如：孩子做錯事，養父母責罵孩子時，很容易被解釋為養父母虐待孩子，沒有好好對待收養的子女。有時甚至因此造成養父母與子女間之不必要對立，使親子關係無法建立。

4. 養父母不懂法律，以致辦理收養手續不全，經過一段時間之後，親生父母變卦，或養子女有意回歸親生父母處，而產生一些不必要的糾紛，因此走上法庭，帶來不少麻煩。

二、收養家庭的親職教育重點與方法

（一）親職教育的重點在促進親子關係之和諧

提升養子女對養父母的信任感，協助養父母運用適當的方法去經營其親子關係。

（二）增進對收養相關法規的認識

老師可以關心其收養手續是否合法。依據《民法》第1079條：「收養應以書面為之，並向法院聲請認可。收養有無效、得撤銷之原因或違反其他法律規定者，法院應不予認可。」收養子女應在戶籍所在地報戶口，完成合法手續，以正式取得養父母之地位，執行養父母之權利與義務。

（三）辦理多樣親子活動

與重組家庭相同，學校可辦理各項親子活動或專為孩子辦的活動，透過精心設計的活動方式，提高父母親的教養知能，並培養孩子們能感謝養育之恩。

（四）敏銳關心收養家庭動態

由於收養家庭之狀況歧異，收養動機也各不相同，老師在推展親職教

育工作之同時，也應注意收養家庭是否有下列情形。我國《民法》第 1081
條規定：

> 養父母、養子女之一方，有下列各款情形之一者，法院得依他方、主
> 管機關或利害關係人之請求，宣告終止其收養關係：
> 一、對於他方為虐待或重大侮辱。
> 二、遺棄他方。
> 三、因故意犯罪，受二年有期徒刑以上之刑之裁判確定而未受緩刑宣
> 　　告。
> 四、有其他重大事由難以維持收養關係。
> 養子女為未成年人者，法院宣告終止收養關係時，應依養子女最佳利
> 益為之。

養子女與親生父母間之自然血緣關係，絕不因收養而消滅，只是權利
義務因收養而終止，但養父母應善盡父母之職責，善待養子女，不過度縱
容，也不應過度嚴格。

第四節　隔代教養家庭的親職教育

隔代教養事實上是早已存在的家庭問題。隨著社會、經濟結構快速的
改變，傳統家庭結構中，小家庭逐漸取代大家庭及折衷家庭的型態，這樣
的改變對於傳統家庭的功能產生很大的衝擊。一般人認為，在傳統的家庭
中，父親主要扮演家庭經濟的來源，而母親則是扮演持家照顧老幼的角
色，整體而言，對於小孩的教養雖有祖父母的協助，但基本上仍是以母親
為主。然而，現代社會之小家庭經濟負擔增加，同時也因女性主義的抬
頭，有愈來愈多的女性在婚後仍必須就業，以增加家庭的收入，形成許多
雙薪家庭。如此一來，女性原有的角色也無法扮演，不但無法肩負奉養父
母之責，甚至連教養子女的任務也無法勝任，需要他人來協助，這所謂的

「他人」中，大部分人常以自己的父母為第一優先考慮，而祖父母基於愛護子女的心態，再加上祖父母常須依靠子女在經濟上的協助與照顧，自然形成「隔代教養」的家庭型態（李富言，2001）。

　　近 20 年女性在教育程度提升、服務就業機會增加及政府實施母性保護措施下，勞動參與率由 1997 年 45.64%上升至 2017 年 50.92%，計升 5.28 個百分點（行政院主計總處，2017），可見婦女就業會改變家庭生態關係，造成許多雙薪家庭無法兼顧孩子的照護，須將子女交由祖父母或親友、保姆來照顧。

　　隔代教養的情形並不局限於孫子女年幼時的照顧，也不局限於僅是白天的托育，有許多祖父母面臨孫子女之父母親死亡或離婚的情況，擔負起照顧孫子女的全部責任。隨著時代的改變，有愈來愈多的父母親則是不能或不願意照顧孩子，所以，祖父母就必須擔負起照顧孫子女的任務，這包括父母親在獄者、情緒或精神失常者、身體暴力或性暴力犯罪者、藥物濫用者、未婚生子者、父母親故意遺棄者、父母親喪偶者等等。當前隔代教養的問題已由過去特定的對象轉為多元化的對象，有些祖父母也從偶爾分攤年幼孫子女照顧，轉為全時間擔負教養的責任。

　　有關隔代教養家庭的類型，參考李富言（2001）與王鍾和（2000）之研究，做下列分類之說明：

1. 以祖孫家庭型態來看：有「非同居型」祖孫家庭、「三代同堂型」祖孫家庭、「隔代教養型」祖孫家庭。前二者雖非全時負起教養孫子女之責任，但仍常有受託照顧撫養孫子女之機會。

2. 以廣狹義分：則包括祖父母、外祖父母，以及隔代其他親友如姑婆、舅婆、姨婆等之照顧，不論是全時或部分時段之照顧，皆歸類為隔代教養家庭；如完全由祖父母、外祖父母全時照顧，父母只在週末來探望或接回，甚至完全放棄照顧子女者，則歸屬為狹義之隔代教養家庭。

一、隔代教養家庭易遭遇的問題

1. 當教養孫子女的觀點與自己的兒子和媳婦不同時，往往造成失望或無所適從之困擾，尤其兒子或媳婦如不體諒，以較重口氣糾正或質問某些教養事件時，年紀大的長輩將承受頗大的心理負擔與壓力。

2. 由於體力較差，無法與孫子女進行較耗體力的活動，加上對孫子女的寬容度往往較兒子或媳婦為大，因此常顯現過度保護或縱容孫子女的情形。

3. 語言溝通的問題：由於祖父母與孫子女年代相隔較久，且所處外在社會環境的不同，可能會使祖孫間產生語言溝通上的問題。

4. 價值觀念差異的問題：祖孫所處的年代大不相同，彼此所形成的價值觀念時常大相逕庭，而容易有代溝的情形產生。祖父母常被認為是文化刺激較弱的一群，即使其過去有教養小孩的豐富經驗，卻不見得能給予孫子女完善的照顧，更別說能給予課業上的指導，或是提供較多的文化刺激。

5. 相關資源網絡的問題：因祖父母對於孫子女的照顧常處於封閉的狀態下，欠缺有效的支援網絡，特別是教養孫子女能力的支援與培養方面。

二、隔代教養家庭的親職教育重點與方法

（一）謹慎選擇學習型家庭的對象

為隔代教養家庭辦理學習型家庭方案時，選擇對象可包括（內外）祖父母、學童、父母三者，若從協助隔代教養的方案為著眼點，還可包括其他親友、教師、志工及社會上有心推動方案之人士等。因此，在推展隔代教養學習家庭方案時，可考慮直接從擔負教養責任之祖父母進行，同時也

可以考慮由相關之父母親或學童本身著手，透過相關理念的引導，間接促成隔代教養學習型家庭的成長，當然也可透過外圍可能具有影響力之老師、志工或社會相關人士，進行由點而面的全面隔代教養學習型家庭的形成。

（二）隔代教養學習型家庭方案可以下列十點為目標（李富言，2001）

1. 協助祖父母新角色認知與調整，始能妥善安排家庭生活，維持良好的健康生活。
2. 協助祖父母學習新的知識，特別是當前流行文化與價值觀之了解，及學習有效的管教策略態度。
3. 協助隔代教養家庭建立良好的溝通管道。
4. 協助祖父母建立新的社會支持系統。
5. 協助祖父母充實文化，減少祖孫間的隔閡。
6. 協助祖父母對自己教養責任有正確的認識。
7. 讓祖父母對孩子的發展成長階段與心理行為特質有正確的了解。
8. 增進祖孫間之關係與溝通要領。
9. 協助祖父母紓解教養責任壓力。
10. 讓祖父母對教養工作有經驗分享與相互支持。

（三）隔代教養家庭親職教育活動設計項目

隔代教養家庭之親職教育方式應能迎合祖父母的胃口，以下方式是可以考量的活動設計項目。

1. 到宅服務。
2. 結合旅遊之親子活動。
3. 祖父母說故事。
4. 舉辦讀書會。

5. 舉辦座談會。

6. 孫子女訪談祖父母的活動。

第五節　有身心障礙子女家庭的親職教育

依據 2019 年總統令修正公布的《特殊教育法》第 3 條規定：本法所稱身心障礙，指因生理或心理之障礙，經專業評估及鑑定具學習特殊需求，須特殊教育及相關服務措施之協助者；其分類如下：

1. 智能障礙。

2. 視覺障礙。

3. 聽覺障礙。

4. 語言障礙。

5. 肢體障礙。

6. 腦性麻痺。

7. 身體病弱。

8. 情緒行為障礙。

9. 學習障礙。

10. 多重障礙。

11. 自閉症。

12. 發展遲緩。

13. 其他障礙。

雖然我國《特殊教育法》的對象分身心障礙者與資賦優異者兩大類，本書因限於篇幅，只就身心障礙者父母之親職教育加以說明，有關資賦優異及身心障礙分類之詳細介紹及教育安置、教學方法等，請參考坊間「特殊教育導論」等相關書籍，修習中小學教師及幼兒園教師學程者，將可在學程內修習此科目。

一、有身心障礙子女家庭常遭遇的問題

本節不擬依不同類別一一詳述其遭遇之困擾與問題，只就所有身心障礙者之一般需求進行討論。有身心障礙子女之家庭，其面臨之問題並非自願或選擇而產生（林淑玲，2001）。根據何華國（1996）整理，認為家有身心障礙子女容易產生下列困境：

1. 社會接觸的受限，使得障礙者家庭與社會關係之素質產生變化。

2. 因醫療及照顧費用增加所造成額外的財力負擔。

3. 身心障礙者的照顧需要獲得多方面的協助，包括醫療、教育、訓練、看顧、輔導等，需要各界的統整合作與協助。

4. 家有身心障礙者對家庭所有成員都是一種壓力，它包括主觀與客觀的負擔：

    (1)主觀的負擔是指因家有障礙人士所引起的情緒效應，如否認、驚嚇、憤怒、悲傷、罪惡感、不安、沮喪、退縮、矛盾情感、恐懼等情緒皆是。這種情緒反應可能會持續很久，形成一種慢性的悲痛。

    (2)客觀的負擔指的是因家有障礙者而對家庭所造成的實質要求，例如對家庭的功能和活動的限制、照顧的需要、財力的負擔、對父母身心健康的不利影響、婚姻的衝突、帶給同胞手足的壓力、對家人社交生活的限制、社會性的羞恥感等皆是。這些問題可能會因障礙程度提高而更趨嚴重與複雜。

5. 身心障礙者之家庭面臨的另一困境在於：女性是大部分身心障礙者之主要照顧者。林淑玲（2001）引用呂寶靜、陳景寧之研究：女性占照顧者之比例在 70% 至 80% 之間。而女性被歸因為照顧者的原因多在於強調女性的照顧天性，但卻忽略照顧對女性的負荷與壓力、經驗與心理感受，甚至是經濟安全的影響。女性成為主要照顧者的

另一問題在於：當家有障礙兒，母親常成為理所當然的照顧者，父親較採取逃避的方式面對此問題，不參與照顧者相關問題的探討與成長，形成在親職教育或家庭教育推展上的困境，對於協助身心障礙者家庭成為學習型家庭實為一大挑戰。

二、有身心障礙子女家庭的親職教育重點與方法

對身心障礙子女之家長所實施之親職教育，往往不能只針對家長個人，而須對整個家庭及其成員做全盤考量。林淑玲（2001）統整各項研究結果，提出身心障礙者家庭之教育需求有下列 13 項：

1. 家庭全員的心理建設，包括：

    (1)縮短身心障礙者家人的心理調適過程中之否認、爭議、憤怒、沮喪階段的時間，及早接受並積極提供進行早期療育的機會，以及心理自我之重建工作。

    (2)手足倫理教育：接納障礙者，不排斥或覺得羞恥。教導他以自己的家人為榮。尤其是手足到了適婚年齡，家有身心障礙者可能會造成正常手足之婚姻困擾甚至破裂。

    (3)身心障礙者家庭之凝聚力與願景。

2. 情緒管理、壓力調適課程：包括家長壓力調適、障礙者本身壓力調適、家庭暴力的了解與防範。

3. 家長心理支持課程：透過電影欣賞、評論，讓家長彼此支持，探討障礙者之問題。

4. 身心障礙者家長之夫妻成長營：加強身心障礙者之照顧者先學會照顧自己的需要與心理成長。父母的需求滿足才能提供身心障礙者較好的成長環境。如父母本身為身心障礙者，則需做心理建設、自我重建，包括如何面對社會大眾異樣眼光，及父母與子女人際關係的建立。

5. 家庭溝通訓練：幫助身心障礙者家庭學習有效溝通與平等之對話溝通方式。

6. 親職教育：幫助身心障礙者之家長認識並了解其身心障礙子女的優點，相信子女的能力，並有適當的教養期望、態度與教養行為。身心障礙者父母對於正常子女的教養態度會影響正常子女對於障礙子女的互動與態度，因此也要教導身心障礙者父母學會省視自己對於非障礙子女的教養，是否因家有障礙兒而受到忽略或剝奪。

7. 生涯規劃課程：包括障礙者本身及障礙者父母之生涯規劃，如孩子的就養、就學、就業等。

8. 強調早期療育重要性的課程：在發現子女有身心障礙的初期，就給予家長早期療育重要性的觀念，幫助家長及早求助專業機構及團體，以提早進行學習及補救。

9. 生活教育：教導及訓練身心障礙者禮儀及生活自理能力、安全教育、生活教育，使之有自理能力，並養成良好的衛生習慣，建立障礙者之自信心。

10. 性教育：指障礙者本身性需求的解決、生育問題。有些家長會讓智能障礙者結婚並生育，可能因而滋生種種社會問題，必須及早謀求因應之道，提早與智能障礙者家長及智能障礙者溝通有關家庭生育功能及子嗣之相關議題。

11. 障礙者暑期課程：以延續學校教育，避免障礙者因放暑假而退步。

12. 有系統的法律宣導課程：教導身心障礙者相關法律知識以自保。

13. 政府福利政策的溝通與說明。

　　有關對有身心障礙子女之家庭實施親職教育的重點與方法，茲綜合各家所言，整理如下（王天苗，1996；林淑玲，2001；張蓓莉、孫淑柔，1995；黃世鈺，1997）。

（一）重點

1. 認識家庭功能與家庭成員責任，以及面對孩子身心障礙事實之調適方法。
2. 以家庭為本位的親職教育，整體考量家庭的個別性，設計個別化的家庭服務計畫。
3. 增進對孩子特殊需求的了解與合理的親子互動方法。
4. 設計能支持家長情緒、紓解家長壓力的活動。
5. 解說相關法規，引介社會資源，如教養方法、教育訓練、生活補助金申請、復健醫療、社會福利……等訊息之提供。

（二）方法

1. 積極敦促家長參與孩子個別化教育計畫（individual educational plan, IEP）或個別化家庭服務計畫（individual family service plan, IFSP）的擬定與執行過程。
2. 辦理方式宜以小團體方式或一對一方式進行，以解決個案的問題，不建議團體式的講座方式，以免不符個別需求。
3. 辦理時間須長期持續，不斷追蹤評估並調整方法，才能達到效果。
4. 結合社會工作、醫療護理、特殊教育、心理與治療等人員進行科際整合的服務，才能真正解決身心障礙兒童及其家庭的問題。
5. 在方法上除請家長來學校外，亦可考慮採用巡迴式、流動式、定點式等型態，將親職教育送上門，讓每一家庭皆能發揮功能，協助孩子健康成長。

第六節　雇用外勞照顧子女家庭的親職教育

根據勞動部 2020 年的統計，至 2019 年，外勞在社會服務業及個人服

務業（包括家庭幫傭、家庭及養護監護工）的在臺人數為 70.6 萬人。目前臺灣有六成以上的雙薪家庭，25～49 歲婦女勞動參與率超過 60%，婦女就業的浪潮除了造成社會產業結構的大變革外，也使家庭生態關係起了變化。雙薪家庭之子女養育問題首先浮上枱面，因此有些家庭將孩子送到祖父母家撫育，如三代同堂家庭，可能就在家中由祖父母照顧，也有請保姆或送親友家照顧的。但近年來，愈來愈多家庭採取雇用外勞照料家庭又兼顧幼小子女的方式，據行政院主計總處於 2017 年公布 2015 年「臺灣地區婦女婚育與就業調查報告」顯示，由外勞照顧子女的比率，相較 32 年前（1984 年）已增加 20 倍以上，可見雇用外勞照顧子女的情形愈來愈多，而其家庭親子關係、子女教育問題更值得關切。

一、雇用外勞照顧子女家庭易遭遇的問題

（一）孩子語言發展的問題

　　目前國內引進的外勞有菲律賓籍、印尼籍及泰國籍等，但在家庭當女傭者大都為菲傭或印傭，菲傭會以其菲律賓腔調之英語與孩子交談，印傭則大半以不純熟的有限國語來溝通。如果孩子正值語言學習的關鍵階段，則孩子可能學到不正確的國語與不是很正統的英語腔調。孩子的語言靠模仿觀察的方式學習，不正確的示範當然會學到不正確的語音、語調與語法，當這些孩子上幼兒園時，明顯地被發現語言發展遲緩現象，也影響孩子與別的孩子之互動關係。

（二）文化差異影響孩子的認知與社會學習

　　由於外勞來自不同文化的國家，無法深入了解我們的文化，家長整日將孩子託付外勞，孩子有任何問題也只能問外勞，但他們是否能適當回答孩子所有的問題，這是存疑的。曾有人提及孩子看古裝連續劇時，聽到

「員外」一詞，問外勞是何意，她就無法解釋。諸如此類的情況，讓我們的孩子減少許多及時學習的機會，到學校後，與一般孩子相比，明顯地有學習落後的現象。

（三）孩子生活自理能力與禮節問題

由於外勞對孩子不敢得罪，言聽計從，加上模仿父母命令傭人的行為，容易養成飯來張口、茶來伸手的壞習慣。許多幼兒園老師發現，一些由外勞照顧的孩子，到了中、大班尚不會自己穿脫衣服，也不會穿脫鞋襪，生活自理能力較差，對人的禮節也無法達到同年齡孩子的一般水準。

二、雇用外勞照顧子女家庭的親職教育重點與方法

（一）重點

1. 了解每個家庭雇用外勞的狀況

老師在學校開學時，應對班級的小朋友做家庭狀況調查，以便了解每個家庭雇用外勞的情形，例如雇用的是菲傭或印傭？除照顧孩子外，是否也照顧病人？與孩子互動情形如何？

2. 訂立符合教育理念的作息時間表

請家長為孩子的生活訂立較規則且符合教育意義的作息時間表，供外勞執行。

3. 規範外勞工作範圍

例如東西太高，可以替孩子拿，但如果東西就在孩子可以自行拿取的範圍，則不應該替孩子拿，以免孩子養成依賴習慣；亦即要請外傭像父母一樣給孩子自我處理生活事物的機會。

4. 請家長自己以身作則

家長對待外勞應保持基本的禮貌，給孩子好的榜樣，才能讓孩子尊重傭人，以禮待人。

5. 請家長認清自己的角色

家長宜保持「子女的教養自己來，粗重的家務給傭人做」的原則，才能彌補因忙碌而疏於與子女互動的缺憾。

（二）方法

1. 運用多元的親職教育管道

雇用外勞的家長或許工作忙碌，在親師合作上，可能較不易請家長到學校來，因此在方法上可以採用 e-mail 的方式，或將相關資訊印成通訊短文，讓小朋友帶回家給家長簽字，或定期／不定期用電話聯絡等溝通方式。

2. 辦理多樣的親子活動

如能辦理家長、外勞、孩子三種對象一起或分開的親職教育活動，也是一種規劃方向。不過最重要的仍是家長的教養觀念要正確，才能影響外勞以更正確的態度共同教養孩子，導正孩子的行為。

3. 察覺異狀及時聯繫溝通

老師在校可多注意學生身心發展狀態，如有發展遲緩現象或偏差行為應隨時與家長討論，如果原因在外勞，則可早日改善，以免錯過孩子的學習關鍵期。

第七節　跨國婚姻家庭的親職教育

所謂跨國婚姻家庭係指夫妻雙方的原生國籍各異，經通婚共同組成的

家庭而言；臺灣社會就此種婚姻組成的非本國籍配偶以新住民稱之。以近年臺灣跨國婚姻家庭的組成而言，其中新住民主要以婚姻移民為主，前述新住民女性開始出現的時間，大約是在 1970 年代中期，1980 年初期陸續有為數不少的泰國、菲律賓籍配偶開始出現在農村，媒體的社會版也時而出現有關她們的新聞（夏曉鵑，2002）。

臺灣的跨國婚姻家庭多是由本國籍男士與其他國籍配偶所組成，其中女性配偶多來自於東南亞國家，從較早期的來自印尼、菲律賓、泰國等國家，到 1997 年以後幾乎都是來自越南和中國。臺灣過去的社會階層化結果，造成部分男性轉往國外尋求配偶，這些新移入的外籍配偶，剛好適當地補充了在正式的勞動市場與非正式的家庭勞務之工作，成為社會階層下國際勞動力的一環（王宏仁，2001）。在聯姻的管道方面，臺灣男士與東南亞地區女性之婚姻多透過婚姻仲介，女性普遍為經濟弱勢，改善娘家經濟狀況成為她們婚嫁到臺灣的主要原因之一，部分男士以經濟優勢將這些外籍配偶視為「傳宗接代」的工具及廉價勞工，造成不平等的婚姻關係基礎（夏曉鵑，2000）。蔡雅玉（2001）則認為，此等跨國婚姻係鑲嵌在臺灣對中國採取「戒急用忍」政策與對東南亞的「南向政策」經貿關係當中，加上臺灣男性與女性間存在的「婚姻坡度」（marriage gradient）與仲介商的推波助瀾所致。隨著前述跨國婚姻家庭的數量為數漸增，相伴而生的文化調適、家庭互動，以至於親職教育等議題，俱成為近來各方關切的焦點。

一、外籍配偶的數量及其原屬國籍的分布情形

關於外籍配偶的數量與原生國籍方面，以外籍與大陸（含港澳）配偶人數言（如表 6-7-1），自 1987 年 1 月至 2019 年 12 月底止，外籍與大陸（含港澳）配偶總數有 557,450 人，其中大陸（含港澳）配偶計 366,714 人，占 65.78%，其餘外籍配偶計有 190,736 人，占 34.22%。跨國婚姻成為

表 6-7-1　外裔、外國籍配偶按國籍分與大陸（含港澳）配偶人數（1987 年 1 月至 2019 年 12 月底）

單位：人；%

總計	外籍配偶（原屬）國籍																		大陸、港澳地區配偶					
	合計		越南		印尼		泰國		菲律賓		柬埔寨		日本		韓國		其他國家		合計		大陸地區		港澳地區	
	人數	%	人數	%	人數	%	人數	%	人數	%	人數	%	人數	%	人數	%	人數	%	人數	%	人數	%	人數	%
557,450	190,736	34.22	108,997	19.55	30,483	5.47	9,126	1.64	10,102	1.81	4,339	0.78	5,154	0.92	1,786	0.32	20,749	3.72	366,714	65.78	349,132	62.63	17,582	3.15

資料來源：內政部移民署（2020）。

臺灣重要的婚姻型態，大陸（含港澳）籍配偶數占外籍配偶近三分之二的數量。在大陸（含港澳）以外的外籍配偶方面，原生國籍集中於越南、印尼、泰國、菲律賓以及柬埔寨等東南亞國家，約占整體外籍配偶比率達 29.25%；前述大陸（含港澳）與東南亞國家籍外籍配偶的原生國籍集中現象，成為近年臺灣跨國婚姻的新興趨勢。

其次，關於近年臺灣家庭的離婚人數方面（見表 6-7-2），以 2010 年至 2019 年的統計為例，近十年離婚人數呈現略降趨勢，無論離婚者是本國籍、大陸（含港澳）以及其他外國籍都呈現同樣的略降趨勢，其中以本國籍離婚人數的下降數量較緩，顯見跨國婚姻家庭的離婚人數並沒有較本國籍增加的趨勢。就平均人數言，本國籍平均每年離婚人數為 97,777 人，約占總離婚人數 89.13%；大陸、港澳地區者平均每年離婚人數為 7,088 人，約占總離婚人數 6.46%；外裔及外國籍平均每年離婚人數為 4,839 人，約占總離婚人數 4.41%。整體而言，新住民的離婚人數除逐年降低外，減少的人數與幅度甚至較本國籍離婚者為高。

二、新住民子女就讀國民中小學的情形

在新住民子女就讀國中、小學的數量方面（見表 6-7-3），以 99 至 108 學年度（2010～2020 年）為例，平均每年就讀國民中小學人數為 190,228 人，整體就學人數呈現先增後減的趨勢，其中 103 學年度達 212,057 人為最高，但 108 學年度快速減少至 153,000 人。在新住民就讀國中人數方面，

表 6-7-2　離婚人數按雙方原屬國籍分（2010 年至 2019 年）

單位：人

年別	總計							
		原屬國籍（地區）						
		本國籍	大陸、港澳地區			外裔、外國籍		
			合計	大陸地區	港澳地區	合計	東南亞	其他
2010 年	116,230	100,997	9,694	9,592	102	5,539	4,755	784
2011 年	114,016	99,862	8,740	8,628	112	5,414	4,723	691
2012 年	111,960	98,525	8,235	8,110	125	5,200	4,428	772
2013 年	107,208	95,117	7,277	7,144	133	4,814	4,122	692
2014 年	106,380	94,898	6,890	6,735	155	4,592	3,864	728
2015 年	106,918	95,818	6,521	6,354	167	4,579	3,923	656
2016 年	107,674	96,899	6,288	6,092	196	4,487	3,807	680
2017 年	108,824	98,024	6,094	5,892	202	4,706	4,040	666
2018 年	108,886	98,490	5,817	5,573	244	4,579	3,909	670
2019 年	108,946	99,139	5,323	5,068	255	4,484	3,778	706
平均	109,704	97,777	7,088	6,919	169	4,839	4,135	705

註：本表係統計離婚者之原屬國籍（地區），凡外國籍或大陸、港澳地區人士取得我
　　國國籍者，仍以其原屬國籍（地區）統計；外裔係指外國籍歸化（取得）我國國
　　籍者。
資料來源：內政部戶政司（2020）。

就學人數也呈現先增後減之勢，就學人數在 105 學年度達到高峰，之後就
學人數逐漸趨緩；另在新住民就讀國小人數方面，如前呈現先增後減之
勢，先在 101 學年度達到人數高峰後，近年人數減少的趨勢更為快速。前
述新住民子女就讀國民中、小學數量雖有消長，新住民子女就讀國中、小
仍占有相當的比重，但近年就學人數減少（尤其是就讀國小人數）的趨
勢，其中也包含新住民子女數量的快速減少。學校一方面關注新住民子女
的成長與學習狀況，另方面對於學生數量的快速消長情形，也亟需學校成
員積極對應。

　　在新住民子女就讀國民中、小學各年級的數量分布方面，以 108 學年

表 6-7-3　新住民子女就讀國中、小學生人數（99 學年度 ～ 108 學年度）

單位：人

學年度　　教育階段	國中小	國小	國中
99 學年度	177,027	149,164	27,863
100 學年度	193,062	159,181	33,881
101 學年度	203,663	161,970	41,693
102 學年度	210,278	157,647	52,631
103 學年度	212,057	147,013	65,044
104 學年度	207,955	134,482	73,473
105 學年度	196,587	120,430	76,157
106 學年度	181,456	107,486	73,970
107 學年度	167,190	98,060	69,130
108 學年度	153,000	91,388	61,612
平均	190,228	132,682	57,545

註：新住民子女認定以子女出生時，其父或母一方為居住臺灣地區設有戶籍國民，另
　　一方為非居住臺灣地區設有戶籍國民。
資料來源：行政院性別平等會（2020）。

度為例（見 6-7-4），就讀國中小的新住民子女整體數量為 153,000 人，國中部分以就讀九年級人數最多，國小部分則以就讀六年級者為最多，就讀人數有隨年級降低而呈現減少之勢。在父或母的原生國籍方面，依新住民子女就讀總數由多至少依序為大陸地區、越南、印尼、泰國、菲律賓以及柬埔寨等，其中大陸地區和越南所占數量為最多。另一值得關注的現象是，在子女就讀國中的數量方面，父或母的原生國籍為越南者多於大陸地區，但子女就讀國小的人數則呈現反轉趨勢，前述趨勢與近年臺灣跨國婚姻家庭的通婚型態改變有關，父或母的原生國籍為大陸地區者，將逐漸成為新住民學生的一大特性。

表 6-7-4　108 學年度新住民子女就讀國中、小人數統計──按國籍別分

單位：人

國籍	總計	國中					國小						
		計	年級			計	年級						
			7	8	9		1	2	3	4	5	6
總計	153,000	61,612	17,419	20,895	23,298	91,388	12,805	14,276	13,660	14,729	16,759	19,159
大陸地區	66,726	22,675	7,024	7,624	8,027	44,051	6,154	7,066	6,814	7,133	7,943	8,941
越南	56,437	27,363	6,991	9,417	10,955	29,074	3,812	4,204	4,072	4,637	5,632	6,717
印尼	12,194	5,248	1,476	1,654	2,118	6,946	964	1,076	1,036	1,128	1,258	1,484
泰國	2,872	1,067	340	364	363	1,805	268	275	277	308	302	375
菲律賓	3,503	1,312	403	469	440	2,191	337	363	339	368	398	386
柬埔寨	2,454	1,517	336	556	625	937	129	115	94	133	184	282
日本	1,407	371	138	123	110	1,036	167	197	182	152	173	165
馬來西亞	1,437	466	140	173	153	971	161	191	130	169	166	154
美國	1,033	234	81	80	73	799	146	152	134	128	139	100
南韓	678	189	75	52	62	489	102	78	68	85	79	77
緬甸	1,533	524	184	174	166	1,009	158	168	150	165	178	190
新加坡	180	39	12	13	14	141	20	27	25	19	28	22
加拿大	438	97	39	23	35	341	72	57	60	56	53	43
其他	2,108	510	180	173	157	1,598	315	307	279	248	226	223

資料來源：行政院性別平等會（2020）。

三、新住民接受親職教育可能遭遇的問題與困境

　　當前全球化的趨勢帶來了跨國人口移動與跨國婚姻的快速增加，對於移入國產生了多元文化的衝突，移入者則因進入全然陌生的社會與家庭可能產生適應上的困難，所出現的問題包括：語言、文化與生活適應不良、人際關係與社會支持網絡缺乏、感情基礎薄弱，婚姻缺乏互信，貧窮與就

業問題，子女養育與教養壓力及婚姻暴力問題等（張美惠，2012）。臺灣跨國婚姻家庭數量的攀升或許與他國的原因不盡相同，但遭遇的生活適應、婚姻經營、社會支持網絡欠缺等卻是新住民共同的困境。

　　當前臺灣的跨國婚姻家庭中，新住民多為女性，隨著婚姻移居來臺，在家庭教養多落入母職的社會文化下，接續而來的家庭生活適應與育兒教養等問題，對新住民都形成全新的挑戰。值得關切的是，新住民自身仍處於文化適應、語言隔閡，以及缺乏育兒教養知能之際，隨著子女出生之後的教養與生活適應等壓力並進，新住民的角色調適情況恐是最迫切的課題；其次，隨著子女進入幼兒園，教師都期待家長能攜手因應孩子的教養議題，希望家長能共同擔負親職教育的職責，但幼兒園與家庭間是否建構適切的聯繫網絡？教師對於新住民家長的生活適應情形是否完全理解？新住民家長是否擁有參與親職教育的機會等，都將是影響前述親職教育能否順利實施的關鍵。

　　為了解跨國婚姻家庭面臨親職教育議題可能遭遇的困難，洪福財、翁麗芳（2004）曾於新北市某區進行田野調查研究，經訪談教師歷來收托新住民子女的經驗並進入新住民家庭調查，歸結出該等家庭在與幼兒園的親職教育議題上，常見的問題或困難有五：

1. 新住民仍乏與本地銜接的基本能力：如仍有不識國字者，在推廣與溝通教養資訊時仍有問題。

2. 新住民即便想參與園務，但乏能力：除識得國字的因素外，家庭經濟、居住的地理環境等，都是影響新住民能否參與園務的相關因素；此外，如交通因素、因工作無法隨時參與或協助園務、缺乏參與家庭外事物的自由度等，都限制新住民參與的能力與機會。

3. 家庭對幼兒教養職責分工的偏執：在許多家庭中，母親仍被委以家庭教養主責，但其自身教養知能（此部分或有母親年齡與成長背景差異，不純然為國籍使然）與自主能力有限；其次，家庭成員（如公婆或先生）對於教養工作的期望不盡相同，有些家庭甚至限制新

住民的子女教養權力,造成成員間的關係緊張也連帶影響幼兒的教養;加上許多家庭的男性不願意與幼兒園溝通,造成新住民配偶在教養子女的困擾,也成為另一待解難題。

4. 居住的聚落分散增添教師家訪困難:新住民家庭所處的聚落分散,又部分新住民家庭的經濟狀況不佳,居住的地理區位相對處於邊陲,教師缺乏適切的交通協助將難以到達;加上幼兒園教師多為女性,在路途難以掌控以及考量教師安全等因素,使得教師想進行家庭訪問存在不小困難。

5. 新住民社會互動的機會遭相對剝奪:新住民受到自理能力或文化限制,社會互動的機會受到限制,較難藉由社會互動獲得教養資訊或支持。該研究指出,由於地區幅員廣闊,幼兒園未能普遍分布,部分家庭與幼兒園的地理區域相距遙遠,限制新住民的社會互動;其次,交通自理能力不足,外出必須仰賴家中成員協助,加深互動難度;再次,家庭成員對新住民參與社會互動或有擔憂及戒心,但同時缺乏了解或改變的動力,形成另項限制因素。

新住民在生活適應狀況未臻理想、家庭賦予不適切的子女教養職責、缺乏育兒經驗與教養子女的知能、日常生活缺乏討教對象、社會互動機會缺乏導致教養支持網絡不全,以及因缺乏充分準備而對自己角色實踐的擔憂等問題,在前述田野調查結果中一一呈現。當幼兒的教育及成長成為家庭期望的核心,新住民對自身育兒知能的困頓及子女發展擔憂也逐漸加劇。是以,如何協助新住民解決前述難題,強化跨國婚姻家庭與幼兒園之間密切聯繫以落實親職教育,誠為現階段應予正視並積極研擬對策的方向。

丘愛鈴與何青蓉(2008)曾就新住民教育現況、特色與困境進行調查研究,並分五個面向就新住民教育的後續推動提出建議,頗值得參考:

1. 調整目標設定的內涵:有鑑於新住民發展涉及個人學習、家庭生活與工作面,建議了繼續辦理新住民識字教育課程與家庭教育外,並

應增加職業訓練面向的目標。同時，在強化新住民個人學習、家庭
生活與職場學習系統化的教育目標之規劃，亦應強化國人對新住民
之同理認識，促進在地國際文化交流與融合。

2. 維持常態性經費編列：建議教育部、內政部以及各縣市政府每年編
列固定經費，讓各該新住民教育機構能有長程與系統性的規劃，以
持續辦理相關的進修或成長課程與活動，以發揮新住民教育的功
效。

3. 課程設計與實施宜多元化以符合實需：新住民機構宜強化「親職教
育」、「職業訓練」的課程與活動。為輔助前述教育目標和課程活
動的開展，應提供充分的師資與志工培訓的課程，並且強調多元文
化教育的內涵。同時，針對目前「參與活動或修課人數不多」之困
境，可彈性地採取中心學校或跨校方式、開闢網路或視訊教學、增
加子女臨時托育服務或課輔服務等，以鼓勵新住民繼續學習。

4. 增列輔助推動的人力：教育行政機構宜增加新住民教育機構的專業
行政人力，同時建立新住民師資人才資料庫，招募退休教師、志
工、新住民教師、學者專家等人員，共同加入新住民教育推動工
作。

5. 營造多元且便利的支持環境：教育行政機構與民間單位宜獎助各教
育機構設置新住民教育諮詢專線、架設新住民教育專屬網站、出版
新住民專屬刊物等，以協助新住民各項生活適應需求。

四、跨國婚姻家庭的親職教育實施重點與策略

面對跨國婚姻家庭的親職教育問題，一方面呼籲政府應建構適切的教
養支持網絡，協助前述家庭消解若干結構性因素的桎梏外，幼兒園教師也
應積極面對並構思解決策略，協助新住民子女獲得良好的教保照料。對於
跨國婚姻家庭的親職教育實施重點與策略，茲建議如後：

（一）親職教育的實施重點

幼兒園對於跨國婚姻家庭的親職教育實施重點，應在於提供家長即時的幼兒教養資訊，並引發家長對參與子女教育的關注。

在一般的家庭中，母親常是家庭的子女教養主要負責人，但新住民一方面面臨子女教養的議題，同時在自己的生活與角色調適方面仍處於待成長及適應的狀態，幼兒園教師對於此等家庭的情形與新住民可能面臨的困境應有所掌握與了解。其次，對於跨國婚姻家庭實施親職教育時，儘量邀請或納入新住民以外的家庭成員，鼓勵家庭其他成員提供新住民及其子女更多的教育協助，讓新住民免於獨自承擔子女教養職責外，亦有益於此等家庭成員間的互動與相互理解，對子女的教養將有更大的幫助。總之，在親職教育的重點方面，幼兒園應積極地喚起新住民及其家庭成員對子女教養的責任與共同關注，盡力協助跨國婚姻家庭成員的共同成長，以利親職教育的推動。

（二）親職教育的實施策略

對於跨國婚姻家庭的親職教育實施策略方面，茲提出四項建議如後：

1. 建立與家庭聯繫的有效管道並確認訊息有效傳遞

由於新住民多為子女教養的主要負責人，但新住民與家庭成員間的角色互動與職掌分工未必明確；另方面新住民雖負擔子女教養之責，卻未必擁有決策之權，故子女教養的訊息，仍須透過其他家庭成員的了解與支持方能順利落實。有關於新住民的語言能力、家庭的育兒分工、家庭成員間的訊息傳遞管道，以及家庭對幼兒園的教保期望等，教師應透過與家庭互動的機會，詳細地了解家庭的實際運作情況並妥善記錄，建立與家庭聯繫的有效管道，隨時確認各項互動訊息的傳遞狀況，保持親師間的良好互動。

2. 採文字、電訪及親訪等多元方式進行親師聯繫

　　多數幼兒園習慣以文字為單一的親師互動媒介，這種溝通方式對教師雖然方便，但卻未必能產生具體效益。溝通必須依據對象進行適性的調整，假使新住民不習慣以文字聯繫或對於文字語意的理解相對有限，教師在聯繫方式上有必要採取電話訪談、親自家訪，或尋求其他家庭成員共同參與訪談等多元的方式以為彌補。教師在幼兒入園時，應掌握家庭主要成員的聯繫方式（如工作場所及家庭的電話號碼），了解家庭成員習慣或偏好的聯繫方式與時間，同時提供家長便利的聯絡方式，以利親師間互動。

3. 提供家長便利的親職教育與相關協助訊息

　　協助家庭成員提升親職教育的相關知能，是根本的解決之道。幼兒園可以協助辦理家長成長班，藉此提供家長便利的入園機會並熟悉幼兒園的教保運作。幼兒園除了透過正式管道發布進修訊息外，也可以透過教師主動提供家長訊息並就近了解家長的參與意願；其次，透過訊息的密切聯繫與互動，亦有助於教師與家庭成員間建立暢通的互動管道及信賴感，對親職教育的實施更添助益。

4. 必要時應尋求社福體系的協助

　　在建立與家庭密切且有效聯繫網絡之餘，教師藉由平時互動盡可能對於新住民的生活適應狀況加以關切，了解其適應情況與是否存在待協助之處；若有生活適應困難、家庭經濟狀況待救急等情況，教師除能掌握具體狀況外，必要時應代為尋求社福體系的協助，共同協助家庭功能的正常運作，使新住民家長能早日融入生活適應，將有益於其子女獲得良好的教養機會。

研究題目

1. 名詞釋義

    (1)單親家庭

    (2)重組家庭

    (3)收養家庭

    (4)隔代教養家庭

    (5)有身心障礙子女的家庭

    (6)雇用外勞照顧子女的家庭

    (7)跨國婚姻家庭

2. 試述幼教老師對前述(1)～(7)的親職教育重點與方法。

延伸活動

1. 請訪問本章七種家庭型態之任兩種,訪談記錄其遭遇之問題,並提出對家長之具體建議。

2. 請選擇七種家庭型態之一,依其需求設計幼兒園親職教育活動,前述設計要包含活動目標、活動內容、需要資源,以及成效評量等。

幼兒園親職教育方案的內容、規劃與實施

蔡春美、洪福財

■ 第一節　親職教育方案的內容

■ 第二節　親職教育方案的規劃

■ 第三節　親職教育方案的實施

　　本章旨在介紹幼兒園親職教育方案的內容、規劃和實施，除從學理探討親職教育方案的內容與規劃方式外，另進一步說明親職教育方案的實施方式與原則。本章計分成三節，首先，探討幼兒園親職教育方案的內容；其次，說明幼兒園親職教育方案的規劃與作法；最後，分析幼兒園親職教育方案的實施方式和原則。

第一節　親職教育方案的內容

　　中小學推展親職教育方案已有一段歷史，不同時期在方案內容著重的焦點上各有差異；幼兒園推展親職教育方案的時間雖然起步較晚，但由於幼兒教育階段亟需家庭與幼兒園的互動與合作，幼兒園推展親職教育方案的需求與其他教育階段別都同樣殷切。

　　依據《家庭教育法施行細則》（2020）第 2 條第一項，親職教育係指增進父母或監護人了解應盡職責與教養子女或被監護人知能之教育活動及服務。傳統上，學校教育將親職教育的焦點特別置於特定的家長教養行為方面，例如管教孩子的方法、指導作業或親子共同閱讀等，目的多為教導家長在家可以使用的技巧與策略，以增強其子女的認知或學業能力。在幼兒園的親職教育方面，有些幼兒園設計的內容是有關協助家長如何改善子女的就學準備度，內容方面還有許多集中在幼小銜接的教育或教學策略；另有些幼兒園的親職教育方案則會以低收入或低教育水平的家長為對象，希望針對特定族群的家長進行親職教育機會的補強，以協助提升幼兒的學習成效。

　　隨著各界對家長參與教育的重視，親職教育的概念也出現變化，傳統以特定家長為協助對象的教育活動或服務，逐漸擴展到一般家長為對象。例如 Smith、Perou 與 Lesesne（2002）便認為，親職教育的目的除增進父母的行為外，另應促使子女有正向的發展，前述父母並不以特定家長為限。張再明（2015）指出，親職教育是由專家設計的一系列有系統的教育

活動或方案，係以父母或主要照顧者為對象，提供兒童發展及教養的知識、技巧，及為人父母的情感與任務；親職教育的目的在於增進或改變父母角色的實踐，協助孩子的發展與能力培養，並正向影響家庭的滿意度和運作。由前述觀點可見，親職教育的對象已逐漸擴展至所有家長，幼兒園為協助家長實踐角色與育兒任務，有利於協助孩子的成長與家庭運作，所提供的教育活動或方案均稱之。

有效的親職教育方案能增進家長及主要照顧者的親職知識、技巧及情感，有助於提升親職的成效；反之，無效的親職教育方案除浪費時間、經費與社會成本外，尚且有負面的效果。例如，Patterson 與 Chamberlain（1994）即指出，如果家長接受了未經驗證且無效果的服務，他們可能會認定這些處遇無效，因而不再尋求參與其他的親職教育方案（引自張再明，2015）。對幼兒園而言，當家長充滿熱情或動力參與親職教育方案，是一個良好且值得珍惜的起點，但如果家長未能從相關方案感受到實質獲益，不僅效果將大打折扣，未來對於參與親職教育更可能裹足不前。

Powell（2005）指出，相關文獻發現，親職教育最有效的方案是能明確聚焦於親職技巧及發展知識的方案。有關親職教育方案評估的報告發現，有充分的證據顯示，以親職技巧為主的方案確實能展現成效，提升親職技巧對父母及子女均有良性的效果（Moran, Ghate, & van der Merwe, 2004）。換言之，親職教育方案若能著重於家長監督、溝通與情感表達的技巧，以互動方式（例如角色扮演）提供家長演練這些技巧的機會，不僅能提升親職踐行的效益，更有助於子女的正向發展（張再明，2015）。是以，如果親職教育方案能著重在家長親職技巧的傳遞，並提供家長演練親職技巧的機會，對於親職教育方案的成效提升將有所幫助。

有鑑於此，良好的親職教育方案成效繫於適切的方案內容，各項親職教育方案的實施，有賴於良好的規劃、實施以及成效評估，才能讓親、師、生，乃至幼兒園都能多方受益。衡諸各種親職教育方案，可能透過研究計畫、幼兒園、學區、社區組織、營利團體個別諮詢等方式提供，茲分

項說明如後：1

一、側重家長角色或教養行為的方案取向

　　Tavormina（1974）曾經檢視親職教育領域的相關研究發現，大多數的方案取向可以歸納為反省式與行為式兩種（Hornby, 2000：92）：

（一）反省式的親職教育方案

　　主要關注家長的情感需求，旨在幫助家長了解並處理自身的角色，進而改善他們與孩子間的關係。此種方案重在家長角色的澄清與自省，尋求家長角色的適切定位以利推動親職教育。

（二）行為式的親職教育方案

　　旨在教導家長有關行為改變的技巧，進而促成他們對孩子行為的管理並改善親子關係。此種方案以親職技巧或兒童行為改善為目標，讓家長在短期之內學習兒童行為的應對，可在家自行且有效率地應用。

　　Tavormina（1975）在後續的研究也指出，方案如能兼採前述兩種取向，能發揮最大的效益（Hornby, 2000: 92）。因此，親職教育方案無論是偏於知識技能的傳遞或行為的改善，抑或是僅重親子角色的反省，其成效各有所限；故親職教育方案的規劃，應能同時兼顧家長情感的支持與行為改變技術及教養知能的練習，並且提供家長支持性的學習環境，較為適當。

二、依社區心理衛生觀點區分的方案取向

　　有學者從社區心理衛生三級預防的觀念，將親職教育的研習重點，分成下述三類（林家興，1997：22-27）：

（一）初級預防（primary prevention）的研習課程

是指在孩子問題與親子衝突尚未發生之前所做的預防工作，主要項目內容有三：

1. 關於兩性與婚姻的課程。
2. 關於親子關係與子女管教的課程。
3. 關於經營家庭生活的課程。

（二）次級預防（secondary prevention）的研習課程

是指在孩子問題與親子衝突發生之後所做的努力，目的在於早期發現、早期解決，避免問題的惡化。

（三）三級預防（tertiary prevention）的研習課程

是指對有嚴重親子問題和子女問題的家庭所做的努力，其目的在於減少身心功能的喪失。

前述從社區心理衛生的角度分析親職教育內容，是另一種看待親職教育的可行面向，但所需求人力及資源等支持，顯然不是幼兒園所能獨力擔負的，須整合幼兒園及其他社會教育機構的協助，方能達成前述親職教育的預防或治療等功能。前述規劃有賴政府或全國性的組織，從資源整合的角度，預防性地就親職教育可能面對的情境加以釐清可能的問題與需求，進而規劃一系列的課程，或將前述課程規劃成進階性的課程模組，提供不同需求的家庭推展親職教育之用。

三、以促進學科學習的傳統方案取向

學校推廣的傳統親職教育方案內容焦點，有部分在認知學習，部分在親職的教養行為，其他則可能是關於閱讀或其他學科的輔導。嚴格說來，

多是在協助學生能在學校有良好的學習表現。茲將傳統的親職教育方案內容分述如後（Kellaghan et al., 1993: 97-99）。

（一）語文互動

最常使用在中小學的親職教育計畫，旨在增加孩子的語文互動量，或改善其品質。例如教導家長如何增加複雜語詞的使用或使用更高層的語言和孩子溝通；在使用這些語詞的過程中，相當重視家長所學習到和孩子溝通的語調及反應。如許多學校會辦理「聽懂童言童語」主題的親職座談，即屬此類。

（二）親職教養行為

許多方案提供教材供家長在家裡使用，或教家長如何與孩子互動，以及如何教孩子語言溝通或問題解決的能力，代表方案之一如「親職教育接續計畫」（parent education follow-through project）。這些方案提供在家學習活動的指引，是用來補充或擴充課室的學習，結合家庭材料及學校活動到學習情境裡，重點在學習的過程而非結果。如許多學校辦理以「做孩子成長的朋友」為題的演講或工作坊，即屬之。

（三）閱讀

親職教育方案最常見的策略之一，就是讓家長變成孩子在家庭裡閱讀的榜樣，以成為孩子閱讀的促進者。由於孩子離開學校後的閱讀行為與其在學校表現有極強的關聯，所以增強家長有關鼓勵孩子閱讀的能力就顯得更加重要。在此方案中，家長可以採取非常多元的方式，例如：Silvern（1985）曾定義五種類別：(1)唸書給孩子聽；(2)唸書時同時有一些互動行為，如發問；(3)孩子輕易的取得閱讀材料，並看到家長閱讀的模範；(4)回饋與期望，給予讚美及增強；(5)指引與教導，近幾年強調「親子共讀」的議題推動即屬此類。

（四）其他學科

　　近來也看到一些鼓勵家長參與孩子數學及科學學習的親職教育方案，有不同程度的親子共同加入，或由學校寄發不同的材料，讓家長幫助做這些學科的家庭作業。如許多學校辦理「和孩子玩科學」的親子活動即屬之。

　　前述親職教育的內容主要為協助家長熟習一些技巧及技能，協助其子女能完成學校要求的學習表現，藉由親師合作以提升孩子的學習表現為目的。但學校教育的目的不僅在促成學生在學校有良好的學習表現，同時要協助其在學校以外的環境也得到良好的教育，以教養學生成為一個良好的社會人為目標；因此，學校推廣親職教育除前述協助學生在校的學習表現外，也應協助家長有妥適的教養知能與經驗，以提供孩子良好的成長環境。

四、以滿足家長需求為重點的方案取向

　　除了從學校學習的角度規劃親職教育內容外，下列兩位學者從家長需求角度提出對親職教育內容的看法，茲分述如下。

1. 鍾思嘉（1993）從家長需求的角度，提出親職教育的內容應該包含下述四個層面：
   (1) 配合學校教育，以增強教育的功效。
   (2) 針對當前父母所需，助其解決疑難。
   (3) 引導父母加強親職教育功能，以促進家庭和諧。
   (4) 另將親職預備教育納入學校正規課程。
2. 井敏珠（1995）也從教養子女需求的觀點，提出親職教育的內容主要包含五大項目：
   (1) 親職教育的基本任務：

①對子女的養育工作。

②提供子女心理上的安全感。

③培養子女良好的生活習慣與行為規範。

④建立子女正確的學習態度。

⑤培養子女健全的人格。

⑥提供子女經濟支援和社會資源的運用。

(2) 教養子女的專業知識與方法：

①教養子女的專業知識，如兒童心理學、社會學、教育學以及醫學等相關知識。

②教養子女的方法：

　A. 維持和諧親密的親子關係。

　B. 循循誘導子女成長。

　C. 運用合理的獎懲建立子女良好的學習行為。

(3) 父母對學校教育應有適當態度。

(4) 協助子女的家庭適應。

(5) 提供為人父母的準備。

　　前述學者主要從學校與家庭的關係，以及家長的教養任務與需求等面向分析親職教育的內容，其內容包含學校及家庭生活等層面，不僅在支持學校教育，也提供家長與即將成為家長者所需的教養知能，以協助解決當前遭遇的教養困難，促進家庭的和諧發展，提供學生健全的成長環境。

五、以親職內涵為課程規劃重心的方案取向

　　王婉屏（2006）分析學者對於親職教育的課程規劃內涵之看法，歸納出親職教育的內容應包括下述四個層面：

（一）自我認識與父母角色、職責的認知與學習

親職教育目的之一是提供父母再學習機會，一方面學習好的父母角色，另一方面則積極建立自我形象，進而認同父母角色與再學習。因此，研究者認為在父母的自我認識與其角色、職責的認知與學習領域中，應該包括以下內容：父母對自我的認識、自我形象的建立和了解父母的職責角色及重要性。

（二）教養子女的專業知能與態度

子女的人格與價值觀主要受父母教育方式所影響。因此，為人父母者除了應多方涉略教養子女的專業知能，還要有健康的態度來教育子女，如此才能培養出健全的子女。在這個層面，研究者認為應包括以下內容：了解兒童各階段生心理發展特性與需求、了解管教子女的方法、明瞭親子互動方式與技巧、如何指導性教育、如何指導子女交友、了解並預防青少年的偏差行為及適應問題。

（三）學校教育的參與和互動

若能適度結合家庭教育與學校教育，那麼這兩項教育自然能在孩子身上產生預期的效果。要使這兩種教育連貫，必須在兩者之間有頻繁的接觸，以使父母和老師間能資訊交換、教育理念溝通與資源共享，建立夥伴關係，而這些互動則需仰賴親職教育中的「父母參與」來達成。研究者認為子女學校教育的參與和互動應包括以下內容：父母對學校應有的態度、親師溝通的管道與方法、了解親師如何合作、了解父母對子女學校教育的權利義務、如何協助子女適應學校生活、如何指導子女學習、了解學校活動並積極參與、吸取如何協助子女升學的資訊。

（四）家庭經營的溝通、計畫與管理

　　幸福的家庭不是一朝一夕就能形成的，從婚前的過程到婚後家庭生活週期的適應，在在都關係著家庭的幸福，因此幸福家庭的經營技巧是不容忽視的。研究者認為家庭經營的溝通、計畫與管理，應包括以下內容：了解家庭的意義及影響、營造良好家庭氣氛的知能與技巧、家庭經營與規劃、了解健康、財經方面的資訊等。

　　由前述親職教育內容的論述可知，親職教育涵蓋的範圍極廣。幼兒園在確定推廣親職教育方案的內容時，除應先了解前述內容，同時應務實地掌握幼兒園所能提供的專業人力與資源、幼兒園成員專業知能涵蓋的範圍及可能得到的社會支持與協助等，再決定幼兒園所能提供的親職教育內容。此外，親職教育方案的內容應不僅止於知識技能的傳遞，同時也應包含家長對教養角色的反省以及良好親子互動態度的養成等。

第二節　親職教育方案的規劃

　　豐富並顧及家長需求的親職教育內容，是促使家長主動投入親職教育活動的主要誘因，如能配合適切的規劃，將更有助於親職教育方案的推動。親職教育方案，旨在健全家長教育觀念以及協助家長解決子女教養問題，其中又以協助家長解決子女教養問題的情形最為常見。老師常會抱怨：「最想見到的家長總是最少出現在學校！」尤其在社經地位相對低落與大部分孩子都有特殊需求的學校，這些抱怨更是時有所聞（Hornby, 2000: 1）。這些家長中有部分屬於親職教育的「高危險群」（high-risk group）[2]，更待學校主動發掘，進而予以必要的支持與協助。

一、規劃方案要注意老師與家長間的互動障礙

老師常慨嘆:「該來的沒來!」這種現象普遍存在於學校推行親職教育的過程,究其發生的原因,主要還是源於老師與家長間可能存在的各項互動障礙。Lombana(1983)曾指出,老師和家長關係大部分的障礙可以歸納成下述三大類(邱書璇譯,1995)。

(一)因人性引起的障礙

此種障礙係個人為求保護自我形象,將任何可能威脅到個人自我形象的觀點都視為一種障礙。常見的幾個與保護自我形象有關的恐懼,諸如:

1. 批評的恐懼。
2. 隱藏在「專業」面具下的恐懼。
3. 失敗的恐懼。
4. 差異的恐懼。

(二)因溝通過程引起的障礙

此種障礙係源於各種溝通訊息可能因發送或接受端的態度與詮釋不同而形成誤解,可能的障礙諸如:

1. 對角色的反應。
2. 其他的情感反應。
3. 個人的因素。

(三)因外在因素引起的障礙

此種障礙係源於教師及家長所處情境因素所造成的誤解,可能的障礙諸如:

1. 時間。

2. 忙碌。

3. 父母參與的舊式觀念。

4. 管理政策。

5. 個人問題。

幼兒園作為親職教育的發起者，必須先行評估並盡力排除當前推廣親職教育存在的各項障礙，或在規劃親職教育方案時，納入排除前述障礙的活動，以利落實親職教育方案的成效。

二、擬定親職教育實施計畫應考慮事項

親職教育的規劃與推展是幼兒園的重要工作，由於幼兒的背景不一，從幼兒園到中小學，孩子的年齡也不相同，對其家長之親職教育若沒有周詳的計畫，則效果必差；若能就各校的社區情況研擬計畫並逐項實施，則較能獲得良好之效果。一般而言，擬定親職教育實施計畫應考慮下列事項（陳娟娟，1991；蔡春美、張翠娥、陳素珍、廖藪芬、陳美君，2020）：

1. 現階段本園親職教育目標為何？父母參與的層面如何？哪一種活動應優先辦理？家長最關心的事項為何？

2. 幼兒園經費有多少額度可以列入計畫？人力資源、空間資源及社會資源各有若干？如何調配？

3. 幼兒園人員是否都能參與計畫的擬定過程？如需透過會議則如何安排，使參與人員能參與意見達成共識。

4. 是否確實考量一切因素？如哪一天最可能有較多家長參加？家長如帶孩子來，則孩子如何安排照顧等。

5. 家長對計畫所安排之各項活動有何意見？

6. 如何評估家長對親職教育活動之滿意度？

三、親職教育方案實施計畫之要項

通常一份周詳完整的親職教育方案實施計畫之內容，至少應包括下列六項（蔡春美等，2020）。

（一）目標

親職教育實施計畫的目標可以和幼兒園的教育目標相配合，再依據各園的需要決定簡明清楚的目標，一項或兩三項皆可。如為國小或中學以上學校附設幼兒園，則應考慮配合所屬學校的教育目標來擬訂親職教育實施計畫的目標。

（二）對象

全學年或全學期的親職教育對象，當然以全校或全園的家長為主，但分項的活動則可分為大班、中班、小班、幼幼班，甚至亦可分專為單親家庭辦理或三代同堂家庭辦理的活動。實施親職教育的最大困難是：教養方式較差、對學校教育態度不適當的家長，是最少參與親職教育活動者。事實上，他們大部分根本就不參加；少數參加的情況是被動的成分多於主動的成分。在計畫時，注意親職教育方法彈性化，使活動具有吸引力，設法提高家長參與率，才能達到目的。

（三）活動方式

全學年或全學期的計畫，可將活動方式大要列出，如為某一次的親職教育活動，則須針對該次活動性質做較詳細的說明，包括活動程序、每一步驟所需時間、如何展開活動、如何結束活動……等都須仔細規劃。

（四）人員

原則上，全園或全校的教職員工都是親職教育推展的人員，但為分工

合作起見，在實施計畫中應列出將運用哪些人員，任務如何分配，有否校外社區人士參加；如為講座方式，則須列出聘請主講的學者專家姓名及簡歷，還有主講的題目。

（五）經費

在整學年或學期的實施計畫中，估計每次需要多少經費？一學年辦八次則大約需多少經費？有的幼兒園是全學年的也要求列出細目預算表，有的是每次活動再詳列即可。因為經費的支出直接影響全園的財務運作及舉辦活動規模的大小，故須在計畫中列出。

（六）效益的預估

此乃所有計畫的關鍵所在。全年度或上學期或某項親職教育實施計畫預計達成的效果是什麼？可分項或綜合的敘述，以做事後檢討改進的依據。

有些計畫內容也會列出活動策略或活動特色，如能有量化的事實資料列入，能使計畫內容更為確實，更提高親職教育的可行性。親職教育方案實施計畫貴在具體可行，老師須在這方面多充實自己，從經驗與觀摩中獲得成長。通常在年度評鑑項目中，列有專項以考評幼兒園親職教育實施計畫與推展情形，有關實施計畫、活動設計實例與成效評估，請參閱第八章。

第三節　親職教育方案的實施

關於親職教育方案的實施方式與原則，茲分述如後。

一、親職教育方案的實施方式

（一）實施方式受到方案目的所影響

親職教育方案會因目的、對象以及內容特性等因素而有不同的實施方式。例如：若依父母功能障礙的程度及親職教育的專業性質做劃分，其實施方式大致可分為親職教育、親職訓練以及親職治療（曾端真，1998）；如以實施對象人數、互動型態，以及內容的專業性等劃分，實施方式可分為四大類型（林家興，1997：123-135）：

1. 個案方式：包含個別指導、個別諮商、個案管理。
2. 團體方式：包含單次舉行的團體方式、系列式的團體方式、持續式的團體方式。
3. 家訪方式：家訪指導、家訪諮商、家訪個案管理。
4. 其他方式：以大眾媒體實施親職教育、透過學校的訓輔工作實施親職教育。

就親職教育的目的言，若依積極性的預防或消極性的治療等做劃分，實施的方式有一般性的親職教育、親職訓練及親職治療等；依實施者的目的劃分，可分為指導、諮商以及管理等實施方式；依實施對象[3]的人數言，可分個別及團體等方式；依實施的互動型態言，可分為主動訪視、非主動訪視，以及藉由大眾媒體非親自接觸等方式；依方案的內容劃分，可分為技能、認知及情意等三種方式。可見實施方式受到目的、對象以及方案內容特性等因素影響而有不同的劃分方式。

（二）幼兒園常見親職教育的實施方式

儘管親職教育的實施方式會依劃分標準而有不同，但具體而言，幼兒園欲落實親職教育的各項內容時，可採行下述方式規劃實施（臺北市政府

圖 7-3-1　團體方式實施親職教育，其成效頗受肯定

教育局，1991）：

1. 演講：請學者專家蒞校講演或校內同仁擔任。

2. 座談：問題討論、經驗分享。

3. 參觀：教學參觀、社會資源機構參觀。

4. 晤談：個別晤談、團體晤談。

5. 研習：親職教育課程研習。

6. 出版刊物：單張、摺頁、報紙、雜誌、專書等方式。

7. 諮詢專線：設於輔導室或導師室，或提供其他諮詢專線服務（如師
　　大或教育大學的特教諮詢專線、輔導諮詢專線）。

8. 成長團體：組織成長性或矯治性團體，以提升親職教育功能。

9. 家庭訪視：電話聯繫、約談家長、家庭拜訪。

10. 親子活動：趣味競賽、親子營、親子郊遊、親子溫馨時間。

11. 幸福家庭教室：烹飪社、插花社、韻律社、合唱團等才藝研習團
　　體。

12. 家庭聯絡：利用日記、週記及聯絡簿，以及 LINE、e-mail、

Facebook 等媒體。

13. 提供資訊：親職教育書籍、錄音帶或雜誌、親職教育活動消息。

14. 學藝活動：配合節慶（如母親節、教師節）舉辦合唱比賽、詩歌朗誦比賽、卡片製作等競賽活動，並邀請家長參加。

（三）親職教育方案實施方式的分類

王婉屏（2006）曾就親職教育實施方式的相關文獻進行研究，發現學者對親職教育實施方式各有不同關注的面向，茲就相關研究的分類可彙整為以下六大項目：

1. 以親職教育的實施對象區分

此種分類主要分為團體與個別。對象若只是一個家庭的父母則屬於個別的；但對象若超過兩對以上的父母則可稱為團體型態。而團體型態主要有研習會、演講、座談會、團體諮商及成長團體、親子聯誼等；而個別型態則有個別座談、諮商、家庭訪問、家庭聯絡簿、電話諮詢等方式。

2. 以親職教育的實施地點區分

主要分為家庭本位與機構本位。所謂家庭本位的親職教育常發展於較偏遠、參與意願低落或需要早期教育的家庭，其特色就是將專業人員請到家庭中，一方面協助特殊兒童，另一方面也訓練家長輔導特殊兒童。機構本位的親職教育，則是在機構或學校進行。其常由父母定期到機構或學校與專業人員見面，共同討論子女的教養問題，透過專業人員的輔導或訓練，才將所學得的教養知能應用在子女身上。

3. 以親職教育的溝通方向來區分

這種區分方式主要分為靜態與動態。靜態的親職教育屬於學校單方面提供資訊給家長，主要的方式有文字通訊與電子通訊、親子講座、布告欄、家長手冊與聯絡簿等方式。而動態式的親職教育乃是透過活動的舉

辦，增加親師間的互動，其方式包括父母成長團體、親子活動、家庭諮商、家庭訪問等。

4. 以親職教育的面臨問題及介入的程度區分

此種觀點區分又可分為四個層次，第一個層次是大眾媒體，提供一般親職教育的訊息，第二個層次為親師互動，是對個別教養問題之請教，第三層次和第四層次則分別為有系統的團體課程和心理治療諮商。

5. 以人和物來做區分

此類區分親職教育的實施方式有兩類：一為以「人」來推廣親職教育，主要方式有演講、訪問、研習和座談。二為以「物」來推廣親職教育，主要方式有刊物法、廣播法、函授法及視聽法。

6. 以接受親職教育的對象區分

這類主要分為開放性與結構性的親職教育。開放性的親職教育，採大眾傳播媒體來宣導推廣教養子女的基本知能為主，因此較通俗，參與對象並不限制，只要是父母或有興趣者皆可參加。而結構性親職教育則需考慮到對象的特殊需求，因此內容規劃需針對家長的特殊需求來設計特定的親職教育內容。

從前述親職教育實施方式的分類觀之，實施方式可以是高結構式或開放式、個別或團體、介入或非介入型態、面對面接觸或採數位遠距等形式不等，可見親職教育的實施更強調家長的需求、可用資源以及提供者的能力等因素。可以預見相關的實施方式將隨著家長需求、社會變遷以及科技改變等，會有更多不同型態的轉變。

（四）採取團體形式實施親職教育方案的優缺點

就前述親職教育實施的方式，最常見以演講、參觀、座談或成長團體等方式為之，這些多屬於團體形式。G. Hornby 曾經以他自己 1980 年代在

紐西蘭奧克蘭的實務經驗為例：他當時針對特殊學校一些學習困難學生的家長，提供一系列親職教育團體工作坊形式的服務，前述親身經歷讓他體會到團體親職教育方案對於家長所提供的指引與支持的正面助益。團體形式的好處有以下五點（Hornby, 2000: 86-87）：

1. 家長藉由與他人互動的過程，了解遇到相同問題的不只他一個人。
2. 藉由團體成員的經驗交流及支持，幫助他們對於為人父母感到更有自信。
3. 在團體中，成員可以對於個別家長所遇到的特殊難題，依其經驗提出解決的建議。
4. 對老師而言，團體形式可以協助的家長人數遠較採取個別形式為多。
5. 團體形式可較個別形式省時，省下來的時間可以多聘其他領域的專家參與指導及分享經驗。

雖然有前述五項優點，但团体方式仍有三項可能的缺點：
1. 部分家長容易缺少安全感。
2. 為了讓更多家長參與，可能要用到晚間或假日的時間，如此將壓縮老師的家居及休閒時間。
3. 團體形式較個別形式需要更多的相關技巧及知識，在實施團體親職教育前，老師必須事先培養相當程度的能力。

（五）採取團體方式實施聞名的親職教育方案

儘管以團體方式實施親職教育仍有許多限制，但總括來說，團體方式在實施成效、對教師的負擔、服務對象人數等方面，均為幼兒園可行的型態。歷來也有許多以團體方式實施的著名親職教育方案，茲擇數項廣受重視的方案介紹如後（Hornby, 2000: 90-91）：

1. 家長效能訓練（parent effectiveness training, PET）

　　T. Gordan 在 1970 年出版了一本同名暢銷書，這是在西方世界廣為傳布的一種親職教育方案，參與的家長人數眾多，方案的目的在促進親子間的溝通並改善他們之間的關係。在形式上，是由一位受過 PET 團體訓練的領導人帶領 10～12 位家長，課程全長為八週，實施的方法包含由領導人解說、帶領角色扮演、參加人員圍成圓形進行討論。

　　此方案所關注的親子關係有四：(1)教導家長傾聽，改善他們傾聽孩子心聲的能力；(2)教導家長表達感情，多用「我」而不用「你」這種類似責備的語句；(3)教導家長釐清問題的能力，以利家長辨別哪些是自己的問題，哪些問題應該留給孩子處理；(4)如果問題是屬於親子雙方的，另教導家長「無漏失問題解決法」（no-lose problem solving），使用六個步驟解決問題，以化解可能的衝突。此六個步驟如下：

(1)認清並界定衝突。

(2)尋找各種可能的解決辦法。

(3)評估這幾種辦法。

(4)決定何種辦法最合適。

(5)尋求實行此一辦法的途徑。

(6)追蹤評估實行後的效果。

2. 行為團體訓練（behavioral group training, BGT）

　　BGT 是以家長行為訓練（parent behavioral training）的原理延伸到家長團體中運作，這種方法廣泛地用在有行為問題及特殊需求孩子的家長上，旨在教導家長有關行為分析的原理與實務，以改善對子女行為及學習困難等的管理。典型的 BGT 由一位受過行為主義訓練的心理學家帶領 6～12 位家長，課程為期 8～10 週，領導人所使用的訓練技巧包含：講演、模仿、角色扮演、使用家長訓練手冊、討論以及指派家庭作業等。

　　BGT 包含對適當行為正增強的概念，也可討論家長能使用的不同類型

增強物以及有效使用的制約情形，同時包含其他增加適切行為發生的技巧，如刺激操弄、隨機連結。此外，亦包括用來減少不當行為的技巧如差別增強、抑制等。最後，對特殊需求孩子的家長也可用來教導一些發展新技巧的方法，如工作分析、行為塑造以及反向連結等。

3. 其他親職教育的形式

其他著名的團體親職教育形式，如有效親職的系統訓練（systematic training for effective parenting, STEP）與交流分析法（transactional analysis, TA）。STEP 源於 A. Adler 的想法，Dinkmeyer 和 McKay（1976）進一步發展出一套親職教育的方案；STEP 的目標是幫助家長更了解孩子的行為，改善其與孩子的溝通，並期使家長對孩子的行為能有更高的影響力。整套STEP 包含領導人手冊、欲教導的主要概念之解說圖表、團體討論指導卡、給家長聽的簡短演講卡帶與技巧練習習作，最重要的還是希望家長透過此方案能了解孩子行為的目的，並能夠用自然方式處理孩子的不良行為。

TA 源於 J. N. Berne，後來 R. J. Babcock 及 B. Keepers 將其應用到孩子的身上，主要是希望讓家長更了解他們與孩子間的關係，進而改善家庭內部的溝通。這種方法的主要概念是讓家庭裡的父母、成人與孩子透過「自我陳述」（ego states）凸顯出家庭的溝通，以了解家庭裡的溝通有哪些是互補的、交錯的，甚或是隱藏未獲了解的；另一重要的概念是家庭內每位成員所採取的「基本生活地位」（basic life positions），以及成員無意識運作的「遊戲」（games）。課程包含講授與經驗分析，讓家長閱讀相關文獻，並有實際的家庭作業，參加者如有特殊的問題可以帶到團體中討論，並且在團體中採腦力激盪的方式尋求解決。

二、親職教育方案的實施原則

為使親職教育方案順利實施，茲提出十項實施原則以供參考。

1. 幼兒園應謹慎評估可提供的方案內容

幼兒園作為親職教育方案的主要提供者，首先必須就所能提供的範圍、內容以及方式等審慎評估。雖然幼兒園成員接受過教育專業知能的訓練，但由於成員專長各異，未必皆可提供親職教育方案內容的各項知能，加上原有可用的社會支援又有限，因此在規劃各項親職教育方案前，幼兒園應就可提供的方案內容進行審慎評估，以利於各項方案具體落實。

2. 方案規劃前應積極了解各方的需求

親職教育的主要服務對象為家長及幼兒，其次則是提供幼兒園成員熟習親職教育知能的機會。因此，在規劃各項親職教育方案前，幼兒園成員應主動了解家長、幼兒及內部成員的需求，評估各項需求的差異及滿足各項需求的迫切性，期能確實掌握各方的需求情形，規劃出受到家長及成員認同的親職教育方案。

3. 幼兒園應就可提供的內容做長期規劃

親職教育的範圍廣泛，需求會因時間、家長等不同而有差異，其相關問題也絕非短期內可完全解決。因此，為求親職教育能持續地協助家長解決相關問題，幼兒園有必要針對不同的需求內容以及衡量自身的能力所及，就親職教育方案進行長期規劃，務使方案內容能有系統地提供各項親職教育知能，也使不因幼兒園行政更替而破壞親職教育內容的銜接。

4. 實施內容兼重行為塑造與態度反省

歷來相關親職教育方案或偏於行為塑造知能的傳遞，或偏於親子教養態度的反省。相關研究顯示，方案實施內容如兼重行為塑造與態度反省者最具效率，故方案內容的規劃應當秉此原則，除規劃塑造、改變子女行為的具體策略及知識外，也應提供家長反省教養態度、溝通方式及內容等機會，以藉由方案習得教養子女行為的具體策略，也能習得良好的親子溝通方式及教養態度，確保良好親子關係的維持及延續。

5. 實施方式應能滿足家長的多元需求

由於家長的背景及需求各異，親職教育方案除內容應盡可能滿足各方的需求外，實施方式也應考慮不同背景家長的接受程度，盡可能提供不同的活動型態，以滿足家長的多元需求。例如：活動的實施方式宜多樣化，針對年級、行為問題等不同的學生家長安排不同主題，在時間上也顧及家長的限制，以適應不同家長之需要。

6. 排除親師間的可能障礙以鼓勵參與

因個性、溝通以及外在因素等可能導致的障礙，使得教師或家長囿於前述原因，影響辦理或參與各項親職教育方案的意願。因此，幼兒園成員可安排自我成長團體或觀摩的機會，澄清對各項恐懼的可能誤解。在溝通方面應利用多元管道進行溝通並重視回饋，避免各項誤解；在外在因素方面則是盡可能協助家長排除障礙，在時間的安排方面也提供多元選擇，務期家長能更安心地參與各項方案活動。

7. 對於積極推廣方案者提供實質鼓勵

親職教育的推廣本是幼兒園辦學的重要任務之一，幼兒園成員推廣親職教育不但是辦學的「本業」之一，幼兒園對於推廣認真者也應當給予實質獎勵，以收推廣之效。此外，對於參與方案的家長也可採鼓勵方式使其持續參與，必要時可採取如給予幼兒獎勵或發紀念品等方式，或透過幼兒積極向家長宣導參加，以期所有家長都能積極參與親職教育活動。

8. 方案的實施方式可多採取團體方式

考量學校人力及資源的負擔，以團體方式實施親職教育，有利於幼兒園在短時間內就多數家長進行推廣；相關研究也顯示，團體互動不但有助於家長間經驗的交流，更可協助家長增加面對親子問題的自信。因此，幼兒園成員可以在評估自身的專業能力及家長的需求後，規劃適切的親職教育主題及內容，多採取團體方式加以推廣，如此將有助於方案的推廣並提

高實施成效。

9. 善用社區資源及支持以利方案實施

愈來愈多的證據指出，學校存在於一個動態且隨時改變的社會秩序中，倘若沒有公眾參與學校事務，學校將無法讓自己主動改變或對教育計畫做出必要的改進（Bagin, Gallagher, & Moore, 2001: 11），幼兒園也一樣。除了需要社區公眾參與以提供改革的建議，廣大的社區資源更有助於幼兒園親職教育方案的推動，彌補幼兒園成員在專長或資源等方面的不足。

10. 積極評鑑方案結果以作為改進依據

親職教育方案的推廣應有延續性，因此有必要積極評估各項方案結果以了解實施成效，據以作為改進下一階段方案內容的參考，甚至從中發覺現有方案規劃的不足或家長的新興需求，以便即刻將各項需求列入下階段的規劃範圍。老師可將親職教育方案的實施成果製作成卷宗，就家長在不同方案活動的參與情形加以描述記錄，以了解家長參與系列方案後的成長情形。前述紀錄並可與幼兒的學習資料整合成為完整的檔案，作為教師輔導幼兒及進行家庭訪問時的參考。此等卷宗也應隨幼兒的成長提供給下一階段任教的老師參考，不僅有助老師在短期內了解幼兒的發展情形及其家庭情況，更有助於安排與改進接續的親職教育方案。有關親職教育方案的成效分析，將於第八章討論。

附 註

1 歷來著名的親職教育方案的確各有所偏，如以幾個著名的團體形式親職教育方案言，知識技能的傳遞是親職教育方案的重要內容之一（如 BGT），但許多方案除重視教養知識技能的傳遞外，也希望進一步反省親子間的溝通行為及關係（如 TA），甚至糾正家長教養態度中多以權威為主導的溝通心態（如 PET）。前述各項方案內容的介紹，參見本章「實施方式」部分。

2 依據林家興（1997：137-138）的看法，所謂親職教育中的高危險群，是指具有某些特徵的父母，由於本身的問題或環境的不利因素，導致他們無法善盡為人父母的工作，以至於影響子女的健康和人格發展；可能的因素包括父母未成年、特殊兒童、流動勞工、領寄養家庭、精神疾患、具虐待案例，甚至是父母酗酒或吸毒等。

3 歷年來也出現一些針對不同實施對象所設計的親職教育方案，主要以工作坊型態實施，例如自我協助的團體、倡議團體（advocacy groups）、家長對家長的型態、祖孫隔代工作坊、父親方案、手足方案等，參見 Hornby（2000: 95-97）。

研究題目

1. 試述親職教育方案的取向可分哪五大類？

2. 通常老師與家長關係中容易產生的障礙，可分哪三大類？

3. 名詞釋義：(1)家長效能訓練
　　　　　　(2)行為團體訓練

4. 試擬一所幼兒園一學期的親職教育活動計畫。

5. 試述親職教育方案的實施原則以及成效檢視原則。

延伸活動

1.「團體方式」是親職教育重要的實施方式之一。請以一所幼兒園為例，了解他們採取（計畫或曾經採取）團體方式所實施的親職教育活動有哪些？再訪問一位老師，了解他們對實施前述活動的意見。

2. 請講評一份幼兒園的親職教育活動設計，可以是整學年或整學期的活動，亦可針對單次的親職教育活動設計；講評項目至少應包括目標、對象、活動方式、活動過程、工作人員、經費預算、預期效果等。

幼兒園親職教育方案
的評估與實例

陳麗真

　　幼兒園實施親職教育時，常有的感嘆是「該來的人總是沒來」。但相對地，許多家長參與幼兒園的親職教育方案後，也有種「搔不到癢處」的感受，總覺得這些親職教育活動似乎無法為家長帶來積極的幫助。對於幼兒園、家長或是社區而言，規劃辦理或參與親職教育方案，都有其需求與期待；但如何了解彼此對於親職教育方案的需求與期望？親職教育方案規劃是否合宜？親職教育方案實施的過程遭遇哪些問題或困難？親職教育方案是否提供家長或社區居民有效的幫助等，是幼兒園必須積極掌握的資訊。如何掌握親職教育方案的重要因素與內容，分析親職教育方案的規劃與執行等複雜過程，應是影響親職教育方案品質及成功與否的關鍵；為協助了解親職教育方案的規劃與實施成果，則需仰賴對方案進行適切的評估分析。

　　本章擬探討幼兒園親職教育方案評估的內涵與實例。首先，就親職教育方案評估的意涵加以探討；其次，介紹常用的親職教育方案評估模式及其內容，以提供評估的學理依據；最後，擬以幼兒園親職教育方案的實例，擇取前述親職教育方案評估模式，就實例進行評估與討論。

第一節　親職教育方案評估的意義及流程

　　許多幼兒園在辦理親職教育方案時，可能疏於考量家長的親職需求，或只依據以往的辦理經驗而沒能規劃家長感興趣的方案內容，致使相關方案的參與率不高，造成幼兒園與家長的「雙輸」局面。對於幼兒園而言，推動親職教育方案也時常面臨許多困難與挑戰，這些困難可從分別從家長參與率、方案課程可近性、經費與師資以及親職教育需求等四個面向，加以說明如後：

1. 家長參與率：家長參與率不佳是幼兒園常見的為難，但其實和親職教育方案的品質存在著辯證關聯。親職教育方案都規劃有特定的活動對象，但實施時卻發現「沒有意願、家長太忙無法配合、調查單

原本勾選有意願參加，但又臨時變卦，缺席造成資源浪費」等，讓原本規劃的方案難以達成目標，也讓方案成果大打折扣。但家長參與率不佳的因素，究竟是與辦理的時間不合適？內容未盡符合家長需求？宣傳或溝通環節出現問題？或是活動本身缺乏吸引力等，都值得進一步加以探討。

2. 方案的可近性：親職教育方案可近性的可能問題，包括：課程等待期長、課程和家長時間衝突、課程時孩子托育問題難解決、弱勢家庭無法負擔課程收費等。林智娟（2011）曾以國內推動團體課程式的親職教育方案為例，指出所面臨的困難大多與方案的可近性有關。對於家長而言，除了親職教育方案要具有吸引力並符合需求外，參與方案活動還要克服家庭照顧的問題，例如：子女托育或長輩照料等，都會影響家長參與的意願，可見如何協助家長解決可近性的問題，也是影響親職方案實施的關鍵因素。

3. 經費及師資：經費和師資是幼兒園辦理親職教育方案的重要限制因素。有些幼兒園每年會編列一定額度的經費以推廣親職教育，有些則是主動申請外部計畫（如教育局或社區補助）經費以協助推動親職教育，有些則是針對參與方案的家長收取費用加以支應；但在師資部分，如果園內師資可以支援，只要教師負擔許可就可以解決，如果需要外部師資，則需要幼兒園建立人脈並主動邀請，難度相對比較高。林家興（2010）研究發現，親職教育的成效以小團體輔導最佳，但小團體輔導能接受參與的家長人數勢必減少，幼兒園便需要增加團體數量加以因應，整體辦理的親職教育方案時數勢必增加，但前述都牽涉到幼兒園的可用資源，包括是否具備充沛的經費及合適的專業師資等，影響著親職教育方案的成效。

4. 親職教育需求：幼兒園進行親職教育方案需求評估所面臨的難題主要有二，首先是必須提供客觀、確切指標來評估親職教育方案的需求，並進行方案課程架構的規劃，亦即親職需求與提供課程的符合

程度。其次，不同家庭存有不同的親職需求，如何兼容並蓄，或如何評估服務的優先順序，都是幼兒園可能面臨的規劃或抉擇難題。雖然幼兒園可以考量所處社區特性擬定親職教育方案，但招生來源的多元性也增加前述的困難；例如，許多公幼採取開放學區的方式進行招生，或私幼招生對象不限於所在學區，都使得親職教育需求的評估更添困難。

為解決前述困境，幼兒園教師除了積極規劃各項親職教育方案並盡可能擴大參與及影響面向外，就所推動的親職教育方案進行持續性的評估和成效分析，其實是相當重要的一環。對於幼兒園而言，如果能系統地蒐集各項親職教育方案的實施成果，或彙整相關經驗以作為後續改進之參，對幼兒園持續發展親職教育方案，將會有正向的幫助。關於親職教育方案評估的意義與評估流程等內容，茲分項說明如後。

一、親職教育方案評估的意義

Worthen 與 Sanders（1987）指出評估的目的：「評估是決定某件事情的價值」。

Boulmetis 與 Dutwin（2000）將評估的過程及目標納入考量，認為「評估是一個蒐集與分析資訊的系統化過程，以決定目標是否達成或目標達成的程度」。

謝文全（2003）將修正改進的概念納入評估的目的，認為「評估是對事務加以審慎的評析，以量定其得失及原因，據以決定如何改進或重新計畫的過程」。

蘇錦麗（2004）則認為：「教育評估係有系統地採用各種有效方法，蒐集質與量的資料，對照評估準則（指標或標準），以判斷任一教育對象之價值或優缺點的過程，並將其結果作為決策之參考。」前述是在確立評

估的目的後，將評估的機制—判斷標準與方法，納入評估的定義。

　　依據前述學者所提的評估定義，應用於親職教育方案評估，在時間方面，親職教育方案評估可以在各個實施階段進行，有利於動態回饋，並據以修正改進；就內容而言，評估的內容可以包含親職教育的目標、需求、課程設計等面向，就前述內容對於家長親職知能的影響情形加以審視；就方法而言，各園宜先建立親職教育方案的客觀評估標準，採用多元策略進行資料的蒐集與檢視，以進行有系統的評估。

　　綜合前述，茲將親職教育方案評估的意義歸納如後：

　　幼兒園親職教育方案評估，係指在親職教育方案實施的不同階段，就方案的規劃與實施所進行的全面性及整體性考量。前述方案評估的機制必須盡力訂有客觀與嚴謹的判斷標準，藉由系統性蒐集質性或量化資料，依據所訂的判斷標準加以檢視，以作為了解親職教育方案成果與實施價值，並提供未來修正或規劃親職教育方案之參考。

二、親職教育方案評估的流程

　　幼兒園親職教育評估除了有助於全面性地了解方案規劃與實施的成果外，所獲得的訊息也有助於修正或未來規劃相關活動之參。為了達成前述評估目的，妥善地規劃評估流程以獲得各種有益於評估的資料，便成為親職教育方案評估的重要環節。

　　關於親職教育方案的實施，許多教師容易因缺乏親職知能研習進修機會而顯得沒有自信，或是缺乏親職教育知能的取得管道，又或許多辦理流於形式的親職教育方案（例如：一次性的講座或沒有延續性的親職教育方案）導致家長參與興致不高等，使得教師對於規劃或實施親職教育方案也感到退卻。幼兒園除了積極尋求管道協助教師提升親職教育專業知能外，若能提供親職教育方案的評估結果以利教師了解推動成效並檢討實施經驗，也有助於作為後續規劃相關方案的重要參據。

　　為進行幼兒園親職教育方案的評估，如能規劃系統化的檢視流程或運用適切的評估工具，將有助於落實方案工作且提升評估的效能。關於親職教育方案的評估流程，主要可區分為以下五項步驟，茲說明如後（江琬瑜，1999）：

1. 進行方案需求評估：進行親職教育方案的規劃時，首先要確立方案的推廣對象，了解推廣對象的親職教育問題與需求，以確立方案規劃的內容並細部地擬定要提供的親職教育知識、技能及行為等；必要時，可先了解前述對象對於親職教育活動型態的參與偏好或意願，以利規劃適切的親職教育方案內容。

2. 決定明確方案目標：依據前項親職教育方案的規劃對象、需求以及內容，訂出方案的目標；目標的設定應盡量清晰、具體，且以利於衡量者為佳，盡量詳細地發展出目標內容，教師們可藉由共同討論以提升對目標的掌握情形，更有利於後續的評估工作。

3. 提出衡量指標準則：依據前項目標，發展出可以直接或間接評估的指標項目與內容。在直接指標方面，可以採用如家長的出席率、活動期間的流動率，或參與者的滿意度等；間接指標方面，可以採取如方案的投資報酬率、成本／效益的情形，以及對幼兒園聲望提升的助益等。

4. 擬定方案評估策略：依據前項發展出的評估指標，選擇適切的評估策略以獲得相關成果資訊。在評估策略方面，先決定需要藉由哪些利害關係人獲得訊息，進一步地針對不同利害關係人的特性規劃出可採取的評估策略，例如：採取自評、他評、專家評量、次數觀察法、問卷調查法等，所擬定的評估策略愈便於使用，愈有利於訊息的蒐集與後續的評估工作。

5. 執行評估形成判斷：依據前項評估策略蒐集相關資訊，彙整各項資訊並與各評估指標項目及內容相互對應，逐一檢視各項評估指標項目的達成情形；在完成各項評估指標的評估之後，建議可採行會議

方式，由幼兒園成員共同檢視各項評估指標的達成情形與效益，以利評估成果能趨向客觀。

第二節　親職教育方案評估模式與內容

完整的親職教育方案評估架構，包含對於方案的需求、執行過程，以及結果等三方面的評估（郭佳華，2001）。有鑑於親職教育方案評估的複雜性，本節將介紹三個親職教育方案評估模式及其內容，最後並據以彙整出綜合性的評估模式與指標內容，以提供讀者進行親職教育方案評估之參。

一、Kirkpatrick 的四層次評估模式

D. L. Kirkpatrick 曾於 1959 年至 1960 年之間，連續發表「評估訓練方案的技術」（Techniques for Evaluation Training Programs），是最廣獲介紹與探討的方案評估模式之一。前述模式一直被廣泛的使用，其原因在於它可以針對方案實施的不同層次，分別加以評估其實施績效（翟永麗，2004），其所提的方案評估模式又被稱為「四層次評估模式」。依據 Kirkpatrick 所提出的評估模式，其內容可以分為反應、學習、行為、結果四個層次，茲就其模式圖示如圖 8-2-1。

圖 8-2-1　Kirkpatrick 四層次評估模式
資料來源：Kirkpatrick (1975).

Kirkpatrick 認為，一個教育訓練方案辦得是否有效，可從四個層面來判定，亦即包含反應、學習、行為、結果等四個層次。依據前述應用於親職教育方案評估，我們可以分別依據四個層次提出問題加以分析（孟偉銘、高薰芳，2000）：

1. 反應層次：家長反應為何？幼兒反應為何？教師的反應為何？社區成員的反應為何？

2. 學習層次：家長學習到哪些東西？教師學習到哪些東西？社區成員學習到哪些東西？幼兒學習到哪些東西？

3. 行為層次：家長學習的成果能應用在哪些親職關係的表現？教師學習的成果能應用在哪些親師互動的表現？行政人員學習的成果能應用在哪些家園互動的表現？

4. 結果層次：本次的親職教育方案對家長產生哪些影響？本次的親職教育方案對幼兒產生哪些影響？本次的親職教育方案對教師產生哪些影響？本次的親職教育方案對社區成員產生哪些影響？

有關 Kirkpatrick 的四層次評估模式應用於幼兒園親職教育方案的評估時，可採行的具體評估要項可包含如下：

1. 家長及幼兒對於方案的反應情形

是否有及時的且有適切性的主題、方案規劃有效能、有好的講師（帶領人）、教學活動過程設計順暢、課程活動內容符合需求、講師（帶領人）的人格特質好、學習及活動氣氛很友善、地點及設備好、與社區建立良好的關係等，這些為檢核評估的要項。可用表格化與量化的反應意見調查方式執行探究。

2. 家長及幼兒因方案所習得知能

這部分主要為評估家長及幼兒的學習成效。方案是否有達成原先規劃的目標，若學習者有學到一些東西，仍需評估他們所學的是否為規劃時的目標。若條件許可，可利用前測及後測評估方案的學習，使用統計分析了

解親職教育學習成效的資訊。

3. 家長及幼兒受益於方案而轉化在親職能力的情形

使用知識及表現測試、觀察、情境模擬、自我報告等評估方法，來探究家長從參與的幼兒園親職教育方案，是否習得預期的知識、技能或態度在親職能力上的改變。

4. 親職教育方案的成效對家長及幼兒產生的影響情形

此方面為長期及持續的成果運用的階段，可利用自我評估、個案研究、調查及實地訪查等，來評估家長運用哪些親職能力與技巧於親子互動及溝通中，及如何運用這些親職能力，並評估家長如何保有與使用親職教育方案所學到的新知識與新技能。

二、PDCA 管理循環模式

PDCA 循環的概念最早是由 W. Shewhart 在 1920 年發展出來，1980 年代由 W. E. Deming 發表，所以又稱為「戴明循環」（Deming Cycle）。所謂的 PDCA 管理循環模式，就是由計畫（Plan）、執行（Do）、查核（Check）以及行動（Act）等四大步驟所構成的一連串追求改善的行動，無論是任何專業事物、生活事務、正式或非正式活動、有意識或無意識活動等，都會在這個永不停止的循環下運作。Deming 認為，PDCA 循環是提高品質、改善經營管理的重要法則，同時也是能確保品質保證體系運轉的基本方法（黃信維，2020）。

關於 PDCA 循環的步驟與內容，茲簡述如後：

1. 訂定計畫：依據資源條件，確定活動計畫方針和目標，並研擬出方案內容。
2. 執行：實現計畫中的內容後並進一步檢查執行計畫的結果，了解成效。

3. 查核：依據先前擬定的評估基準查核實際績效，也就是將目標與實際狀況對照找出問題點。

4. 行動：根據前述所查核的缺失，擬出具體的改善策略並付諸行動。

關於 PDCA 管理循環模式，可參見圖 8-2-2。PDCA 是依序展開的管理循環歷程，當進行完第一個循環後，可依照實際的需求去評估是否再進行下一個 PDCA 循環，繼續進行評估活動與改善。整體而言，PDCA 管理循環模式是一個有益於進行方案評估的歷程，強調從不斷解決問題、不斷改進的過程，對方案的執行與成果進行檢視與處理，藉以彙整出成功的經驗並加以肯定及推廣，或從失敗的方案進行改進，並在下一個 PDCA 循環圈裡持續解決問題的歷程。

圖 8-2-2　PDCA 管理循環模式
資料來源：郭全育（2005）。

PDCA 管理循環模式應用於幼兒園親職教育方案的評估，亦即將循環修正的概念納入親職教育方案的評估中，有滾動發展及持續改進的優點。

PDCA 評估模式可以解釋為將親職教育方案計畫好之後予以執行，進一步檢討執行結果，並根據結果擬定下一個親職教育課程或活動，按照 PDCA 的順序進行品質管理，並且循環不止的進行。不管是要改善親職教育方案的品質或是解決親職教育方案的問題，都可以採用此模式。

具體而言，運用 PDCA 管理循環模式於親職教育方案，可以依循下列四個步驟：首先訂定目標、研擬可行的親職教育方案活動及課程（P）；實施親職教育方案（D）；對親職教育方案實施結果進行考核，並經由檢核找出親職教育方案可能產出問題的影響因素（C）；根據檢核結果擬定下一步對策，若檢核結果為正向的，更可將訂定成為親職教育方案的標準且將之制度化（A）。運用該模式進行幼兒園親職教育方案評估時，除了透過質化或量化指標，針對實施親職教育方案進行評估與反省外，同時可以進一步協助幼兒園依據 PDCA 管理循環模式，形成本園的持續改善機制。

有關 PDCA 管理循環模式，應用於幼兒園親職教育方案評估時，茲提出四個階段可以參照的工作項目依序說明如下：

1. 第一階段 P：訂定親職教育方案的計畫，應由幼兒園依據教育願景及目標擬定草案，可再經由諮詢會議，廣納家長、社區代表的各方意見後，擬定重點工作計畫，計畫內含工作期程、預期績效、管考機制等。

2. 第二階段 D：邀集幼兒園全體工作人員及社區人士共同參與與研商，執行親職教育方案。

3. 第三階段 C：制定親職教育方案的管考機制，訂定出參考效標，並蒐集質化及量化資料進行統整分析，以確認方案成效。茲將可行的管考指標列舉如下：

   (1) 統計與分析報名親職講座與活動出席人數、報到率、家長及社區民眾參與人數等數據。

   (2) 編製問卷進行有關教學品質、課程規劃、活動設計、行政服務、

教學設備等的參與度、滿意度、使用率等實施問卷調查。

(3) 實地記錄、統計與管理有關資源設備、教材等使用情形。

(4) 使用訪談紀錄了解家長、幼兒及社區民眾之學習成果，以及講師帶領活動及教學之效能。

4. 第四階段 A：由幼兒園蒐集利害關係人（全體教職員工、家長、社區意見領袖、民眾等）的檢討修正意見，檢視計畫執行成效，作為計畫執行及修正下年度計畫之參考，每年重新檢視教育目標持續改善機制予以適當修訂。

三、Stufflebeam 的 CIPP 評估模式

D. L. Stufflebeam 所發展的 CIPP 評估模式，係以幫助教育人員做好決策為目的，廣泛的運用在教育評鑑工作。Stufflebeam 認為評估是一種歷程，依據「目標導向」概念，將評估設計與教育計畫相連接，從教育目標的選擇、決定，到教育活動進行時會運用到的資源實際進行狀況，以及最後的成效等，每一部分都加以串連，前後又可相互提供修正、調整與回饋（王全興，2009）。

所謂 CIPP 評估模式，係指包含以下四種評估：背景評估（context evaluation）、輸入評估（input evaluation）、過程評估（process evaluation）以及成果評估（product evaluation）。關於前述各種不同的評估，Stufflebeam 與 Shinkfield（1985）提出各項評估所要達成的目標，進一步地說明四種評估的意義（江啓昱，1993）：

1. 背景評估：此項評估的主要目標有以下六點：

(1) 評估方案的整體狀況。

(2) 確認方案的優劣勢。

(3) 診斷執行方案所要解決的難題。

(4) 描述方案環境的要素。

(5) 審查方案目的和優先順序是否符合服務對象的需求。

(6) 調整或建立方案的目的及優先順序。

2. 輸入評估：此項評估的主要目標有以下四點：

(1) 確認和評定各種相關的資源。

(2) 尋找環境的障礙限制和方案實施過程中可能有用的資源。

(3) 考慮變通的策略，發展出可能新的方案。

(4) 淘汰超出成本效益的方案。

應用於幼兒園親職教育方案的輸入評估時，檢視的項目可以包含：師資背景、課程設計、設備需求、教材來源、經費來源及社區資源運用等。

3. 過程評估：是對實施中的計畫做持續性的查核，有機會對方案管理者提供回饋，以便適度做修正。此項評估的主要目標有以下四點：

(1) 提供回饋給方案執行者，以了解方案的進度，是否依原計畫實施，是否有效利用可用資源。

(2) 若方案執行不順利時，提供指導與修正。

(3) 定期評估方案參與人員，接受與履行其角色的程度。

(4) 為實施的方案提供一份執行時廣泛而詳細的紀錄。

應用於幼兒園親職教育方案的過程評估時，檢視的項目可以包含：教學模式、師生互動、師生比、多元過程評估等。

4. 成果評估：旨在測量、解釋及判斷方案結束時所呈現的價值。此項評估的主要目標有以下兩點：

(1) 探知方案是否符合家長、幼兒及社區民眾的期待與需求。

(2) 廣泛檢視方案的效果，包括意圖與非意圖的、正面與負面的效果。

應用於幼兒園親職教育方案的成果評估時，檢視的項目可以包含：園方、老師、家長及社區民眾對方案成效的看法，以及對於方案實施的改進意見等。

余靜文（2015）曾運用 CIPP 評估模式，研擬出幼兒園親職教育活動的評估指標，內容包含四個層面、十個構面、以及四十項指標細項：

1. 四個層面為 CIPP 模式的背景評估、輸入評估、過程評估，以及成果評估。

2. 十個構面的形成是以背景評估發展出兩個構面，分別為親職願景與規範及背景需求與情境分析；輸入評估發展出四個構面，分別為親職活動計畫、人力資源、物資與經費，及親職活動宣導；過程評估發展出二個構面，分別為活動執行及活動檢視與修正；成果評估發展出二個構面，分別為親職活動成效評估及成果資料蒐集與運用。

3. 依據十個構面，進一步訂出親職教育方案指標項目。

茲將前述研究所提的幼兒園親職教育活動評估層面、構面、指標項目以及其間的關連等，彙整如表 8-2-1。

四、親職教育方案評估的綜合模式

綜合前述三個不同的親職教育理論模式，就 Kirkpatrick 所提的四層次理論而言，重在影響力的評估；PDCA 的管理循環模式重在循環修正的概念；CIPP 評估模式則是從背景、輸入、過程到成果等面向，完整地關照整體的評估歷程。

為完整地掌握幼兒園親職教育方案的評估內容，吾人以為可使用CIPP評估模式為基礎，納入 Kirkpatrick 的影響力評估與 PDCA 模式的再循環修正概念，提出一親職教育方案評估的綜合模式。茲以背景、投入、執行及成果等四個不同階段為發展向度，進一步發展出親職教育方案的評估內容，詳列如表 8-2-2。

表 8-2-1　依據 CIPP 模式所建構之幼兒園親職教育活動評估指標

層面	構面	評估指標項目
背景評估	1. 親職願景與規範 2. 背景需求與情境分析	1. 依據幼兒園的教育理念擬定方案 2. 評估社區的在地文化與資源 3. 親職教育方案目標 4. 評估家長、幼兒、社區民眾的背景與需求 5. 評估教保服務人員的專業
輸入評估	1. 親職活動計畫 2. 人力資源 3. 物資與經費 4. 親職活動宣導	1. 擬定計畫時程 2. 進行職責工作分配 3. 幼兒園、家長、社區人力資源之應用 4. 幼兒園編列親職活動辦理經費 5. 向政府、家長或其他單位申請經費補助 6. 家長及社區資源宣導親職活動 7. 提升家長參與率之機制
過程評估	1. 活動執行 2. 活動檢視與修正	1. 能依據權責及規劃確實執行親職活動 2. 能修正或解決活動之相關問題與困境
成果評估	1. 親職活動成效評估 2. 成果資料蒐集與運用	1. 有效提升親職知能 2. 有效提升家長與幼兒園的合作關係 3. 有效提升教保人員親職活動能力 4. 有效提升教保服務人員親師溝通能力 5. 有效提升幼兒園在社區之觀感 6. 家長、教保人員及社區民眾對親職活動的回饋 7. 幼兒園能將回饋作為改進依據 8. 幼兒園能詳細記錄過程並製作成果檔案歸檔

資料來源：余靜文（2015）。

（一）在背景層面方面

　　幼兒園應先評估所在區位環境的特性，並且了解幼兒及家長的教保需求，甚至可以考量社區居民的特質與期望，加上整體社會變遷的特質與趨向，適度地融進親職教育方案的規劃。依據前述，發展出的具體評估內容包含下述三項：

表 8-2-2　親職教育方案評估的綜合模式及其內容

評估面向	評估指標
背景層面	1. 幼兒園的內部組織分析：所規劃的親職教育方案，是否符合幼兒園的願景、發展目標、現有條件等。 2. 幼兒園的外部環境：親職教育方案是否融合幼兒園發展特色、社區在地文化與可用資源等。 3. 參與對象（家長、幼兒、社區民眾）的需求評估。
投入層面	1. 方案計畫書的適切性 　(1)理念與目的的適切性 　(2)計畫時程與工作分配的合適度 　(3)運用社區資源的合理性 　(4)經費及人力資源的充分性 　(5)提升家長及社區民眾參與率之作法 2. 教學活動設計的合宜度 　(1)結合幼兒園課程主題的程度 　(2)活動回應家長需求的程度 　(3)活動符合幼兒的發展特性 　(4)能有充分的環境資源與設備規劃
執行層面	1. 親職教育課程（活動）實施日期與時段的適切性 2. 課程實施地點與場地設備的適切度（即方案課程的可近性） 3. 教材與資源的充足性 4. 活動流程的順暢性 5. 經費與人力資源調配的合宜性
成果層面	1. 方案滿意度 　(1)對整體方案規劃的滿意度 　(2)講座或指導教師的專業性 　(3)教學活動設計及內容適切 　(4)課程或活動實施氣氛的友善程度 　(5)對於場地及設備的滿意度 2. 方案成效 　(1)能有效提升親職知能的程度 　(2)有助於了解並改善親師關係 　(3)有益於家庭與幼兒園建立合作關係 　(4)教師溝通能力的清晰度與專業性 　(5)有助於提升幼兒園在社區的教保專業地位

1. 幼兒園的內部組織分析：所規劃的親職教育方案，是否符合幼兒園的願景、發展目標、現有條件等。
2. 幼兒園的外部環境：親職教育方案是否融合幼兒園發展特色、社區在地文化與可用資源等。
3. 參與對象（家長、幼兒、社區民眾）的需求評估。

（二）在投入層面方面

　　主要包含擬定親職教育方案計畫、設計親職教育課程（活動），以及研擬課程實施的方式與策略等。首先親職教育方案計畫書應先以背景及需求分析的結果，確立方案的理念與目的；其次，依據方案的理念目的，規劃主題內容；再次，發展如下的工作項目：計畫時程與工作分配、運用社區資源宣導親職活動、經費及人力資源、提升家長及社區民眾參與率之機制等。在設計親職教育課程（活動）時，盡可能結合活動主題、家長需求、幼兒發展特性，以及環境資源設備規劃等條件，以利課程發展與實施。依據前述，發展出的評估內容包含下述兩項：

1. 方案計畫書的適切性，可進一步發展出以下指標：
   (1) 理念與目的的適切性。
   (2) 計畫時程與工作分配的合適度。
   (3) 運用社區資源的合理性。
   (4) 經費及人力資源的充分性。
   (5) 訂有提升家長及社區民眾參與率之作法。
2. 教學活動設計的合宜度，可進一步發展出以下指標：
   (1) 結合幼兒園課程主題的程度。
   (2) 活動回應家長需求的程度。
   (3) 活動符合幼兒的發展特性。
   (4) 能有充分的環境資源與設備規劃。

（三）在執行層面方面

　　主要檢視各項親職教育課程或活動，是否依據方案計畫及權責加以實施；檢視的焦點可包含如下：

1. 親職教育課程（活動）實施日期與時段的適切性。

2. 課程實施地點與場地設備的適切度（即方案課程的可近性）。

3. 教材與資源的充足性。

4. 活動流程的順暢性。

5. 經費與人力資源的調配的恰當性。

（四）在成果層面方面

　　主要分析親職教育方案的滿意度及方案成效。方案滿意度係指對方案的內容、活動設計、講師課程帶領能力、學習氣氛及硬體設施等的滿意度；而方案成效為影響力評估，是否達成方案設立的目標及長期的影響力評估等。依據前述，茲將發展出的評估內容說明如後：

1. 方案滿意度，可進一步發展出以下指標：

　(1) 對整體方案規劃的滿意度。

　(2) 講座或指導教師的專業性。

　(3) 教學活動設計及內容適切。

　(4) 課程或活動實施氣氛的友善程度。

　(5) 對於場地及設備的滿意度。

2. 方案成效，可進一步發展出以下指標：

　(1) 能有效提升親職知能的程度。

　(2) 有助於了解並改善親師關係。

　(3) 有益於家庭與幼兒園建立合作關係。

　(4) 教師溝通能力的清晰度與專業性。

　(5) 有助於提升幼兒園在社區的教保專業地位。

第三節　親職教育方案實例與評估

　　幼兒園辦理親職教育方案，不僅有益於提升家長知能與參與情形，更有履行社會責任與教育推廣的用意；幼兒園在平日忙碌的教保服務工作之餘，積極地彙整資源以提供本園或社區家長提升親職知能的進修機會，此等動力值得肯定。有鑑於家長需求與社區情境的多元性，幼兒園在規劃與辦理親職教育方案時，不免遭遇諸多亟待克服的困難，例如：經費不足、家長出席困難、缺乏強制性、方案內容缺乏完整性等，不僅有待幼兒園尋求解方，也需要家長與社區的相互支持，才能匯集各方力量促進親職教育方案的推展成效。

　　當前許多幼兒園已普遍體認推廣親職教育的重要性，每年都能由教師結合可用資源以規劃及執行許多優質的親職教育方案。本節擬介紹幾個幼兒園親職教育方案的實例，並利用前一節所介紹方案評估模式與內容，就前所述實例進行評估分析。以下分別以單次性的親職教育方案、連續性的親職教育方案為例，介紹幼兒園親職教育方案之內容，並以前述內容進行簡要的評估分析。

一、單次性的親職教育方案

　　2012 年《幼兒教育及照顧法》正式實施後，幼兒園實施親職教育並擔任親職教育推展的角色定位已有法源依據；依據該法第 12 條第一項第 6 款之規定，幼兒園之教保服務內容中，包括舉辦促進親子關係之活動。其實在該法實施前，幼兒園辦理單次性的親職教育方案也相當普遍，尤其近年受家長參與意識高漲的影響，幾乎多數幼兒園會配合學期初學校日或重要節日辦理全園且單次性的親職教育活動，提供家長參與也藉機呈現幼兒園的教保特色。單次性的親職教育活動，規劃的活動目的相對單純，評估時

也只要針對該次方案的實施情形及其達成目標的程度加以檢視，評估方案成果並提出後續的修正建議即可。以下以臺北市立大安幼兒園曾實施的「教養與溝通～讀繪本談教養」為例，說明單次性的親職教育方案內容如下。

(一) 親職教育計畫書

為增進園內家長及社區民眾的親職知能，大安幼兒園向教育局申請經費，規劃並辦理「教養與溝通～讀繪本談教養」親職教育方案（計畫參見表 8-3-1）。該方案以幼兒園幼兒、家長及社區民眾共計 30 對親子為規劃對象，運用閱讀繪本及動手創作的方式，讓親子共同閱讀並創作繪本，期能有益於增進親子溝通並促進家庭和諧氣氛。依據方案計畫，詳列的內容項目包含有依據、目的、主辦單位、指導單位、承辦單位、活動時間、地點、參加對象、人數、宣傳方式以及詳細的活動內容等，若能加上活動經費（含來源）、資源設備、預計成效等，整個方案內容將更加完整。

(二) 親職教育活動成果

課程設計時評估一般家庭的親職需求，運用優質繪本當媒材，討論親子溝通及教養議題，激發家長的學習興趣。另一個特色是將家長及幼兒以分開場次，同時進行活動，不但解決幼兒的托育問題，更可以親子共學。

「教養與溝通～讀繪本談教養」親職教育活動成效卓著。以參與率而言，原本報名 30 對親子，實際參加有 73 人（園內 63 人+社區 10 人），出席率達 121 %，家長及園內老師皆給予正向的回饋。再從當日的活動照片來看，內容精采豐富多元，參與者的滿意度高。如表 8-3-2 及表 8-3-3。

(三) 評估分析

運用上一節親職教育方案的綜合評估模式，以背景、投入、執行及成果四層面所發展的評估內容進行分析。茲將該親職教育方案的評估檢核結果，詳如表 8-3-4 所示。

表 8-3-1 大安幼兒園親職教育計畫書

臺北市政府教育局 106 學年度推動幼兒園親職教育計畫書

一、依據：
　　（一）教育部國民及學前教育署 106 年 4 月 14 日臺教國署國字第
　　　　　1060042572 號函。
　　（二）臺北市政府教育局 106 年 5 月 12 日北市教前字第 10634852100 號函。
二、目的：
　　（一）增進親職教育之內涵與功能，促進家庭和諧氣氛。
　　（二）體驗閱讀繪本與動手創作之樂趣。
三、指導單位：教育部。
四、主辦單位：臺北市政府教育局。
五、承辦單位：臺北市立大安幼兒園。
六、活動時間：106 年 11 月 11 日（六）早上 9：00～12：00。
七、活動地點：臺北市立大安幼兒園。
八、參加對象：本市就讀公私立幼兒園幼兒、家長及社區民眾。
九、參加人數：30 對親子。

十、宣傳方式：學校網頁、海報張貼。
十一、活動內容：

日期	課程主題／名稱	時間	課程內容		講座（姓名／服務單位／職稱）
106 年 11 月 11 日 （六）	教養與溝通～讀繪本談教養	08：30 — 09：00	◎播放並簡介教育部「幼兒園教學正常化系列宣導短片」		市立大安幼兒園教保團隊
		09：00 — 12：00	家長	幼兒	**講座** 外聘講師 大安幼兒園教師 **助理講座** 大安幼兒園教師
			1. 繪本裡的秘密 2. 動手做一做 3. 教養趣味談	歡樂故事屋 1. 繪本大聲讀 2. 小手玩創意 3. 唱唱跳跳真好玩	

十二、本計畫奉核定後實施，修正時亦同。

資料來源：感謝張育慈園長提供，內容有部分修正。

表 8-3-2　大安幼兒園親職教育活動成果報告

承辦單位		臺北市立大安幼兒園		
活動主題		教養與溝通～讀繪本談教養		
活動時間	106 年 11 月 11 日（六）	活動地點	臺北市立大安幼兒園	
參與人次	報名(A)	60 人	活動經費	核定(C)	18,192 元
	實際(B)（出席率 B/A）	園內 63 人＋社區 10 人 121 %		執行(D)（執行率 D/C）	18,192 元 100 %
				剩餘款	0 元

活動內容概述
1. 教學正常化系列影片（大肌肉、統整、語文）之播放。 2. 家長活動： 　(1)講座分享各種有趣且與教養相關之繪本。 　(2)繪本延伸活動：動手做一做，利用簡單的素材＋創意的發想，創作出獨一無二的作品。 　(3)教養趣味談：講師發問，請家長就自身經驗或情況發表想法。 3. 幼兒活動： 　(1)繪本故事分享。 　(2)繪本延伸活動：小手玩創意。 　(3)唱唱跳跳真好玩。

活動成效
1. 家長回饋 　(1)可以從繪本接觸不同的價值觀，拓展自己和孩子的思維。 　(2)活動設計很有趣，課程安排很吸引人。 　(3)感謝學校的安排，原來繪本可以與教養相連結，且延伸出這麼多簡單卻有趣的活動。 2. 園內教師回饋 　(1)家長對於繪本共讀有更多正確的觀念，也更了解、認同學校、老師的理念。 　(2)增加教養知能、改變教養思維，促進親師間合作。

問題檢討與建議
期望能多辦理類似活動，透過講座專業引導，能有機會用不同方式認識繪本、共讀繪本。

資料來源：感謝張育慈園長提供。

表 8-3-3　大安幼兒園親職教育活動翦影

圖 1：家長觀看教學正常化系列影片	圖 4：教養繪本分享

圖 2：園長媽咪歡迎家長參與	圖 5：邀請家長上臺互動

圖 3：講師說明今日活動方向	圖 6：繪本創意延伸～動手做一做

資料來源：感謝張育慈園長提供。

表 8-3-4 「讀繪本談教養」方案之評估檢核表

評估面向	評估細項	評估指標	說明
背景層面	幼兒園的內部組織分析	符合幼兒園的願景 ■符合　□不盡符合	—
		符合幼兒園的發展目標 ■符合　□不盡符合	—
		現有條件可否支持 ■具備條件　□不完全具備條件	—
	幼兒園的外部環境	融合幼兒園發展特色的程度 ■融合　□不盡融合	大安幼兒園為單設幼兒園，招生對象不限於社區居民的幼兒，平時積極尋求外部資源協助本園發展特色，本次講座即是與本園有多年的合作經驗，方案內容的規劃不限於本園所處的社區特性。
		符合社區在地文化的程度 □符合　■不盡符合	本方案開放所有幼兒園家長與社區居民參與，難以限定在所在社區。
		具備可支持的外部資源 ■符合　□不盡符合	獲得教育局的經費補助與外聘講師支持，資源應屬充分。
	參與對象需求評估	方案符合家長需求 ■符合　□不盡符合	方案規劃針對家長進行的「讀繪本談教養」及幼兒的「歡樂故事屋」活動，內容普遍，雖然沒有事前評估，應有利於參與。
		方案符合幼兒需求 ■符合　□不盡符合	本園教師曾用該繪本結合主題課程，幼兒反應良好。
		方案符合社區民眾需求 ■符合　□不盡符合	本方案沒有在地文化限制，應可滿足居民需求。
投入層面	方案計畫書的適切性	理念與目的之適切性 ■符合　□不盡符合	—
		計畫時程與工作分配的合適度 ■合適　□不盡合適	—

表 8-3-4 「讀繪本談教養」方案之評估檢核表（續）

評估面向	評估細項	評估指標	說明
投入層面	方案計畫書的適切性	運用社區資源的合理性 □合理 ■不盡合理	本次活動未特別限制或使用社區資源。
		經費及人力資源的充分性 ■充分 □不盡充分	—
		提升家長及社區民眾參與率之作法 □合適 ■不盡合適	本次活動採限額參與，報名踴躍，未特別啟動廣告機制。
	教學活動設計的合宜度	結合幼兒園課程主題的程度 □符合 ■不盡符合	本活動未限制本園師生參與，故不結合現有主題。
		活動是否能回應家長需求 ■符合 □不盡符合	詳情參閱活動照片——家長參與部分。
		活動是否符合幼兒的發展特性 ■符合 □不盡符合	詳情參閱活動照片——幼兒活動部分。
		環境資源設備規劃的充分性 ■充分 □不盡充分	—
執行層面	執行過程之適切性	實施日期與時段的適切性 ■合適 □不盡合適	—
		地點與場地設備的適切度 ■合適 □不盡合適	—
		教材與資源的充足性 ■充足 □不盡充足	—
		活動流程的順暢程度 □順暢 ■不盡順暢	當天許多參與者非本園家長與幼兒，不大熟悉場地和資源，活動的過程有時會因為協助前述人員取得資源而遭打斷。
		經費調配的恰當性 ■恰當 □不盡恰當	—
		人力資源調配的恰當性 □恰當 ■不盡恰當	活動當天的人力集中在教室，但仍有許多經過的家長想帶孩子參加，造成大門接待處人力有所不足，未來可以改進。

表 8-3-4　「讀繪本談教養」方案之評估檢核表（續）

評估面向	評估細項	評估指標	說明
成果層面	方案滿意度	整體方案規劃的滿意度 ■滿意　□不盡滿意	1. 回饋單內容包含課程活動安排、對課程內容的了解程度、本次課程活動的收穫程度及最後的開放式問題——心得感想等。資料整理分析後，發現對方案的滿意度很高。 2. 有家長回饋：「期望能多辦理類似活動，透過講座專業引導，能有機會用不同方式認識繪本、共讀繪本。」
		講座或指導教師的專業程度 ■專業　□不盡專業	—
		教學活動設計及內容適切性 ■合適　□不盡合適	有家長回饋：「可以從繪本接觸不同的價值觀，拓展自己和孩子的思維。」
		課程或活動氣氛的友善度 □友善　■不盡友善	當天有部分家長帶著兩名以上幼兒，參與過程中家長明顯需要協助。未來可限制攜帶幼兒數，或安排教師提供協助。
		場地及設備的滿意度 ■滿意　□不盡滿意	—
	方案成效	有效提升親職知能 ■符合　□不盡符合	有家長回饋：「感謝學校的安排，原來繪本可以與教養相連結，且延伸出這麼多簡單卻有趣的活動。」
		了解並改善親師關係 □符合　■不盡符合	方案沒有針對親師溝通進行規劃，本項成效暫不予評估。
		建立家庭與幼兒園的合作關係 □符合　■不盡符合	依據回饋單內容分析，此部分的回饋證據仍有不足，建議未來辦理相關活動可增加相關題項，並請家長填答。

表 8-3-4 「讀繪本談教養」方案之評估檢核表（續）

評估面向	評估細項	評估指標	說明
成果層面	方案成效	增進教師溝通能力的專業性 □符合　　■不盡符合	
		提升幼兒園在社區的教保專業地位 □符合　　■不盡符合	

二、連續性的親職教育方案

　　單次性的親職教育方案在幼兒園實施得相當普遍，簡單易行、靈活度高、規劃容易以及有利於快速評估成果等，是此種方案最常見的優點。但親職教育方案的推動，有時考量所要達成的目標複雜，難以單次活動完成；有些則是需要長時間的推廣，並且需要逐步了解歷程性的推廣成效；有些則是考量方案規劃的內容或活動屬性的差異，有必要將同主題的方案活動依據活動類型分別規劃與實施……等，便需要採取連續性的親職教育方案。

　　以系統且長期的方式推動連續性的親職教育方案，有利於家長紮實地獲得親職教育相關知能外，也可幫助幼兒園建立發展特色；前述方案所規劃的時間長短不一，但重點在於事前就方案活動要進行完整與系統地規劃，才有助於透過連續性的方案實施以達成親職教育的目標。

　　公、私立幼兒園依據辦學與區位特性，開學時間稍有差異，最常見是以學期或學年度作為規劃連續性親職教育方案的期程；以學期或學年為規劃期程，對親職教育的推展加以有目的且聚焦性地規劃，是比較便利且有利於整體規劃的形式，幼兒園可以盡量納入特色及優勢，針對不同親職需求群體進行多元的規劃設計，以達到較佳的方案成效。又或是以主題進行系列性的親職教育方案規劃，配合節氣、節慶、風俗等在特定期間內逐步地完成方案活動，也是可行的方式。

以下以臺北市立士林幼兒園所規劃的全學年親職教育方案為例，就連續性的親職教育方案內容加以介紹並分析說明如後。

（一）親職教育方案目標及內容

臺北市立士林幼兒園從照顧弱勢與一般雙薪家庭幼兒之家長背景多元，對於親職教育的需求各有不同。為了讓不同背景家長都可以獲得基本的親職教育知能，該園考量家長多元背景的特色外，希望能營造持續性的家長參與機會，讓家長能依照自己的行程，自由地選擇可參與的親職教育方案活動。在方案規劃方面，主要考量下述原則：

1. 不以所有家長同時參與為目標，讓家長依照需求與個人作息選擇參與活動。
2. 以家長參與、增進親師與家園間的了解為優先規劃方向。
3. 以規劃動態活動為主，吸引更多家長參與。
4. 在家長參與的過程，以讓家長和自己子女互動為主，同時有觀摩其他親子互動的機會。
5. 活動規劃包含進階性目標：包含認識幼兒學習與學習環境、了解風俗節慶對幼兒學習的意義、擴大社區參與以增進家園互動。

在確定前述方案規劃原則後，該園教師以全學年為規劃的期程，開始討論並進行方案規劃。在認識幼兒學習與學習環境方面，教師決定以入學期間認識校園為規劃主軸，採取迎新活動以增加幼兒對學習環境的認識，並提升學習環境的友善度。在了解風俗節慶對幼兒學習的意義方面，主要是推廣學習與生活相結合的觀念，讓家長了解幼兒學習的材料必須與生活經驗相符，教師便決定結合學年期間的節慶活動，規劃適合家長與幼兒共同參與的活動內容。在擴大社區參與以增進家園互動，主要考量幼兒園的社會責任，並期能藉由活動以擴增社區影響力，讓園內與園外的家長都能夠有參與幼兒園活動並認識幼兒學習的機會。在確立前述的規劃目標並簡

要評估活動對象的需求之後，該園規劃出親職教育方案包含三大項，分別為「迎新會～上學 fun 心 Go」、「聖誕『巾』喜～歡樂派對」及「餅餅有禮～幼兒運動會暨歡慶母親節」，茲說明如後：

1. 迎新會～上學 fun 心 Go：活動對象為新生幼兒及家長，在新生入學的第一天舉辦，活動目標主要為舒緩孩子及家長的緊張情緒。透過迎新會的活動，增進對幼兒園的認識並為學期的開始做準備。

2. 聖誕「巾」喜～歡樂派對：選擇年底歡樂的耶誕節前夕舉行，全園師生及家長透過節慶活動，增進彼此的和諧關係，運用親子闖關的活動設計，增進幼兒大小肌肉發展並啟發創作能力。

3. 餅餅有禮～幼兒運動會暨歡慶母親節：擴展到社區，在假日舉辦，社區親子共同參與，活動地點在交通便捷的社區活動中心，利於參與的近便性。藉由社區親子運動會，加強幼兒園與家長之互動關係，以及增進幼兒身心健康發展。進一步發揮幼兒園友善社區之功能，建置友善育兒之環境。

關於前述方案規劃的細部內容，詳見表 8-3-5。

（二）活動流程

確定親職教育方案活動項目及對應的活動目標後，下一個步驟為規劃各項活動的實施流程。方案內容的規劃，要與方案目標緊密相連；在連續性親職教育方案中，除了整體性的方案目標外，還可依據不同時期／階段，訂定較細部的方案目標，再依據前述目標加以延伸規劃出活動內容的細項。

關於「迎新會～上學 fun 心 Go」的方案活動方面，包含的活動細項有「快樂來上學」、「身體充電站」、「逗陣來相會」及「校園大探索」，每個活動細項還必須發展出相對應的活動內容、時間以及地點等內容（如表 8-3-6）。

表 8-3-5　連續性親職教育方案內容示例（以士林幼兒園為例）

活動項目	活動目標	服務對象／人數	執行時間	地點
迎新會～上學 fun 心 Go	1. 舒緩孩子第一天上學的緊張情緒。 2. 透過迎新會的活動，為學期的開始做準備。 3. 增進新生對園內師長的認識。	新生幼兒及家長	108 年 8 月 30 日（星期五）上午 8：00 至 11：20	士林幼兒園
聖誕「巾」喜～歡樂派對	1. 傳達溫馨的互動式關懷，藉由活潑趣味的方式來表達。 2. 增進幼兒大小肌肉發展、啟發創作能力。 3. 分享喜樂、平安的聖誕節氣氛。	全體幼兒、家長及老師	108 年 12 月 20 日（星期五）晚上 6：30 至 9：00	士林幼兒園體能中心暨各班活動室
餅餅有禮～幼兒運動會暨歡慶母親節	1. 增進幼兒身心健康，促進大小肌肉的發展。 2. 親子遊戲互助合作，增加親子之關係。 3. 了解幼兒學習成果。 4. 配合母親節，對媽媽表達感謝。 5. 發揮幼兒園友善社區之功能，開放社區親子參與，達到友善育兒之環境。	本園幼兒、家長、教職員及社區親子（約 300～500 人）	109 年 5 月 4 日（星期六）	臺北市士林區公所 10 樓大禮堂

資料來源：感謝謝美琪園長提供。

表 8-3-6 「迎新會～上學 fun 心 Go」活動流程

時間	活動細項	活動內容	地點
8:00～ 8:30	快樂來上學	1. 歡迎家長及幼兒進園。 2. 請家長牽著幼兒一同走過迎新拱門。 3. 邀請祖父母與幼兒於雙心框下，一同拍照記錄。	校門口 一樓玄關
8:30～ 9:30	身體充電站	1. 班級老師送上每位幼兒活力卡（幼兒名牌），迎接新學期的來臨。 2. 健康早餐：邀請新生家長（祖父母、家長）陪伴幼兒享受美味健康的早餐，幫身體補充電力。	各班教室
9:30～ 10:20	逗陣來相會	1. 會場裡之小、中、大班跟著音樂一起歡唱「歡迎歌」。在歌聲中，松鼠班、白兔班由老師帶領班級家長（祖父母）牽著幼兒的手，一同通過迎新拱門進入會場，祝福孩子們快樂學習、平安長大。 2. 園長致詞。 3. 介紹各班級老師。 4. 戲劇表演：透過戲劇「阿攸上學去」的呈現，讓幼兒有交通安全的概念，更加安全來上學。 5. 舞動身體：由老師帶領幼兒們一起唱跳「交通安全歌」。	二樓體能中心
10:20～ 11:20	校園大探索	1. 認識班級老師、同儕及教室環境。 2. 班級老師帶領幼兒至校園各角落介紹、參觀。 3. 贈送每位幼兒迎新禮物——象徵平安健康的御守，希望幼兒可以平平安安上學，快快樂樂回家。	全園環境區 各班教室

　　有關「聖誕『巾』喜～歡樂派對」的方案活動方面，包含的活動細項有「聖誕迎賓曲」、「親子闖關樂翻天」及「合影留念」，每個活動細項所發展出相對應的活動內容、時間以及地點等，內容如表 8-3-7。

表 8-3-7 「聖誕『巾』喜～歡樂派對」活動流程

時間	活動內容	地點
6：30～7：00	家長進班簽到、幼兒集合準備表演	各班教室
7：00～7：05	園長致詞 （介紹本次活動目的及相關活動項目）	體能中心
7：05～7：30	聖誕迎賓曲 （各班表演秀和律動表演，結束拍團體照） 白兔班：幸福聖誕（預計時間 5 分鐘） 松鼠班：聖誕小不點（預計時間 5 分鐘） 綿羊班：聖誕狂歡曲（預計時間 5 分鐘） 花鹿班：聖誕小麋鹿（預計時間 5 分鐘） 河馬班：聖誕 HOHO（預計時間 5 分鐘）	體能中心
7：30～8：40	親子同歡（親子闖關樂翻天） | 關卡名稱	地點	關主
1. 與聖誕有約	體能中心（前）	佩芸 筱婷
2. 雪球保護戰	體能中心（後）	富美
3. 禮從天降	花鹿班教室	小茜
4. 聖誕小麋鹿	河馬班教室	信慈 世賢
5. 勾勾拐杖糖	松鼠班教室	心慈
6. 聖誕雪橇	遊樂中心（地下室）	小穎 美秀
7. 聖誕拼拼樂	白兔班教室	琬婷
8. 聖誕神射手	綿羊班教室	俐真
9. 發放禮物	辦公室	倍仁 | ☆闖關方式：幼兒每人拿著闖關卡到各關卡闖關	
8：40～8：50	合影留念 （與聖誕老公公合照，留下幸福快樂的聖誕照片）	本園

關於「餅餅有禮——幼兒運動會暨歡慶母親節」，包含的活動細項有「大會操／咕嘰」、「各類競賽、表演節目」及「母親節慶祝活動」，每個活動細項也發展出相對應的活動內容、時間以及地點等，詳如表 8-3-8。

表 8-3-8　「餅餅有禮——幼兒運動會暨歡慶母親節」活動流程

時間	活動內容	
08：00～09：00	場地布置	
09：00～09：30	報到進場	
09：30～09：45	大會開始／運動員進場 （花鹿→綿羊→松鼠→白兔→河馬→社區）	
09：45～09：50	開幕：太鼓表演（河馬班）	
09：50～10：00	園長、來賓致詞	
10：00～10：10	大會操／咕嘰	
10：10～11：10	各類競賽、表演節目 1. 小不點向前衝（個人） 2. 種菜囉！（個人） 3. 寶石探險（親子趣味競賽） 4. ㄅㄨㄞ呦呦～跳來跳去（個人） 5. 地瓜鏟鏟王（接力） 6. 小小農夫（接力） 7. 蹦蹦跳跳（個人） 8. 請跟我走～（親子趣味競賽） 9. 背背樂（親子趣味競賽） 10.賣菜囉！（親子趣味競賽） 11.守護皮球寶貝（接力） 12.加油打氣！（接力）	1. 松鼠班、白兔班 2. 綿羊班 3. 花鹿班 4. 河馬班 5. 松鼠班、白兔班 6. 綿羊班 7. 花鹿班 8. 河馬班 9. 松鼠班、白兔班 10.綿羊班 11.花鹿班 12.河馬班
11：10～11：20	頒獎	
11：20～11：30	母親節慶祝活動／愛的歌曲——幸福甜甜圈，愛的擁抱，愛的禮物——幸運餅乾	
11：30～12：00	閉幕典禮／活動結束、快樂回家	
12：00～14：00	場地收拾整理	
14：00～16：00	活動檢討	

前述活動細項內容，必須逐一檢視與活動目標之間的一致性（如表8-3-5）；此外，活動內容的規劃必要強調教育性、創意性、有趣性以及可及性等，讓方案活動可以吸引家長參與、富有教育蘊義，且均符合連續性親職教育方案的規劃目標。

（三）工作分配

工作細項確認後，下一個步驟將每個細項的時程定出來，並進行人力的分工與安排。三個親職教育活動皆有前、中、後的工作分配。其中「餅餅有禮－幼兒運動會暨歡慶母親節」，是將親職教育擴展到社區的親子，工作分配需更加完善周詳，以此活動舉例說明。首先，從表8-3-9可知，活動籌備期間，必須規劃每個工作細項的負責人力與工作時程，這樣才能及時掌握可以調動的人力與資源。籌備期間的工作細項除了策劃、採購、場地租借、會場布置、歌曲編排等，還有行政配合的項目，例如：保險、資料整理、活動邀請卡、物資準備、物資運送等。

表 8-3-9 「餅餅有禮～幼兒運動會暨歡慶母親節」工作分配（活動前）

工作細項	工作內容	負責人員	備註
策劃	撰擬活動計劃、工作分配、聯絡各項事宜	許○○、林○○	4/12 前完成
採購	邀請卡、母親節禮物、獎牌、氣球布置、餅乾內外包裝	許○○、林○○	4/12 前完成
場地租借	場地租借聯絡事宜	許○○、林○○	3/22 前完成
資料整理	彙整各班提出之活動介紹、使用道具及器材，並製作彙整表於活動當日阿姨使用	許○○、林○○	4/9 前各班完成 4/12 前彙整完成
保險	投保公共意外責任險	謝○○	4/19 前完成
簽到表	製作本園及社區家長簽到表、線上申請免打卡	陳○○	4/26 前完成

表 8-3-9　「餅餅有禮～幼兒運動會暨歡慶母親節」工作分配（活動前）（續）

工作細項	工作內容	負責人員	備註
會場布置	1. 舞臺區背景、示範區、拍照區、競賽區、預備區、各班休息區、報到處（服務臺／醫護站） 2. 擺放活動海報、流程表、位置圖立牌 3. 張貼各類活動指引 4. 各班椅子擺放 5. 會場布置後拍攝照片	許○○、林○○ 陳○○、黃○○ 謝○○	1. 5/3 13:30～15:30 至區公所布置。 2. 舞臺及拱門布置由氣球廠商完成（廠商 5/3 下午布置）。
	音控區，測試音樂、投影機播放	謝○○	
物資運送	聯繫與租借貨車	許○○	5/3 中午前完成
	清點運動會器材（含太鼓）與物資	許○○、林○○	
活動音樂	蒐集、剪輯、燒錄當日活動所需音樂	邱○○	4/19 前完成
活動海報	製作活動海報（兩張）	黃○○	兩張活動海報分別貼於會場 1 樓及 10 樓（4/19 前完成）
歌曲海報	大會操、愛的歌曲	陳○○	4/12 前完成
歌曲編排並錄影	大會操／咕嘰	黃○○、實習生四位	4/12 前完成
	愛的歌曲──幸福甜甜圈	謝○○、實習生兩位	4/12 前完成
競賽投影片	製作投影片，如：活動流程表及活動預告……等內容	許○○、林○○	4/19 前完成
流程表、平面位置圖	製作活動流程表、場地平面位置圖	張○○	4/19 前完成
餅乾製作	各班完成餅乾禮物	各班（在體能中心製作）	4/30 松鼠、白兔 5/1 河馬、綿羊 5/2 花鹿

表 8-3-9　「餅餅有禮～幼兒運動會暨歡慶母親節」工作分配（活動前）
　　　　　（續）

工作細項	工作內容	負責人員	備註
活動指引	製作各類活動指引（競賽區、拍照區、報到處、醫護站、服務臺、廁所等）	張○○	4/26 前完成
活動邀請卡	聯繫與確認校稿邀請卡	蔡○○	4/19 前完成 4/26 連同親子橋發放
	1. 請園長用手機簡訊邀請其他園長、督學、科長 2. 同幼兒邀請卡：里長 3. 陳○○協助電子發文（謝函）	陳○○	4/26 前完成發放 5/10 前完成回函謝卡
物資準備	餐盒、茶水、醫藥箱、垃圾袋等	許○○	4/26 前完成（餐盒數量共 178 份）

※備註：
1. 完成之海報、流程表、平面圖、各類指引及音樂 CD 等物品，請交付林○○。
2. 各班活動當日所需之物品、道具及器材，請整理裝好，並標示班級、品名及數量，於 5/3 中午 12：00 前放置於本園 1 樓愛閱城堡。

　　活動當天應按照規劃的流程進行，活動的地點與每一個環節都有扣連，也需規劃每個活動環節需要的執行者，才能使活動進行順暢，如表 8-3-10。

表 8-3-10　「餅餅有禮～幼兒運動會暨歡慶母親節」工作分配（活動當日）

工作細項	工作內容	負責人員	備註
活動總監	指導活動全盤事務的處理	園長	
主持	活動主持、報幕	許○○、林○○	
報到簽名	1. 本園家長、社區家長報到及簽名 2. 長官蒞臨引進	許○○、劉○○	

表 8-3-10　「餅餅有禮～幼兒運動會暨歡慶母親節」工作分配（活動當日）（續）

工作細項	工作內容	負責人員	備註
開幕表演	表演節目，示範動作	黃○○、張○○河馬班幼兒	
活動歌曲	大會操／咕嘰，錄製示範影片，於當天上臺示範	黃○○、實習生四位	
	母親節——幸福甜甜圈，錄製示範影片，於當天上臺示範	謝○○、實習生二位	
引導人員	會場 1 樓電梯處	陳○○	於 9：30 回運動場
	會場 1 樓大門處	王○○（當日請隨身攜帶手機）	於 10：00 回運動場（若幼兒皆報到，請簽到處人員協助致電）
活動執行	各班運動員集合進場（走上舞臺喊口號）、各類競賽、節目表演、親子體能遊戲等	各班老師	請實習老師協助
音控	播放各項活動歌曲、串場音樂及投影播放	謝○○	準備兩臺筆電
場控	1. 帶領社區隊伍 2. 競賽器材 3. 運動員號碼衣（最後一棒）發配 4. 比賽隊伍秩序掌控，注意幼兒安全	1.王○○ 2. 顏○○、楊○○ 3.呂○○ 4.陳○○	1. 開始前了解場地動線 2. 提供各類競賽及表演節目所需物資彙整表參考
活動物資準備	於運動員進場後，集合代表幼兒並準備聖火（五個）	楊○○	5/4 活動當日
	於頒獎活動前，集合代表幼兒並準備獎牌（六個）		
母親節活動	活動時進行拍照	劉○○、溫○○	
活動拍照	活動時進行拍照	劉○○、溫○○	
服務臺／醫護站	幼兒保健服務、茶水補充、餐點發放	許○○、李○○	

活動當天的總監及主持人是靈魂人物，統籌全盤事務的處理及活動流程的管控。工作細項以時間順序依次為簽到、開幕表演、親子運動競賽及母親節活動拍照等，中間輔以音控、場控、物資準備及服務臺／醫護站的服務。層層相扣，相互合作，各司其職。最後，活動後的整理歸位由全體教職員共同協助，如表 8-3-11。

表 8-3-11 　「餅餅有禮～幼兒運動會暨歡慶母親節」工作分配（活動後）

工作細項	工作內容	負責人員
場地收拾整理	活動場地布置拆除、器材物資收拾整理、垃圾清理、場地借用之物品歸位等	全體教職員
物資運回、歸位	所有物資運回園內，並進行整理歸位	

（四）經費

親職教育方案活動的經費預算是關鍵，規劃者要思考經費運用的項目，因此方案規劃者要確認有多少資源可以使用，如何有效地分配及運用這些資源。該園所規劃的連續性親職教育方案所需的總經費支出如表 8-3-12，所需總經費為 83,275 元，其中「餅餅有禮～幼兒運動會暨歡慶母親節」推展到社區、參與人數最多，占經費 57%。教師規劃好經費項目後，可以視經費分配運用的合理性再進行微調後確認。

（五）評估分析

第二節所介紹之親職教育方案綜合評估模式，同樣可以運用在連續性親職教育方案的評估。與單次性親職方案的差異，主要在於連續性方案的主題系列性、方案活動間具關連性、方案活動可循環修正並調整、方案活動可以採動靜態活動區分或混合設計皆可，以及方案成果必須有連續性評估等概念。因此，在進行連續性方案評估時，教師要針對前述的方案特性，在各評估指標與說明的內容等，進行比較完整的評估與說明。

表 8-3-12　士林幼兒園親職教育方案經費彙總表

活動項目	經費科目	金額（元）	總經費（元）
迎新會～上學 fun 心 Go	交通安全御守	6,400	7,313
	幼兒名牌套＋夾子	913	
聖誕「巾」喜～歡樂派對	活動布置費	4,248	28,469
	活動材料費	24,221	
餅餅有禮～幼兒運動會暨歡慶母親節	場地布置費	8,000	47,493
	獎牌	9,555	
	邀請卡	3,000	
	餅乾材料費	9,188	
	體能器材（極限動作套組）	8,670	
	貨運車資	3,780	
	公共保險費	5,300	

　　以本節介紹的士林幼兒園親職教育方案為例，此方案包含三大親職教育活動項目，不同項目有其特性卻又相互關連，教師除了可以針對每個親職教育活動逐一進行評估分析外，也可在所有活動完成之後進行方案的整體評估。各活動的逐一評估分析，可以逕行參考前述單次性親職教育活動；至於所有活動完成之後進行方案的整體評估，雖然可以採用同一綜合評估模式，但評估時務必掌握連續性親職教育方案的目的與特性，進行整體性的評估。例如，在「符合社區在地文化」評估指標方面，如果只有其中一項親職教育活動符合該項指標，教師就應該在此指標勾選「不盡符合」並進行說明，解釋其他活動未能符合此項指標的原因，或是列為後續改善的方向等。

以下將以親職教育方案綜合評估模式，就背景、投入、執行及成果四層面所發展的評估內容，將本連續性親職教育方案評估如表 8-3-13 所示。

表 8-3-13　士林幼兒園親職教育方案之評估檢核表

評估面向	評估細項	評估指標	說明
背景層面	幼兒園的內部組織分析	符合幼兒園的願景 ■符合　□不盡符合	本次方案活動多元且具創意，親子參與的情況踴躍，活動內容也具有教育性，許多家長反應可以學到和孩子互動的技巧與觀念，會場也看到孩子和家長的互動良好，活動結束後親子都協助設備復原，甚至不留下垃圾，令人驚喜！此方案內容與執行成果與本園多元創新、快樂學習、知足感恩、尊重負責的願景應屬契合。
		符合幼兒園的發展目標 ■符合　□不盡符合	本園目標為五心（想像的心、好奇的心、自信的心、愛人的心、感恩的心）及五力（專注力、創造力、思考力、解決問題的能力、抗壓力）。本方案特別看到孩子在自信心、感恩心，以及解決問題的能力等表現。
		現有條件可否支持 ■具備條件　□不完全具備條件	本園所有師資皆支援。經費方面，除了本園經常性經費外，另獲得教育局部分經費補助，經費應屬充裕。
	幼兒園的外部環境	融合幼兒園發展特色的程度 ■融合　□不盡融合	本方案能擴大社區參與及增進家園互動，應屬適當。

表 8-3-13　士林幼兒園親職教育方案之評估檢核表（續）

評估面向	評估細項	評估指標	說明
背景層面	幼兒園的外部環境	符合社區在地文化的程度 □符合　■不盡符合	1. 本方案開放所有幼兒園家長與社區居民參與，難以限定在所在社區。 2. 「餅餅有禮～幼兒運動會暨歡慶母親節」能重視和社區在地文化的連繫，但其餘兩活動則相對較少關注，此情形將提到園務會議進行討論。
		具備可支持的外部資源 ■符合　□不盡符合	位於都會區，有充沛的文化資源及志工、實習老師等。
	參與對象需求評估	方案符合家長需求 ■符合　□不盡符合	1. 迎新會、親子闖關、親子運動會皆設計親子互動、共學及遊戲，增進情感。 2. 活動設計符合親子的特性，動態性的活動讓所有人都能充滿參與活力，場面熱絡。
		方案符合幼兒需求 ■符合　□不盡符合	
		方案符合社區民眾需求 ■符合　□不盡符合	親子運動會擴大至社區居民，活動當天的反應相當良好。
投入層面	方案計畫書的適切性	理念與目的的適切性 ■符合　□不盡符合	主題內容包含三大部分，各有不同的目標與規劃，但整體而言，計畫書內容都能符合親職教育方案的目的。
		計畫時程與工作分配的合適度 ■合適　□不盡合適	活動分為前、中、後三階段，規劃詳細嚴謹的工作分配表，全園師生共同籌備執行。
		運用社區資源的合理性 ■合理　□不盡合理	幼兒運動會使用社區活動中心辦理活動，善用社區資源。

表 8-3-13　士林幼兒園親職教育方案之評估檢核表（續）

評估 面向	評估細項	評估指標	說明
投入 層面	方案計畫書 的適切性	經費及人力資源的充分性 ■充分　□不盡充分	除了幼兒運動會活動有社區教保資源中心挹注 2000 元外，經費自籌。人力資源主要為幼兒園現有的人力及實習老師。整體而言，人力和經費尚屬充分。
		提升家長及社區民眾參與率之作法 □合適　■不盡合適	1. 本方案製作活動海報及邀請卡進行宣傳，鼓勵親子參加。 2. 活動海報透過里長張貼，但許多家長仍表示沒有印象，里長辦公室可能不是合宜的公告地點，可以進一步評估。
	教學活動設計的合宜度	結合幼兒園課程主題的程度 □符合　■不盡符合	1. 聖誕活動闖關卡設計可讓幼兒進行點數，配合課程增進幼兒數學能力。 2. 其他活動與主題課程的結合度不高。
		活動是否能回應家長需求 □符合　■不盡符合	1. 以動態活動為主，戲劇表演、親子律動、親子闖關、各類競賽及表演節目等活動方式，增進親子互動及情感，活動多元有創意。
		活動是否符合幼兒的發展特性 □符合　■不盡符合	2. 缺少靜態活動的規劃，可能讓許多適合靜態活動的家長無法參與，是要進一步評估的。 3. 迎新活動可考慮規劃更多靜態的活動，演講或圖書介紹，建議未來可以參考。

表 8-3-13　士林幼兒園親職教育方案之評估檢核表（續）

評估面向	評估細項	評估指標	說明
投入層面	教學活動設計的合宜度	環境資源設備規劃的充分性 ■充分　□不盡充分	各班能在運用有限的情境素材與班級作品創新，擺設出不同情境的布置。
執行層面	執行過程之適切性	實施日期與時段的適切性 ■合適　□不盡合適	1. 因應家長及社區親子的需求，活動在晚上及假日舉辦。 2. 運動會之後的次週一為補假，許多家長抱怨無法安置小孩，以後可就補假方式再行討論。
		地點與場地設備的適切度 ■合適　□不盡合適	使用幼兒園及社區的活動中心，場地設備合適。
		教材與資源的充足性 ■充足　□不盡充足	1. 迎新會戲劇道具用心。 2. 聖誕活動每個關卡都準備二組以上器材，有效提升闖關速度。 3. 運動會活動搬運公司要準時到，搬運的順序要留意，例如：文具用品要最後再搬上車，卸貨的時候可以快速卸貨進行布置。
		活動流程的順暢程度 □順暢　■不盡順暢	1. 迎新會活動幼幼班都擠在樓梯等待，動線都卡住。建議大中小班先唱歡迎歌，再通知幼幼班上樓。排列方式建議幼幼班在兩側，大中小班依照晨會的順序排，但是每班成三列為佳。 2. 聖誕活動建議在體能中心設置兩個關卡，可於入口處設置立牌指示，家長能更清楚動線。關卡老師在發過關貼紙時，建議可將數字貼放置於桌上讓幼兒自行領取。

表 8-3-13　士林幼兒園親職教育方案之評估檢核表（續）

評估面向	評估細項	評估指標	說明
執行層面	執行過程之適切性		3. 運動會活動上臺線有貼上幼幼班的起點線，可以準確地走到定點。
		經費調配的恰當性 ■恰當　□不盡恰當	母親節禮物花草蛋糕與餅乾只購買材料，而非直接採買成品。節省經費並帶孩子為這份母親節禮物用心準備。
		人力資源調配的恰當性 □恰當　■不盡恰當	1. 各工作項目之負責人員請各司其職，勿隨意離開負責區域。負責播放廣播的人員需協助接聽辦公室電話，並在進行雨備方案時於一旁協助家長與聖誕老公公合影拍照。 2. 建議安排工作項目時，可讓老師們有不同的工作內容，可以有不同的學習、體驗。
成果層面	方案滿意度	整體方案規劃的滿意度 ■滿意　□不盡滿意	1. 迎新會戲劇效果好，幼兒們都很專心和開心，家長都很放心。 2. 聖誕活動整體表演及闖關活動順暢，親子可以一起同樂，家長反應佳。 3. 運動會活動整體而言，流程順暢、動線不錯，家長及幼兒都能遵守秩序，親子同樂。
		講座或指導教師的專業程度 □專業　□不盡專業	方案沒有講座或指導教師，本項暫不予評估。
		教學活動設計及內容適切性 ■合適　□不盡合適	戲劇表演、親子律動、親子闖關、各類競賽及表演節目等活動方式，增進親子互動及情感，活動多元有創意。

表 8-3-13　士林幼兒園親職教育方案之評估檢核表（續）

評估面向	評估細項	評估指標	說明
成果層面	方案滿意度	課程或活動氣氛的友善度 ■友善　□不盡友善	除了親子律動、親子闖關及表演節目外，還增加贈送母親節禮物、與聖誕老公公合照等，氣氛熱鬧友善。
		場地及設備的滿意度 ■滿意　□不盡滿意	1. 聖誕活動因園刊親子橋宣導及張貼公告，校門口停車情形有改善。 2. 運動會活動加上康乃馨鮮花布置，母親節氣氛加溫。 3. 運動會活動在區公所，交通方便。
	方案成效	有效提升親職知能 □符合　■不盡符合	方案沒有針對親職知能進行規劃，本項成效較難評估。但整體而言，家長可以了解與幼兒互動的一些原則或方法，應該會有所幫助。
		了解並改善親師關係 □符合　■不盡符合	由於是動態活動，家長比較難長時間跟教師對話，尤其老師都有任務，也難以兼顧。這部分是動態活動的缺點，以後要考慮增加靜態活動的規劃。
		建立家庭與幼兒園的合作關係 ■符合　□不盡符合	
		增進教師溝通能力的專業性 □符合　■不盡符合	1. 依據回饋單內容分析，此部分的回饋證據仍有不足，建議未來辦理相關活動可增加相關題項，並請家長填答。 2. 當天有家長當面肯定我們的辦學用心，並表示會介紹朋友的小孩來參觀本園。
		提升幼兒園在社區的教保專業地位 □符合　■不盡符合	

研究題目

1. 幼兒園推動親職教育方案可能會遇到的困難與挑戰為何？如何運用方案評估策略克服其困難？

2. 本章提到親職教育方案評估的模式有以下三類：Kirkpatrick 發展的四層次評估模式、PDCA管理循環模式及Stufflebeam發展的CIPP評估模式。請依照親職教育方案評估架構，包含對於方案的需求、執 過程、以及結果等三方面（郭佳華，2001）分析其內涵。

延伸活動

1. 請依據幼兒園的背景現況及家長需求，規劃公幼、私幼、以及非營利幼兒園的親職教育方案。

2. 再依據本章第二節的綜合評估模式（背景、投入、執行及成果面向），對上述的親職教育方案進行分析。

幼兒園親師溝通與案例分析

涂妙如

幼兒園親師溝通主要是指幼兒園老師、家長或其他家庭成員間溝通與互動的歷程和成果。本章分成三節說明，第一節論述幼兒園親師溝通的重要性與角色演變；第二節說明幼兒園親師溝通的類型、方式、技巧原則以及常見問題與因應方式；第三節探討幼兒園親師溝通的案例分析。

第一節　幼兒園親師溝通的重要性與角色演變

面對親師溝通的議題，常讓幼兒園老師感到緊張與焦慮。在少子化的社會趨勢中，家長對於家中寶貝的呵護更甚以往，對於幼兒園事務的參與也較重視。本節分別呈現親師溝通的意義與重要性，以及隨著時代變化，親師溝通角色的演變。

一、老師是家長的重要教養支持角色

隨著社會快速發展，近 20 年來，臺灣女性因教育程度提升及產業結構轉型發展，婦女勞動力參與率持續上升，婚育離職比率則逐漸降低。依據行政院主計總處（2019）的調查資料顯示：15～49 歲育齡有偶婦女勞動參與率為 75.46%，其中有未滿 6 歲子女者為 71.13%；總體女性勞動參與率上升 19.41 個百分點，其中子女均未滿 6 歲者亦上升 24.61 個百分點。其次，核心家庭為當前家庭型態的主流（行政院主計總處，2019），雙薪核心家庭有育幼需求者，便需仰賴家外托育服務（包含托嬰中心、居家保母、幼兒園等）來偕同照顧幼兒的成長。

另依《107 年兒童及少年生活狀況調查》指出，臺灣地區 0 至 6 歲兒童呈現出日益增高的送托比例，其中 3 歲至未滿 6 歲幼兒就讀幼兒園者比例達 85.1%，而由父母親自照顧者僅占 8.4%（衛生福利部，2019），可見幼兒園在家長教養子女過程所扮演的重要定位。其次，《107 年兒童及少年生活狀況調查》也指出，當遇到托育問題時，育有 3 歲至未滿 6 歲幼兒

家庭，除了上網查詢（47.1%）、向（岳）父母或長輩求助（43.9%）外，向孩子學校老師求助（35.8%）也是主要方式之一。此外，親師溝通的議題上，依據陳淑貞（2020）以桃園市公立幼兒園老師與家長為研究對象的發現：老師較常與家長討論幼兒生活習慣及人際相處，而家長較常與老師討論其子女在幼兒園中的學習狀況。綜合前述可見，老師已成為家長教養幼兒時的重要諮詢對象。

二、親師溝通的意義與重要性

親師溝通，就字面上的意涵，是指家長（或泛指家庭中的成員）與幼兒園的教保服務人員（通常為班級老師）彼此相互溝通、交流互動的歷程。親師溝通的內容，包含幼兒「生活照顧」、「身體健康」、「學習表現」、「同儕人際互動」及「生活習慣」等（李俐誼，2012）。藉由親師溝通，除了讓送托的家長了解幼兒園的各項行政訊息、活動及親職教育等基本資訊外，更讓家長知道幼兒在幼兒園中的身體狀況、日常生活情形（如例行性活動的用餐、午睡、如廁等）、學習活動概況（如多元學習活動、團體活動、學習區活動、主題課程參與情形等），以及師生與同儕互動情形，同時也了解幼兒的發展與表現情形。透過相互溝通良好的親師溝通，可以延伸幼兒園的學習，讓老師了解幼兒在家中的情形，有利於親師間建立起夥伴關係，一起參與並支持幼兒的學習與成長。

李俐誼（2012）曾以臺南及高雄地區公立幼兒園教師為研究對象進行調查研究，指出老師認為親師溝通有助於教學活動、班級經營、招生工作、家長資源建立與特殊幼兒輔導等的順利推展。此外，良好的親師溝通同時也能增進老師的教學效能（黃于芳，2017）。

良好的家園合作與有效的親師溝通是協助幼兒健康成長的重要因素。親師溝通良好、親師關係愈佳，愈有利於幼兒的社會技巧學習（Iruka, Winn, Kingsley, & Orthodoxou, 2011）與正向學習表現（劉豫鳳，2014；

Kuhn, Marvin, & Knoche, 2017; Minke, Sheridan, Kim, Ryoo, & Koziol, 2014），是值得關注的重要議題。

三、親師角色與溝通的演變

　　隨著時代的遞變，親師之間的溝通與關係，因著角色期待改變而有不同的互動方式。1950 年代的親師溝通，視父母為學習者，而老師則是教養資訊的提供者；1960 年代隨著父母教育程度提升，老師視父母為擬定幼兒學習計畫的夥伴關係（許錦雲，2008）。近年，受到教育機構市場化效應的影響，親師間的溝通參雜著顧客與雇主／服務者間的互動關係（陳姿蘭、張靜文、廖鳳瑞、陳韻如，2019），幼兒園轉而更符應家長的需求提供相關資訊；親師間角色與期待不同，影響彼此間的溝通互動。

　　在昔日教育較不普及的年代，在尊師重道的價值觀影響下，強調老師角色的專業性與權威性，家長／家庭在親師溝通的過程中多半以配合與順從老師意見為主。隨著教育普及化與家長教育程度提升，家長對於子女教育有自己的想法與意見，親師溝通的方式隨之改變，雙方成為意見交換與合作夥伴的關係。近年，更因教育市場化的緣故，家長教育選擇權更加地受到強調，加上可選擇的教育場域與機構也愈來愈多元，親師溝通的角色也發生不小的變化。若是以消費者的觀點，現今親師溝通互動中，家長似乎擁有更多的影響力與決定權；加上少子化日益加劇的趨勢，幼兒園為有利於招生，更容易偏向以滿足消費者需求為主的親師溝通方式。前述親師溝通角色的變化同時影響著教學與學習，更改變著親師互動的文化與相互期待，如何面臨前述改變並加以因應，已成為當前幼兒園老師的重要課題。

第二節　幼兒園親師溝通的內涵、常見問題與因應方式

　　前述探討親師溝通的重要性與角色演變之後，本節說明幼兒園親師溝通的類型、方式、媒介以及溝通的技巧與原則，並就親師溝通常見問題與因應方式分析如後。

一、親師溝通的類型

　　吳惠祝（2016）指出，親師溝通的理念建立在親師彼此信任、知己知彼、開誠布公、全面關懷、即時回應、情感交融、建立互信上，以達成親師之間正向積極的溝通共識。依據親師彼此合作、溝通的程度，可以將親師溝通分為不同的類型；林建平（1996）便舉出三種親師溝通的型態，分別為：(1)合作無間、水乳交融型；(2)不聞不問、形同陌路型；以及(3)相互指責、水火不容型等（引自許錦雲，2008）。另有學者將常見的親師溝通類型分成六大項，茲說明如下（吳宗立，1999；蕭仲廷，2012）。

（一）積極熱心型

　　在幼兒園中，常會見到積極參與、熱心協助的家長。這些家長與老師溝通良好、親師彼此合作，提供教學資源或是擔任教學的協助者（例如，故事媽媽、學習區的協助者等）、活動志工，與老師間形成良好互動的教育合夥人。

（二）過度關心型

　　部分家長因為過度擔心幼兒的學校生活，產生較多的焦慮情緒，而可能會以「過度關心」或「專家型」的溝通方式來建立親師關係。此類型家

長可能或多或少具有教育相關的專長，有些也可能是社區意見領袖，例如
鄰里長、社區代表，除了關心自己子女的學習外，並對幼兒園提出較多的
建議，也積極參加整體社區、相關機構、園務的活動等。

（三）較少關心型

　　部分家長可能因為工作忙碌的緣故，或因過去曾有負面的就學經驗，
對於子女就讀幼兒園的相關事務較少參與。這類型家長雖較少引發親師間
衝突，但同時也可能對子女的學習與成長投入較少心力，需要班級老師更
主動積極的聯繫、溝通。

（四）敵意抗爭型

　　這類型家長可能因過去累積較多失敗、挫折的溝通經驗，以及負向的
人際互動歷史，以致於面對學校老師的溝通時，較常以負向的觀點來理
解。加上社會氛圍傾向鼓勵主動抗爭、表達個人反對意見，甚至以「擴大
事端」來處理親師間的問題，以達成個人的目的。此類型家長喜歡以投
書、向主管機關申訴、運用媒體表達訴求等方式向學校、老師施壓、製造
紛擾，來表達個人的期待與意願。

（五）負向教育型

　　負向教育型的家庭價值觀較偏離社會主軸價值，甚至嚴重扭曲，家長
行為不足為子女的身教楷模，如行為暴力者、藥物濫用者……等，在子女
的成長過程中提供負面的示範。此類型家長甚至要求老師也使用較為嚴厲
處罰方式教導子女。

（六）過度溺愛型

　　這類型的家長對於子女的照顧過於保護，甚至弱化子女應發展與學習
的生活自理能力。如因擔心幼兒可能受傷，要求老師限制幼兒參與的活動

型式；或因擔心幼兒受涼，無論寒暑每日都要子女穿著較多的衣物，且不能脫掉；對子女飲食上的要求與限制也較多等。

　　除了上述親師溝通類型外，其實多數的幼兒家長在親師溝通時多能呈現出溫和、支持的態度。現代雙薪家庭日益普及，家長平日送幼兒入園的腳步匆忙，親師間通常只有在接送幼兒時能短暫地寒暄問候，或是在聯絡簿上簡短地交流相互意見；遇有需好好溝通討論的需要，親師間通常需要先彼此預約時間，才能針對議題深入討論、交換意見。李俐誼（2012）的研究指出，公立幼兒園老師的親師溝通感受方面，大致可歸納為三種：「成功的欣慰感」、「挫折的無力感」以及「受傷害的沮喪感」；可以了解在親師溝通的議題上，老師可能獲得成功且令人欣慰的經驗，但也可能產生挫折或傷害的無力感受。如何協助老師在親師溝通的過程中盡可能地獲得成功經驗，是值得持續努力的方向。

二、親師溝通的方式與媒介

　　幼兒園親師溝通的方式多樣，大致可分為口語溝通與書面溝通兩大類。口語溝通指的是老師與家長間採取直接的口語溝通、交流，包括面對面的個別談話、班級親師會、電話會談、親子活動互動等；而書面溝通指的是親師間透過書面文字交流與互動，例如聯絡簿、布告欄好文分享、通知單、字條、班訊、園訊等（陳姿蘭、張靜文、廖鳳瑞、陳韻如，2019）。近幾年，因著智慧型行動載具與無線網路的快速發展、高可得性與易使用性，又新增了使用社群媒體的溝通管道，如 LINE App（李昕芮，2015；涂保民、黃月琴，2017；楊麗櫻、陳棟樑、陳俐文，2019）、部落格（尤薏茹，2010；孟憲蓓，2010）、Facebook 社群（林芳瑜，2016；廖秀娟，2016）、班級網頁（張友蓉，2019）等，親師溝通的方式藉由數位化的方式而產生多元的樣貌。關於幼兒園常見的親師溝通方式，茲分述如後（許瑋倫，2017）。

（一）口語溝通

1. 班親會

　　開學初期，除了新生家長會外，班親會是老師與班級家長第一次的正式會談，也是相互認識的好機會。透過事先規劃的友善會談環境與準備相關資料，是讓親師間能熟悉彼此，並建立初步關係的開始。在班親會中，老師常運用簡報方式或提供書面資料，清楚介紹自身的教育理念、班級幼兒能力與特質、教學課程計畫與目標、班級經營的模式等，以及其他輔助課程，例如：生命教育、品德教育、人際關係、學習區規劃、閱讀、體能等，這些資訊與老師本身特質，都是家長所看重的。

　　另外，班級經營模式也是一開始需讓家長清楚明瞭，必須請家長配合與支持的重要項目。因此，說明班級經營理念時，老師的溝通語氣與口吻必須溫和，但態度與眼神則必須是堅定與自信的。讓家長了解老師的所有班級經營規劃，其出發點是為了班級孩子們的學習與發展，最終的目標則是以整個班級團體利益為優先考量，邀請家長一起協助與合作，使老師日後在班級經營管理上事半功倍。

　　因此，老師確認班級幼兒與家庭相關資料後，需積極邀請家長參與班親會，除了讓家長了解班級相關事務，也讓家長彼此間有機會相互認識、交流，成為日後幼兒互動時的重要支持。倘若仍有家長因故未能參與班親會，老師宜準備相關資料與會議決議，提供給當日未能參加的家長，以利這些家長有機會知悉班級資訊，日後也能配合與參與。

2. 親師會談

　　面對面溝通時，可以看到對方表情、感受較直接，同時可以立即回應、適時調整話題，也是親師間比較喜歡的溝通方式（許錦雲，2008）。通常接送幼兒時，親師間面對面溝通的機會最多。許瑋倫（2017）指出，面對面與家長溝通幼兒的學習或是行為問題時，建議老師能採用傾聽的方

式，先同理家長情緒，以誠懇的態度來回應家長的提問，較能獲得正向的回應。此外，考量老師帶班的責任與工作負擔，以及家長接送幼兒時間上的匆忙，如遇到需要較長時間談話的狀況時，建議親師間彼此以預約的方式進行，讓親師溝通時有較佳的談話品質與較佳的成效。

一般來說，家長都期待能與老師溝通、分享幼兒在學校的生活與學習。因此，如何與何時適合和老師討論幼兒在幼兒園的情形，預約親師溝通的資訊也需在開學初期就讓家長能清楚了解。至於親師溝通的內容，需仰賴老師的專業觀察與判斷，在溝通時建議能提供幼兒在校的具體行為描述，邀請家長一起參與並協助幼兒的學習與成長；例如，面對新生的家長，關於幼兒入學適應的策略，應該是家長最需要的資訊。另外，針對特殊幼兒的個別化教育計畫（IEP），需要採用個別會談的方式來進行，有時也會邀約相關專家參與會談，以利提供更有效的策略來協助家長與幼兒。

3. 電話訪談

當無法與家長面對面溝通時，以電話彼此聯絡也是常見的親師溝通方式。部分老師定期以電話訪談方式跟家長保持良好的互動，提供幼兒在校生活與班級即時的資訊，是建立親師彼此信任與關係的好方法。特別是發生突發狀況，如幼兒身體不舒服、受傷時，需要即時使用電話聯繫家長，讓家長能放心與安心，建立起親師間的信任感。因此，在開學前，需將幼兒家庭的基本資料、緊急聯絡的方式等，於簽訂幼兒園教保服務書面契約時就填寫完成。有關於幼兒園教保服務書面契約的參考範本，可參閱全國教保資訊網（https://www.ece.moe.edu.tw/archives/5060）。

4. 參與園務活動

幼兒的學習與成長是親師共同關心的焦點，幼兒園可透過不同的型式，邀請家長入園了解幼兒的學習情形，例如開放班級，邀請家長進班觀察；參與教學主題高峰分享活動、幼兒學習成果發表會；擔任家長志工等。另外，部分幼兒園為了讓家長成員有不同的參與機會，配合家長成員

的方便性，辦理不同性質的家長參與活動，例如爸爸早餐會、親子星光音樂會、敬老感恩活動等。此外，配搭不同的節慶活動，如搖元宵、搓湯圓、包粽子、中秋賞月、吃團圓飯，以及各項節日，如母親節、父親節、祖父母節、聖誕節等，幼兒園更是創意滿滿地設計出各種趣味的活動，邀請家長與家人一起參與幼兒園多采多姿的生活。除了平日的學習活動與節慶活動外，每一年的畢業典禮、成果發表會等，更是家長引頸期待的節目。經由這些活動的參與，除了增進親師關係、了解幼兒的學習，更讓家長可以延伸幼兒的活動內容至家庭中，成為良性的互動，為家庭留下美好的記憶。

5. 參與親子活動

幼兒園定期性辦理親子活動，如親子運動會、親子郊遊、親子園遊會等，創造幼兒園與家庭成員間互動的機會，也是親師溝通的好時機，同時也營造出幼兒園的親師互動文化。幼兒園可結合自身的教學特色、資源及老師專長，規劃辦理較大型的親子活動，讓家庭成員都可一起同歡。這類型的親子活動通常需要較長的事先規劃，包含活動設計、場地安排以及人力支援等，可參與的人數通常也較多。

6. 參與親職講座活動

幼兒園為了達成家園合作的目標，也會定期辦理親職講座，邀約合適的學者、專家將期待的教養理念與知能傳遞給家長，同時也能增進親師溝通的效果。部分幼兒園更將親職講座活動發展成父母學苑，安排一系列的親職講座活動，逐步將幼兒園的教育理念、作法融入親職講座的議題中，邀請家長一起合作，更有效地協助幼兒學習與發展。

（二）書面溝通

除了前述的口語溝通之外，書面溝通也是親師常用的溝通方式。書面溝通的內容可以提供家長反覆閱讀以及其他家人分享，使用的普遍性更高。

1. 聯絡簿

　　聯絡簿是親師間以文字相互聯繫的簿冊，也是幼兒園最常使用的親師溝通方式。依據幼兒園的經營方式，採每日或每週由每位幼兒帶回家的方式進行。幼兒園的聯絡簿有時也會以不同的名稱呈現，如：親子聯絡簿、親師手冊、家園心橋、寶寶日誌、親子園地、成長週記等。幼兒園聯絡簿的內容會因幼兒園的規劃與期待，或由幼兒園自行設計內容，或採購坊間出版社設計的聯絡簿。一般來說，聯絡簿記錄內容包含：幼兒的身體狀況／健康情形（含體溫）、飲食狀況（早餐／上午點心、午餐、下午點心）、教學活動（如團體、小組、個人、戶外活動等）、保育活動（如廁、睡眠等）、特殊狀況（身體異常、受傷等）、園方或老師張貼的公告（棉被帶回清洗、流行性疾病宣導等）、幼兒園的活動預告（家長會、親子活動等）、待辦與注意事項（如增添換洗衣物）以及寫給家長的一般性訊息或個別性訊息，如：幼兒學習狀況、生活記錄、特殊問題等。同樣地，基於相互聯繫，聯絡簿中也會預留家長可回應或增加訊息的空間。家長完成檢視與回應後，次日或次週再由幼兒帶回幼兒園交給老師。對於無法直接面對面或電話互動的親師雙方，甚至是不好意思開口對話的家長，聯絡簿提供了以文字進行溝通互動的機會，同時也留下了文字的紀錄，以利日後查詢與翻閱。

　　隨著科技進步，現今也開始有部分的幼兒機構採用電子聯絡簿的方式進行親師溝通。所謂的電子聯絡簿是指把傳統紙本聯絡簿以智慧載具應用程式呈現，並下載於智慧載具使用，利用網際網路讓親師溝通沒有時間與距離的限制。電子聯絡簿有多元的功能，雖能達到親師溝通的立即性、有效性及時效性（王彬如，2020），但也時有聽聞家長反應操作上的問題，如找不到訊息。其實際效益仍需進一步評估。

　　由於聯絡簿是以文字為主要的訊息傳遞方式，因此親師溝通時須留意用字遣詞，以「尊重」為前提，使用淺顯易懂的詞句，避免錯別字。另

外，考量到幼兒的照顧者可能並非其父母，遇有隔代教養或是單親家庭時，對於園內的相關訊息與配合事項宜更具彈性，多一點關心與體貼，必要時當面聯繫或是打電話通知，方能達到聯絡簿的聯繫功能。

梁佳蓁（2016）與周素惠（2019）均指出，若能有計畫、有組織、有效率的規劃與應用聯絡簿，使其充分發揮效能，聯絡簿將不僅只是訊息傳遞工具，更是協助幼兒學習成長、父母師長凝聚情感、親師合作、教學相長之最佳利器。

2. 好文分享

除面對面的講座活動之外，親職教養文章的分享也是親師溝通的好媒介。不論是即時性的健康議題文章，如疾病防治、衛生宣導、視力保健等，或是教養新知，如大腦科學研究與教養、飲食與行為等，都是幼兒園可善加利用的好方法。另外，針對個別幼兒的親職教養需求，例如偏食、適應不良、行為問題等，可提供家長個別的輔導資料。文字資料的提供方式，除了隨同聯絡簿發放外，在幼兒園的家長接送區可提供親職教育布告欄以張貼相關文章；發行園訊、園刊，或是在幼兒園的網站、FB 網站專頁定期更新資訊。

3. 社群媒體溝通

現代資訊的傳遞即時且快速，親師溝通的方式也隨著智慧型手機的普及與網路的高可得性，而有不同的期待與改變。一般而言，幼兒園家長對於使用社群媒體並不陌生，且大部分的家長將使用 LINE 視為日常生活的一部分，家長十分肯定親師溝通時使用 LINE，最認同的優點是簡易便利（李昕芮，2015）。但也因為簡易便利，當親師各自解讀文字訊息或圖像符號時，即容易出現溝通的誤會。因此，需同時建立與制定親師溝通使用 LINE 的時間與規範，共同遵守，始能善用科技工具，促進良好的親師關係（林懿嬅，2018）。部分採用 LINE 溝通的幼兒園，老師會使用學校設置的官方 LINE，且已經設定溝通時間，避免衍生的困擾。此外，部分班

級透過 Facebook 開設班級社團（廖秀娟，2016）、雲端相簿及班級網頁（張友蓉，2019）等，分享活動照片與最新消息。另外，也有少數老師使用電子信件的方式，傳遞訊息。面對這一波數位媒介的浪潮，當老師的科技創新意識愈高，對於運用網際網路與社群媒體的知覺易用性與知覺有用性就愈高，相對地，對持續使用意圖即呈現正向影響（許梅樺，2017；柯妤姍，2019）。前述在社會趨勢與媒體發展的推波助瀾下，頗值得老師作為規劃日後進修方向的思考。

雖然溝通的管道較先前新增不少媒介，但陳淑貞（2020）的研究指出，在親師溝通媒介方面，親師間仍最常以面對面溝通為主，唯家長相對於老師，自覺較常使用 LINE 作為親師溝通的媒介。此外，也指出有關於活動前提醒和臨時重要事項通知，親師也認為使用 LINE 通訊軟體最適合，至於親子教養資訊，則希望由老師內化後，再口述相關訊息或提供書面資料給家長。而蔡佩君（2019）指出，LINE 因使用過易，易造成老師隱私上的考量，且耗時耗力，而影響老師使用的意願。至於班級網頁部分，則可以提供家長其子女在校的學習活動照片與影片，除了提供幼兒園的相關資訊外，更有利於家長了解幼兒學習狀況，達到親師溝通的目的（張友蓉，2019）。

三、親師溝通的技巧與原則

面對親師溝通，部分新手老師容易出現：較不重視穿著無法展現專業形象、對幼兒學習較沒有具體目標、沒有勇氣接聽電話、不敢主動與家長溝通、不能完全了解家長的需求、專業能力需再精進，以及自信心不足等問題（曾玉娣，2010）。往往需要經由資深教師或是行政主管的輔導與陪伴，幫助新手老師建立專業自信。

許錦雲（2008）曾深度訪談 9 位幼兒老師與 11 位家長，研究結果指出良好親師溝通關係的建立包含：溝通方式、溝通技巧，以及溝通意圖等三

方面。在溝通方式上，良好的親師關係都傾向於面對面的溝通，可以直接感受對方訊息並給予立即的回應，老師主動的溝通也是重要的關鍵。何祥如與蔡佳燕（2010）曾以新住民家長為對象進行研究，指出老師本身積極的態度不僅獲得家長的肯定，也提升了她們參與活動的意願。其次，溝通意圖方面，則強調老師宜能發自內心誠懇，讓家長感受到老師的用心。再次，在溝通技巧上，老師方面除了親切、和善的肢體語言外，還需要留意「先說好，再說不好」、「同理」、「稱讚孩子」以及「說話圓融」等技巧。

廖麗雲（2011）指出，老師宜能將心比心，且須用愛心說真話，如有疏失坦承以對並能揚棄成見，方能達成共識，做出對幼兒最有利的決定。李俐誼（2012）的研究指出，要締造親師溝通成功經驗的因素包含：老師具有同理心、積極主動的溝通態度、良好的溝通技巧、尊重家長的文化特色、分享自身育兒經驗、展現教育專業自信、建立互信的親師關係，並能善用溝通媒介的力量等。另外，江岱蓉（2013）曾以臺北市公立幼兒園為研究對象，研究發現老師與家長一致認為親師溝通良好的重要因素有二點，其一為老師應主動與家長溝通，其二為家長應信賴與尊重老師，並給予支持。

除了前述的溝通技巧與影響因素外，戴曉雯與郭葉珍（2020）歸納了以下五項親師溝通的原則：

（一）同理心原則

親師溝通時，老師宜能盡量以家長的立場來思考，將心比心，排除先入為主、過往刻板的觀念，以開放的心胸與態度，多傾聽對方的想法與意見，不須急著澄清個人的觀點，反而須先了解家長的溝通意圖與需求。

（二）主動原則

老師宜與家長定期溝通聯繫，特別是無法親自接送幼兒的家長，建議

可採用每週至少一次的電話聯繫。將孩子在幼兒園的學習狀況及表現主動告知家長，多讚美幼兒的優點與好行為，至於幼兒應改進與調整的部分，就要盡量尋求家長的理解與意見，共同討論取得解決的方法。

（三）親切原則

與家長談話時，老師宜充分展現出願意與家長成為夥伴、朋友的誠意，自然而親切的態度、適度的笑容，能讓家長安心談話，進而使他們樂意說出真心話。

（四）傾聽原則

在聆聽家長說話時，老師神情宜專注，避免同時處理幼兒或是其他行政事務，並鼓勵家長說出想法、疑問或建議。因此，如果需要較長時間的溝通，建議老師另外與家長安排溝通的時間，並選擇合適的地點進行。老師在聽完家長提出的要求與期待後，可針對家長的要求，再加以澄清，以了解事情的癥結所在。

（五）客觀原則

親師溝通時，建議老師只做客觀事實的描述，不宜加入個人主觀的詞彙、論斷，且應避免情緒性的評語，可協助彼此的溝通更加聚焦，減少衝突。

四、親師溝通常見的問題與因應

（一）親師溝通的影響因素與常見困境

影響人與人之間溝通互動的因素非常多元，個人特質、互動方式、溝通管道以及互動環境等，都可能存在著影響。吳惠祝（2016）便指出，影響親師溝通的因素包含：親師的個性與特質、親師間的溝通對象及溝通對

象的社經背景等。而造成親師溝通不愉快的經驗，其原因包含：親師教養觀念不同、家長質疑教師專業能力、教師缺乏多元文化觀念或家長處理問題態度不恰當等因素（李俐誼，2012）。郭紫宸（2012）訪談中部幼兒園園長、老師與家長後，提出八種造成親師溝通困境的因素，分別為：親師對問題解決的要求有落差、親師生未建立和諧關係、親師理念不同、親師角色本質差異、未將心比心、家長質疑老師的專業、家長要求不合理，以及溝通技巧不足等。

此外，王俐文（2017）以高雄市六位公私立幼兒園老師為研究對象，採用質性研究方法，運用半結構訪談、訪談札記等方式蒐集資料並加以分析，歸納出幼兒園教師親師溝通之情緒地理。所謂情緒地理，是 A. Hargreaves 引用地理學的概念，將人與人溝通時抽象的親疏情緒空間，劃分成五種面向的情緒距離，分別為：社會文化、道德、專業、政治、物理等五種距離狀態。王俐文的研究結果指出：社會文化差異會引發幼兒老師在親師溝通過程中對家長產生負向情緒，而族群、家庭類型、社會經濟地位、性別與幼兒行為表現則是老師認為是構成彼此有差異的因素；當老師無法認同家長的教養方式時，會產生道德情緒起伏；且如果老師在幼兒發展與教育的專業自主受到家長質疑或不信任時，更會引發老師專業情緒距離；現在的家長消費者意識愈來愈高漲，當老師的專業權力受制於家長時，老師會偽裝真實情緒，保持親師互動和諧的假象，反而易引發老師負向情緒；唯有老師與家長溝通的管道暢通、方式多元化，尤其是進行面對面的互動，始能有助於縮小親師之間的情緒距離。

（二）面對親師溝通困境的因應方式

當老師覺察親師溝通的困境與影響因素後，必須主動尋求因應的方法。江岱蓉（2013）指出，親師雙方皆知覺溝通障礙原因是親師教育信念、對幼兒學習方式與學習內容期望等不同，但老師也發覺當親師彼此對幼兒生活自理與常規要求不一致時，會造成溝通障礙；而家長自認工作忙

碌更會影響親師之間的溝通。當面對親師溝通有問題時，通常老師會以合作、說服、妥協等方式導引並化解親師溝通障礙；而家長則會採取與老師一起討論，取得讓雙方都滿意的解決方式，或者是以教師意見為主來因應彼此間的溝通障礙。

另外，郭紫宸（2012）指出，老師遇到溝通困境時，常見的因應方式包含如下：勇敢面對並解決、請他人協助、順應家長、逃避、道歉、提供正確觀念給家長及孩子、盡力做好分內工作；反觀家長遇到溝通困境時，採取的因應方式通常如下：請他人協助和順其自然等兩種。顯見在親師溝通出現問題時，老師較積極尋求不同的解決策略、達成共識，以展現出專業負責的態度；而家長遇到溝通困境容易採取相對被動的因應態度，值得老師關注。

第三節　幼兒園親師溝通的案例分析

多數幼兒園的老師和家長都認為親師溝通具有不錯的效果，逐漸形成良好的溝通管道與方式，尤其是形成互相幫忙的合作型溝通型態。但許多老師曾有過親師溝通不良的經驗，且部分老師會避免談論彼此意見不合之處，形成區隔式和諧的溝通類型（江岱蓉，2013）。以下列舉幼兒園的親師溝通案例，分析親師溝通時所產生的問題與回應方式。

一、幼兒個別的特殊狀況或行為問題

❖ 案例說明

1. 家長不願承認及面對孩子有特殊情況的問題，但孩子疑似自閉，伴隨嚴重視力不良，影響專注力。因家長不願意配合，老師輔導效果不佳。

2. 幼兒發展明顯較同齡幼兒遲緩，但因家庭成員較多，雖然家長願意配合接受進一步評估，但家中長輩反對，以致於無法完成進一步評估，造成老師教學的困難與挑戰。

3. 某幼兒語言發展遲緩、肌無力，已通報為語言發展遲緩個案，但因爺爺奶奶過於寵溺，家長拒絕接受幼兒園巡迴輔導及學校老師的協助，只能分享幼兒平日在校狀況。

4. 大班某幼兒常會出現故意挑釁其他幼兒、坐不住等過動情形，跟幼兒母親溝通，並建議可以進一步評估。但家長回應：幼兒的父親也是小時候坐不住，長大就好；等小孩上小學後，如果老師再有反應這情形，才會去評估。

❖ 問題分析

此類型的親師溝通案例，因幼兒本身具有特殊需求，老師與家長的教養期待不一致，特別是家長較無法接受子女發展異常的狀態，或是對於幼兒發展的知識與資源較缺乏。

❖ 問題回應

前述的實際案例是幼兒園中經常會遇到的親師溝通議題。特別是新生入班一段時間後，老師發覺該幼兒與其他幼兒的行為表現有明顯的差異，經由幼兒發展篩檢的初步評估後，確認該幼兒的確需要進一步的醫療診斷，以利於協助提供該幼兒較佳的引導方式。但是家長不願意接受進一步診斷的建議，而造成親師間溝通困境。此時建議親師溝通時可運用的策略，主要可分為二方面來說明。其一為面對特殊生的親師溝通，另一為幼兒行為問題的輔導策略。

戴曉雯與郭葉珍（2020）提到，要與家長談到孩子的發展狀況有異並不容易，經參考美國 Extension Alliance for Better Child Care（2019）所提出的建議，為確保幼兒能夠得到他們所需的早期療育與協助，在親師溝

通方面的具體建議如下：

（一）確認和家長有足夠的時間可以談話

　　與家長溝通孩子發展狀況時，不適宜在教室門口、等待區或是透過電話進行。老師可以告訴家長：「我固定都會和家長談談孩子們的狀況，我可以和你約個時間嗎？」老師真誠的邀約，同時也表達面對其他幼兒家庭時，老師也同樣會提出邀請，讓家長不會覺得被特別對待或貼標籤。讓家長因老師對自己孩子與別人沒有不同對待而先放下心防，並了解老師是公平看待每一個孩子。這是開啟家長願意溝通的第一步。這類型的家長在過去照顧子女的過程中，或多或少會經歷他人異樣的眼光，老師給予家長溫暖的邀請與接納，可以讓家長較為安心。

（二）預期家長會有強烈的情緒反應

　　開啟這類的親師溝通時，老師先有「預期家長會有強烈情緒反應」這樣的心理預備，會讓自己更容易接受家長可能的情緒狀態。當老師邀約面談時，通常家長已經意識到孩子可能有些狀況了，但是害怕去談起這件事情。有時候是因為家長不知道要如何把自己的擔心與害怕說出口，有時候則是因為家長不了解兒童發展；尤其當前家中普遍只有一個孩子的情形下，更難以評估孩子的行為是否正常。除此之外，家長也可能擔心，如果他的小孩有特殊的狀況，老師會不願意照顧孩子、找不到學校就讀等。老師先預想到家長可能的心理狀態，溝通時更能開啟同理的溝通方式，創造良性的溝通模式。

（三）展現出關心、支持和尊重的態度

　　親師面談時，老師宜先預備合適會談的安靜環境、調整合宜的座位安排，並表現出溫暖和尊重的態度。與家長面談時，真誠的眼神接觸、合適的肢體語言，能夠幫助家長信任與傾聽老師所要告訴他的事情。

（四）肯定孩子正向的發展與行為

開始談話時，建議老師可以先指出幾件你喜歡這個孩子的部分，也可以分享孩子最近做的一些好事；除此之外，還可以肯定孩子和家長之間的關係，讓家長知道他們是好家長。老師可以說：「這個孩子對拼圖好像很有興趣，而且很有能力，很快就完成拼圖。你沒有特別教他嗎？我可以感覺到你花很多精神與時間，在幫助你的小孩成長和發展。」對於家長的付出，先給予鼓勵與肯定。

（五）詢問家長他們對於孩子的發展有沒有什麼問題

老師宜謹慎且尊重地與家長進行對話，分享你所注意到的幼兒行為，並且幫助家長把注意力放在該議題或行為上。老師或許可以說：「不曉得你有沒有注意到孩子表現出的行為⋯⋯？你可以跟我分享你在家中或是外出時所看到的情形嗎？」如果家長肯定你所觀察到的，也分享了他的經驗，你就可以繼續詢問他：「孩子像這樣的狀況已經多久了？」「大約是什麼時候開始的？」「通常在什麼狀況或什麼地方最常出現這些行為？」以了解整體狀況。

（六）分享你所觀察到和你所關切的事情

務必在家長已經充分表達他所觀察到的狀況之後，才分享老師所觀察到的和所關切的情形。和家長分享正常幼兒行為的發展里程碑或是發展檢核表，能夠讓家長有個具體指標可以檢視；而分享你所觀察到和你所關切的事情時，需謹慎地選擇用語，以讓家長能具體了解為主。

（七）避免使用標籤或是專有名詞

說明幼兒的行為時，宜使用具體、簡單以及容易明白的方式，當我們像個專家似地使用標籤或是專有名詞時，家長會感到非常的害怕，覺得自

己的孩子有嚴重的問題。因此，在陳述孩子的狀況時，盡量保持簡單、易懂的話語，單純描述你所看到的狀況。

（八）設定溝通的目標

親師溝通的目標之一，是鼓勵家長帶孩子去尋求專業的評估，讓家長知道或許尋求專業評估之後，就可以排除原先所擔心的問題。除此之外，也可以告訴家長：「帶孩子去評估不會有什麼壞處，知道結果反而比較放心。就算真的有問題，孩子這麼小就得到專業幫助，整個狀況會改善很多。」這時，老師可以提供友善家長進行專業評估的資源、機構與預約的方式，並可分享過往成功的實際案例，讓家長更有信心地帶孩子完成這項目標。

（九）強調盡快接受專業評估的重要性

和家長談過以後，家長經常會需要好幾天去思考與了解老師的用意與談話內容。面對孩子可能存在特殊狀況，家長經常會覺得懷疑、迷惘與害怕，甚至想逃避；如果老師察覺到家長沒有採取行動帶孩子去評估，可以再度展現你對他們的支持。提醒家長，盡快得到專業的幫助能夠讓事情不再惡化，孩子後續的發展也會因為得到幫助而有很大的不同。同時也可再次分享具體的實例，讓家長了解後續可能的狀況與成功的經驗。

（十）隨時準備好資料，引導家長帶孩子去評估和尋求幫助

隨時準備好聯絡資訊，例如鄰近的評估機構、醫療單位，引導家長去尋求幫助，以評估孩子的發展狀況，甚至可以印出紙本資料來讓家長可以馬上拿到手，可以直接進行聯繫。

（十一）持續的支持

當家長發現孩子的發展真的有狀況時，他們可能會感到很震驚，很多

家長會進入悲傷的階段或感到沮喪與憤怒，不想面對這個議題。這些都是有可能發生的，持續了解並傾聽，提供家長持續的支持。如有需要，例如家中長輩的抗拒、夫妻一方拒絕面對等，老師也可以提供家庭方面的諮詢服務，讓整個家庭都可得到幫助。

（十二）相信自己

幼兒老師身處於一個很獨特的位置，能夠注意到年幼孩子的發展與學習狀況，以尊重的方式來分享，讓家長知道是真的關心孩子，而不是因為孩子帶給老師麻煩，即使家長最初看起來是抗拒的，最後他們還是會感謝老師的關心與付出。

另一方面，親師針對幼兒問題行為：例如打人、咬人等狀況進行親師溝通時，也可參考前述建議，首先須了解平日幼兒在家中表達情緒的方式，同時邀請家長分享幼兒在家庭類似狀況的處理方式。親師同步地給予合適且一致的輔導策略，才能對幼兒行為有具體、有效的幫助。而這類的行為通常須多次的追蹤輔導才能有果效，因此建議老師宜建立幼兒個別輔導追蹤紀錄，以具體了解孩子行為的改善情形。此外，親師溝通上，如果需要更好的效果，也可配搭親職講座，邀請學者專家針對這類的議題，提供更豐富的資訊。

二、家庭方面的問題

♣ 案例說明

1. 幼兒父親有暴力教育的狀況，母親已通報社會局，同時社工多次來校關切該幼兒。但升至大班後，父母狀況更不佳，也不參與學校相關諮詢以及轉銜會議，讓老師感到相當無力。

2. 育有四位子女的家庭，家長參與低，學習刺激過少，幼兒均呈現發展遲緩的現象，到大班階段，幼兒仍無法清楚表達如廁需求，所有教育工作均落在老師身上。

3. 大班幼兒平日由外公、外婆照顧，單親母親因工作忙碌只能假日陪伴幼兒，因該幼兒在校會動手打人、愛頂嘴，經與外公外婆溝通，他們表示管不動，家庭功能不足以至於輔導效果不佳。

4. 中班幼兒因父母離異，與父親及祖父母同住。父親為聯結車司機，因長期失業加上酗酒，會動手打小孩，以至於該生有許多的學習問題。老師曾想通報該生為高風險家庭，但幼兒園認為須有具體的事證，如幼兒受傷的佐證等，讓老師頗感無力。

5. 幼兒的主要照顧者為外公外婆，平日過於寵溺與保護，鮮少讓孩子動手，因此少了許多在生活中學習的機會。冬天時，讓孩子穿了太多太厚的衣服，幾次溝通都無效。縱使夏天也會要求老師要讓孩子穿著背心，每每看到孩子汗流浹背，請他脫掉外面的衣服，孩子會說公公會生氣。偶爾家長來接孩子，也見到家長穿了較其他人多的衣服。老師心想這個家庭的文化應該就是擔心著涼吧！

6. 幼兒動手打人，家長總是認為起因為其他幼兒先動手才會造成，所以不理會老師的溝通。

❖ 問題分析

現代家庭的議題較以往複雜，雙薪家庭的育兒壓力，有時會讓家長情緒失控；而隔代教養、單親家庭等也會因為家庭的資源不足，而造成幼兒發展與行為上的問題。

❖ 問題回應

面對目前愈來愈複雜的家庭議題，往往讓幼兒老師備感無力。親師溝通的角度主要以協助幼兒健康發展與快樂學習為主軸。老師表達平日對幼

兒的觀察，運用多方的溝通管道，傾聽同理，提供合適的建議與資源，並盡力將所知所學告訴家長，但仍尊重最後決定權為家長。但是，如遇有受虐與被疏忽對待的幼兒，老師須依據通報原則向主管機關通報，守護幼兒的健康與安全。

依據《各級學校及幼兒園通報兒童少年保護與家庭暴力及性侵害事件注意事項及處理流程》（2013）第 5 條第三款，有關兒童少年保護緊急通報事件處理注意事項如下：

1. 學校、幼兒園應依兒童及少年保護通報及處理辦法第二條規定於二十四小時內填具通報表以網際網路、電信傳真或其他科技設備傳送等方式通報直轄市、縣（市）主管機關；情況緊急時，得以言詞、電話通訊方式通報直轄市、縣（市）主管機關。

2. 案件遇有兒童少年保護及高風險家庭通報表所規範之緊急情況者，宜電話聯繫當地主管機關社工員評估處理，並依兒童及少年保護通報及處理辦法第十五條規定，於主管機關處理前，提供兒少適當之保護及照顧。

3. 經社政單位評估需至現場訪視之個案，應提供學校、幼兒園預計到現場訪視之時間，並避免在學校、幼兒園安置到隔夜或於放學後留置於學校、幼兒園過長時間；學校、幼兒園應於此段時間內，提供兒少適當之保護及照顧。

三、家長過度的期待或教養不一致

♣ 案例說明

1. 家長要求老師教導小學階段的注音符號，需學會拼音、書寫，主要因家長擔心幼兒會跟不上之後小學的進度、不愛上學。

2. 父母教養理念不一致，父親強調課業學習，如英文、注音符號、數

學等,而母親看重適性發展,不過度要求學習,避免影響幼兒的學校表現。

3. 幼兒母親以網路教養文章的資訊來教養幼兒,加上態度上十分堅持,讓幼兒顯得十分畏縮、不敢表達自己的想法。

4. 家長要求老師須每天告知孩子在校情形,但對於老師請家長協助配合的事項,家長反而要求老師協助完成。且該幼兒上課常不準時,家長對於學校的行事曆也常不清楚,如弄錯期末與開學日期。

5. 家長要求前後不一。某中班幼兒因為吃飯速度較慢,常常一餐飯會吃 1.5 小時,老師使用各種方式來協助幼兒用餐,但因幼兒表示不喜歡老師催促他,所以家長就向老師表示,不需要刻意要求幼兒用餐。後因幼兒生病,家長又要求老師需要提醒幼兒加快用餐的速度。家長常因幼兒表示不喜歡的情緒,就放棄該堅持的教養行為,以至於該幼兒在班上常有人際關係上的問題。

✤ 問題分析

華人社會對於子女學習的期待一直以來都偏向學業成就導向,面對稚嫩幼兒,家長也一樣期待孩子能表現傑出,贏在起跑點。這樣的教養迷思,一昧地要求老師教導不適齡的教學內容,往往讓幼兒老師倍感困擾。另外,家庭中的雙親或是長輩如果有不同的教養觀念時,也常常讓老師不知如何依循與溝通。

✤ 問題回應

家長期待高、要求多,加上對老師的不信任,讓親師溝通須面對更大的挑戰。然而不愉快的情緒只會成為彼此溝通的絆腳石,建議老師先處理心情再解決事情。為了讓親師溝通能有效果,老師宜先面對自己的情緒狀態,給自己一些時間來平復情緒,之後再跟家長溝通,比較能創造雙贏的結果。面對家長對幼兒的高度期許,其實反映出家長內心深處的不安全感

與擔憂。老師可以嘗試理解並接納家長的焦慮，再提供正向的例證，以及專業的建議，讓家長明白哪一種方式的教學對幼兒是比較合適的。對於家長期待的能力，老師如果能以幼兒園正在進行的活動舉例說明，並展現幼兒的學習成果與作品，也會讓家長較為放心。另外，幼兒園也會透過專家講座、過來人經驗分享等機會，邀約小學老師或是畢業幼兒的家長代表來校給予家長較正確的教養觀點。

四、幼兒假想的誤會

✤ 案例說明

1. 有一位新入園的幼兒，回家跟家長說：「老師用掃把打我」。家長第二天到園了解情形，經老師說明孩子在校生活狀況，但仍無法讓家長釋疑。加上連續多日該幼兒仍持續表示「老師用掃把打我、我不要去學校」，後經調閱學校監視系統影片，並無發現異狀，逐漸確認是幼兒不想上學的藉口。經過輔導，幼兒終於願意上學。

2. 因幼兒尚未適應學校生活，回家後跟家長告狀，說該班老師打他。家長無法信任老師、接受老師的說明，造成教師深受挫折，選擇離職。

3. 某幼兒回家跟媽媽說老師用書夾他，讓他很害怕。家長至學校了解，發現該幼兒關工作櫃門的時候，故意夾傷另一位幼兒的手，經老師糾正，但家長仍堅持幼兒的心理因此受傷，須看專業醫生。經溝通無效，該生後來轉學。

4. 玩具分享日結束後，幼兒父親打電話來責備老師，說老師沒有讓她的孩子分享玩具；但實際上，孩子不但分享了自己的玩具，還玩了其他小朋友的玩具。可是家長完全不理會老師的說明，讓老師十分無奈。

♣ 問題分析

幼兒階段還處於真實與想像並存的世界，對於害怕擔心的事情或是期待的事物，有時會為了達成自己想要的狀態，而說出與事實不符的狀況。

♣ 問題回應

對於身處想像世界的幼兒而言，對於不愉快的事物、不喜歡的經驗，常常透過假想的事物來逃避。然後這樣的情形，如果發生在幼兒園的師生互動之中，會讓家長產生許多的擔心，甚而給予老師相當大的質疑。因此，在新生入園的時候，就是建立親師相互信任的開始。老師透過專業的觀察，提供家長有關幼兒在校的生活情形與行為表現，讓家長理解老師對於幼兒的專業與用心。然後面對幼兒的負向情緒表現，老師也須細心了解與同理幼兒的恐懼與害怕情緒，可以運用圖畫書、偶戲等方式，讓幼兒說出心事，找到負向情緒源頭，才能真正解決問題。

五、幼兒之間的衝突

♣ 案例說明

1. 一男童與一女童在遊戲時，男童不小心手揮到女童的屁股，女童當下打了男童一巴掌。老師介入了解，並告知家長。女童家長認為，男童的行為屬於性騷擾，他的女兒還手打男童巴掌並沒有錯，屬於自我保護的行為。老師雖說明該男童並非故意的行為，但是家長仍堅持己見。

2. 二位女童原為好朋友，因故 A 女童不想跟 B 女童玩，但 B 女童就不斷地去弄一下 A 女童，以至於 A 女童不開心，在 B 女童的中餐盤子上放了 B 女童不喜歡的菜。B 女童家長得知後，很生氣地向老

師提出這是霸凌的申訴。雖經老師多次說明與溝通，幼兒園的人際互動很單純，這不是霸凌，但家長不接受，後來 B 女童轉園就讀。

3. 二位女童因爭執絆倒而跌倒受傷，衍生出雙方家長互不相讓，互指對方的錯。其中一方家長，因為父親長期在大陸工作，而以越洋電話施壓園長。後經過三個月的親師溝通，才化解衝突。

❀ 問題分析

　　幼兒階段正處於學習人際互動與衝突處理的時期。然而可能家長對於家中子女的過度保護，加上社會新聞事件的推波助瀾，未能給予子女合適引導。

❀ 問題回應

　　在幼兒園的團體生活中，學習同儕關係的互動與相處，建立和諧的群處關係，是學前階段幼兒的重要發展任務。如何讓幼兒的同儕關係不致演變成為家長彼此間的衝突，實需親師間善加溝通與說明。3 至 6 歲幼兒對於同儕的互動還處於逐步發展的階段，老師除了透過平日活動引導外，也須留意提供相關訊息，讓家長也能有效地了解幼兒的友伴關係發展與引導策略。運用班級圖書列車是可以嘗試的作法，老師依據幼兒關切的朋友議題，先預備合適的圖畫書讓幼兒帶回家共讀，以親子共讀故事的方式，一起建立有效的同儕互動方法。另外，幼兒班級也可透過家長代表辦理班級郊遊活動，在輕鬆的氛圍中，認識幼兒班級的其他成員以及這些孩子的家庭，可以促進彼此家庭的了解，也可減少可能的誤會與衝突。而幼兒園辦理的全園性活動，如親子運動會、園遊會、聖誕節報佳音等活動，都可邀約幼兒家庭一起參與，增加幼兒對彼此家人認識的機會。

研究題目

1. 為何需要親師溝通？親師溝通的作用為何？

2. 請說明目前親師溝通較常使用的方式以及其較為合適使用的時機。

3. 親師溝通通常是幼兒園教師最感到挑戰的任務，須具備哪些溝通技巧與原則，方能促進彼此關係？

延伸活動

1. 請訪談一至二位幼兒園教師，了解其最常使用的親師溝通方式，以及曾遇到哪些親師溝通的挑戰、如何解決？

2. 請訪談一至二位幼兒家長，了解其最希望與幼兒老師溝通的議題，以及在親師溝通上最希望使用的方式。

CHAPTER

10

社區資源、社區參與
及教保活動規劃

涂妙如、陳麗真

■ 第一節　社區資源、社區參與的意義及重要性

■ 第二節　社區資源、社區參與及教保活動的結合

■ 第三節　社區資源結合教保活動的案例與分析

　　幼兒園位於社區之中，與社區中人、事、物的互動發展息息相關，無論是幼兒園的每日作息、招生宣傳活動、課程發展，或是參與社區的文化節慶活動等，都與社區有密切關係（Hamer, & Loveridge, 2020）。本章分成三節；首先，說明社區資源、社區參與的意義及重要性；其次，探討社區資源、社區參與及教保活動的結合；最後，將介紹社區資源結合教保活動的案例，並就所述案例進行分析。

第一節　社區資源、社區參與的意義及重要性

　　探討社區資源與社區參與之前，有必要就「社區」的概念加以明確的界定。依據「維基百科」，「社區」（德語：Gemeinschaft、法語：Communauté、英語：Community）一詞係源於拉丁語，係指共享共同價值觀或文化的人群，居住於同一區域，以及衍生的互動影響，而聚集在一起的社會單位。另有學者指出，「社區」本身具有雙重意義，其中「社」注重社區中的人際關係，而「區」則有地區或環境的意涵，意即「社區」乃是人與環境的結合體（劉慧月、李長河，2020）。

　　是以，對於幼兒園而言，「社區」是指在幼兒園所處的環境或地區中，與幼兒園產生人際或社會互動，因／及互動影響而聚集在一起所形成的社會單位。位於都會區的幼兒園，所處的社區可能包含幼兒園附近的住家、商店、機關單位、公園等；而位於鄉村區的幼兒園，所處的社區除了前述的環境外，可能還包含各式農畜漁業，如農地、果園、魚池、海邊等。可見社區環境與人事物存在多元的樣貌，可能提供幼兒園的社區資源及參與方式也會有所差異。

一、社區資源的意義與重要性

　　由於社區的內涵包括了人與環境，以及相互之間的互動關係，故「社

區資源」就是指社區裡的人、環境以及彼此間相互關係所構成的資源；換言之，幼兒園所處社區內，所有一切人力、物力、財力、文化、組織及關係等，可能存在有形及無形資源的方式，俱可稱之為社區資源（簡宗堯，2007；劉燕雯、鄭束芬，2008）。

豐富的社區資源可作為幼兒學習的「教材」，善用社區資源能使幼兒園的各項發展更有助力，有益於幼兒獲得真實及具體經驗，並協助老師達成教學目標。幼兒園如果能善用社區資源，例如：將社區資源融入幼兒園課程（陳韶聿，2016；劉燕雯、鄭束芬，2008；謝明昆、杜雪淇、范筱惠、楊麗娜、鍾海萍，2018；Karabon, 2017; Ree, Alvestad, & Johansson, 2019）、應用社區資源成為在地化課程、文化課程重要教材（李雯佩，2012；林思騏、郭力平，2016；高傳正、徐敏琪、李湘凌，2016；Durden, Escalante, & Blitch, 2015），或是將社區資源結合親子活動（郭淑敏，2016）等，均能使幼兒園與社區的成員共同受益，有利於幼兒對於所處社區文化有更多的認識與理解。

以下將以生態系統論的觀點，探討社區資源對個體發展的影響力。

（一）以生態系統論理解社區資源

依據 Bronfenbrenner（1979）提出的生態系統理論（Ecological Systems Theory），有助於對於幼兒園所處之社區與社區資源形成更完整的認識與理解。以下分別說明生態系統理論的五個子系統，分別為：「微系統」、「中間系統」、「外系統」、「大系統」以及「時間系統」。

1. 微系統

幼兒可以直接參與其中的系統稱為微系統（Micro-system），舉凡家庭、幼兒園與社區，都是幼兒可以直接參與其間的微系統，對幼兒發展產生最直接的影響力。在微系統中，幼兒與其中的人事物產生互動並建立關係，例如：親子關係、家人關係、師生關係、鄰舍關係等，都是微系統所

形成的互動關係，影響著幼兒的發展。社區資源中的人、環境與彼此的互動關係，都會對幼兒園和社區的成員產生影響。

2. 中間系統

當許多微系統彼此間產生互動並與相互關聯時，即形成中間系統（Meso-system）。例如：家庭與幼兒園之間的互動關係、幼兒園與社區之間產生的互動關係，以及家庭與社區之間的互動關係等。不同的微系統之間透過親師溝通互動、家園合作以及校外參訪等，運用社區資源的環境與人際關係，也會對幼兒的學習與發展產生直接的影響力（Dighe, & Seiden, 2020; Lux, & Stephens, 2020; Ree, Alvestad, & Johansson, 2019）。

3. 外系統

外系統（Exo-system）對幼兒產生間接影響力者，是幼兒無法直接參與的系統，例如幼兒家長的職業或工作場域，以及影響家庭、幼兒園及社區的相關政策與法規等，雖然幼兒無法直接參與，但對於幼兒發展卻又存在著影響力。例如，當父母的工作受到社會變遷所影響，如全球性的經濟大蕭條、全球性的傳染疫情等，因而遭到裁員，或是被迫休無薪假等，就會影響家庭經濟狀態，進而影響幼兒的生活。又如近年臺灣少子化的現象日趨嚴峻，政府為鼓勵生育並分擔育兒責任，推動育兒津貼、增加公立幼兒園的班級數、增設非營利幼兒園以減少家庭托育負擔等政策，也會間接影響幼兒的學習與發展。又或是當社區機關或學校校舍中存在閒置空間時，可能成為政府變更為育兒環境的資源，政府可以透過與民間單位合作，將這些閒置空間發展為親子館、非營利幼兒園、公私協力托嬰中心等，成為幼兒可用的活動空間。

4. 大系統

生態系統論的最外層是大系統（Macro-system），即幼兒所處社會文化、國家政治、經濟文化以及次文化等的價值觀與信念。例如：華人社會

看重幼兒的學習表現，也強調人與人間的人際倫理、禮貌等，這些價值觀會融入於平日人際互動、社區活動、法規政策與學校的課程綱要中，進而影響幼兒的學習與發展。

5. 時間系統

由於了解個體的發展需理解時間在個體發展上的效應，才能更加周延，生態系統論還加上時間系統（Chrono-system）。隨著時間的流轉，在個體的成長與發展的不同階段，環境事件與生活方式的改變都會產生影響力；例如：近年快速發展的數位科技、3C產品、全球性的傳染疾病、地球暖化、育兒公共化政策等議題，都影響著個體的生活，都顯示時間系統對幼兒的發展與學習所產生的影響。

透過生態系統論的觀點，可以更有層次與系統的看到社區資源對個體發展的影響力。

（二）社區資源的重要性

在影響幼兒最直接的微系統中，除了家庭之外，當家人帶著幼兒在社區行走或活動時，與社區中的人事物互動，對幼兒的發展也會產生直接的影響力。例如在傳統社會裡，街坊鄰居因彼此相熟、相互照應，幼兒在社區中長大，社區成為共同育兒的一分子。而與這些人物的互動，就是社區資源應用的實例。

隨著幼兒的成長，開始進入幼兒園就讀，在每日的活動中，幼兒園對幼兒的發展與學習產生相當大的影響力，社區資源也會對幼兒園會產生影響力。Yetmar、Uhlenberg、May 與 Traw （2006）指出，社區資源能協助幼兒園調整出得以生存的經營方式，特別是當幼兒園資源不足時，社區為了能讓幼兒有較佳的教育環境，投注社區的相關資源，如專業人士的諮詢，協助幼兒園發展出合適的經營方式，持續營運。另外，在政府資源較不足的地區，社區資源成為家庭與幼兒園的重要支持來源，包含協助育兒

人員的招募與培訓、強化照顧的品質，以及提供親職教育資訊等（De Witt, 2010）。

以義大利瑞吉歐幼兒教育機構的發展過程為例，在二次大戰之後的義大利，國家政治與經濟都十分疲弱，地方政府與社區家庭有鑑於幼兒教育的需要性與重要性，自發地集合父母、政治人士、教育實務工作者，發展出具社區模式特色的瑞吉歐教育模式（Reggio Emilia），這個教育模式強調合作互動，包括老師和幼兒間、老師和家長間，以及學校和社區間的溝通（許芳懿，2009），而今受到全世界的矚目。

在臺灣早期農忙社會時期，將幼兒交託給農忙托兒所協助照顧，讓家人可以安心處理農務，社區的活動空間就成為看顧幼兒的場地，應用社區資源對育兒提供支援與協助，讓家庭可以放心與安心。現今仍可見到由早期托兒所改制的幼兒園，持續使用社區的活動空間，可以看出社區資源對於幼兒園具有相當重要的意義與影響力。

二、社區參與的意義與重要性

「社區參與」是指社區居民對社區發展或相關議題的參與，參與的範疇包含對土地環境、空間景觀、自然生態、人文教育、產業發展、休閒育樂、秩序安全、福利照顧等，各種有關社區居民「生活」、「生存」與「生計」、且非屬私人隱私領域的社區公共事務（廖俊松，2004）。幼兒園位於社區之中，屬於社區的一分子，對於社區的公共事務也需參與其中，並提供所需的資源與協助，共同創造更合適居住與生活的家園環境。幼兒園除了提供社區成員所需的教育資源，也可以適時地邀請社區居民參與園內活動與事務。

從前述定義中，幼兒園對於社區參與的範疇可分為兩個面向：其一為幼兒園對社區公共事務的參與；例如：配合社區整體營造，美化社區環境，可認養幼兒園附近的公園，並提供幼兒安全的戶外遊戲空間。其二為

依據幼兒園的教保目標，盤整社區資源，邀約社區參與；例如幼兒園為進行原住民族語的推廣，可邀約社區原住民的族語教師培訓教保員，並邀請家長一起共同參與，推動沉浸式的族語學習環境，有利於原住民語言的學習（周宣辰，2016）。

　　為有效率推動社區參與，需先了解並盤整可用的社區資源，以下將探討社區資源的內容。

三、社區資源的內容與類別

　　幼兒園依所處社區的地理位置與型態不同，可納入社區資源的內容可能略有差異，但相關內容可簡要分成以下幾類（黃義良，2002）：

（一）自然資源

　　係指社區原本具有的地理特徵，如河川、溪谷、海岸、湖泊、沙灘、濕地、山嶺、田野、農田、森林、草原、雲海、瀑布……等自然景觀，以及動植物、昆蟲、生態環境，這些自然資源可以直接供幼兒欣賞、觀察和記錄，藉以獲得直接的經驗或探索並驗證師生討論之內容。

（二）機構資源

　　係指社區的機關團體與幼兒園等公共建築物，如親子館、社區資源中心、運動中心、天文館、美術館、音樂廳、展演中心、商業大樓……等，以及公園、圖書館、社區活動中心等機構，可以作為幼兒參觀、訪問、蒐集資料與教學之場所。

（三）組織資源

　　包含政治性組織、經濟性組織、公共性組織、娛樂性組織、治安維護組織、宗教性組織與衛生保健組織等，如縣市政府、警察局、消防局、郵

局、銀行、衛生所、診所、教堂、廟宇……等，可以提供教學上之實例或提供相關設備作為教學之用。

（四）人力資源

社區通常由居住於該地區之居民所組成，而居民中可能包含多種職業，擁有各種不同技術或專長，可以協助老師進行教學或是提供志工服務。此一人力資源包含幼兒家長、各種從業人員與專業人員（廚師、美髮師、收銀員、司機、醫生、……）、民俗技藝人員以及企業人士；同時也可涵蓋居住在該地區來自不同文化背景的人員，如新住民、外籍人員等。這些人力資源可以提供相當豐富的訊息，如語言、技藝、專長等，協助老師教學、拓展文化視野。

（五）文化資源

包括社區的歷史由來、過去重要事件、傳統習俗、宗教信仰、文物古蹟、民俗技藝與社區發展等，除了可以提供在地文化、文物與鄉土資訊外，更能促進幼兒對於居住社區的認識與認同。例如，新北市新莊區的鼓藝文化，認識製鼓與打鼓的方法；苗栗縣苑裡鎮編製藺草蓆、草帽的文化等。

（六）技術資源

社區內有些機構從事專業性工作，可以提供教學上的相關支援，如烘培教室，可以提供麵包製作、糕點烘培等的觀察或體驗活動；另外，如音樂教室，亦可提供幼兒不同樂器探索的體驗遊戲。

除了前述的資源類型外，其他社區資源只要符合幼兒園教學需要，能協助教學目標達成者，皆可作為幼兒學習的素材。由於幼兒園課程發展強調從孩子的生活經驗出發，以統整課程的方式實施，在課程發展的過程中，可能會需要老師、幼兒、家長、社區人士及幼兒園行政人員等共同參

與，社區資源勢必在幼兒的學習上扮演更加重要的角色。

第二節　社區資源、社區參與及教保活動的結合

　　了解幼兒園可用的社區資源內容與類型之後，幼兒園需要釐清本身所扮演的社區參與角色並善加規劃，有助於營造出永續經營且具特色的幼兒園。本節將進一步就社區資源、社區參與及教保活動結合的作法與原則等加以探討。

一、幼兒園與社區合作教學的原則

　　雖然社區中有許多資源可供幼兒園教學使用，但是所有的資源都必須經過幼兒園行政主管與老師的分析、處理及規劃之後，才能成為適合幼兒學習的材料。以下幾項原則，可以提供幼兒園與社區合作教學時參考（黃義良，2002）。

（一）運用社區資源需切合教育需要與道德規範

　　社區資源繁多，但不見得樣樣都能切合幼兒園需要。所以，幼兒園行政人員與老師必須先行整理，審視該社區資源或該教材是否具有教學上的意義，是否符合幼兒的生活經驗、起始能力，以及社會道德的期望等。

（二）規劃社區參與需事先訂定周詳的計畫

　　幼兒園與社區合作進行教學時，必須事前規劃周詳，訂定可行之計畫，而後依據計畫逐步施行。計畫內容應包含欲達成的目標、與社區的合作方式、行事曆的訂定與時間規劃、具體活動的安排、社區資源的運用與管理、相互的保障，以及實施成效的評鑑等。

（三）評估社區資源與社區參與的經濟性與效益性

社區參與幼兒園的教學與活動必須是有效且具經濟性質的。幼兒園如與社區機構的合作教學計畫，宜先評估該活動是否能夠在不增加經費的原則下達成更佳的教育產出？或是可能在減少支出的情況下保持原有的教學成效？以免形成勞師動眾卻成效不彰的浪費。如果可以創造出彼此相互獲益的雙贏效果，則更顯出效益性。

（四）幼兒園與社區雙方的正向互動與回饋機制

社區與幼兒園之間宜建立良好的互動與溝通機制。社區資源可以豐富老師的教學內容、提升幼兒的學習品質並拓展學習領域的範疇，有助於優化幼兒園的教學品質與園務發展，因此園方也應提供社區適度的回饋，例如：配合親子活動、親職教育講座，提供幼兒園的空間、設備與師資，開放社區居民的參與；或是與社區單位合作辦理社區教育、協助社區整理環境，以及提供相關支援性質之工作，得以促進社區發展。社區在不過度介入幼兒園園務發展的情況下，得以密切互惠進行。

二、幼兒園運用社區資源與社區參與的方式

了解幼兒園運用社區資源的原則後，依據林振春（2002）提出之學校與社區結合的模式，將幼兒園運用社區資源的方式分為五種說明如後：

（一）將社區視為可運用的資源

如果幼兒園視社區為可運用的資源，其主要措施有下列六項：

1. 確定幼兒園發展目標：社區資源的運用須能與幼兒園的發展目標相互配合，相輔相成。幼兒園依據各自的屬性、現有的資源（人力與物力）、教學的模式，先自行評估需要哪些資源有利於未來目標達

成；幼兒園可透過SWOT分析，自行診斷本身的優勢、弱處、機會與威脅等，再接著訂定發展目標，更能具體強化幼兒園的發展。

2. 設計可達成目標之方案或活動：可分成短、中、長期的計畫，先行規劃再逐步執行。例如幼兒園配合課程發展，想要發展出具特色的課程，以利永續經營；關於特色課程的形成，可以先由老師們腦力激盪，討論出如何從幼兒的生活環境發展在地化課程開始。這時，老師宜先了解幼兒園所處的社區資源，評估哪些資源適合發展成為幼兒可以參與學習的在地化課程，完成方案的規劃與設計。

3. 將社區可用資源加以分類與建檔：完成先前的方案規劃之後，依據方案目標蒐集社區可運用的資源，並將資源的相關訊息分類整理，作為進一步應用的參考。

4. 開發預計執行方案所需的社區資源：完成社區資源的蒐集之後，老師接續依據方案目標，聯繫並開發執行方案時所需的資源。例如帶領幼兒走出校園，從觀察與訪談中建立關係，亦可邀約合適的社區人士到班上來分享與實作，產生新的社區資源連結。

5. 運用社區資源以達成方案目標：當蒐集到足夠的社區資源後，就可落實執行方案，並依據執行的情形，逐步微調，適時加入資源，達成方案目標。

6. 評鑑方案目標達成的程度，以設定新的資源運用計畫：完成方案活動後，宜進行評估與檢視，了解該方案目標的達成情形，以作為下一步規劃新方案的依據。依據這樣的模式來運作與執行，朝向幼兒園的發展目標持續滾動前進，一定可以獲得相當好的成果。

當幼兒園運用社區資源時，一定要了解資源的永續利用，絕對不能浪費或隨意棄置不顧，更應隨時與社區保持最大的互動，讓社區人士了解他們的付出皆獲得豐碩的成果，並使得幼兒園教學的品質有了長足的改善。

（二）將對方視為共同工作的夥伴

如果幼兒園將社區視為共同工作的夥伴，因為彼此期待的合作模式與角色的差異，幼兒園在應用社會資源時可參考以下措施：

1. 建立雙方聯繫與溝通的管道：幼兒園評估社區資源後，如欲將社區視為共同工作的夥伴，即須積極地尋找社區主要的聯繫管道與負責的人員，確認合作意願，建立起彼此的關係。

2. 確認幼兒園與社區共同關注的問題：合作的前提須能有共同的焦點，此時幼兒園須跟社區主要人士共同討論欲合作的項目與共同關注的議題。

3. 共同籌組解決問題的委員會或工作小組以進行方案研擬：接續籌組持續合作與討論的委員會或工作小組，針對共同關注的議題，依據議題的目標，研擬可進行的方案。

4. 結合雙方人員分工或合作進行問題解決：方案的擬訂須能包含幼兒園與社區雙方的投入，共同合作。例如環境保護的議題、交通安全的議題、飲食健康的議題等。

5. 方案實施時應相互配合且共享資源：執行方案時，宜能相互尊重與配合，創造雙贏的成果。

6. 定期討論彼此合作的問題和成果以增進效率：合作過程中，彼此的溝通與聯繫是相當重要的，攸關方案執行的成果。建立起彼此溝通的模式，適時修正與調整，能透過和諧的合作關係讓方案的執行更加有成效。

當雙方進行工作時，應不斷整合雙方對教育目標的歧異，開放溝通的管道，在地位平等、相互尊重的原則下進行資源的交流與工作的相互配合。

（三）將社區視為服務的對象

如果幼兒園將社區視為服務的對象，幼兒園在應用社會資源時可參考以下五項措施：

1. 了解社區民眾的需求與問題：透過服務能帶來更多的學習效益，但須先了解接受服務對象的需求以及待解決的問題。宜先確認接受服務的對象族群，例如社區長輩或是未就讀幼兒園的其他幼兒及其家庭，分析他們的需求之後，再進行活動規劃。

2. 評估社區所具有滿足需求和解決問題的能力和資源：確認需求之後，接續蒐集並評估目前社區具有的相關資源，規劃與整合這些資源，表列成冊，以利可以容易取得與應用。

3. 與社區民眾共同研討可行的解決方案：活動的規劃可採用幼兒園與社區共同協商討論的方式進行，讓活動的設計能結合雙方的智慧，可使活動的思考更具周延性。如此亦能建立相互信任的基礎，更願意提供相關的資源。

4. 結合幼兒園與社區資源，執行解決方案：活動執行前，宜先與接受服務的社區民眾或是具有監督管理的人員溝通，使其了解活動執行的方式。待服務對象確認同意執行的意願之後，再開始推行活動。尊重接受服務的對象，以服務對象的需求為評估的指標，並同意服務對象可以隨時退出活動、尊重隱私等，可使活動更加圓滿與友善。

5. 評鑑實施成效，了解是否滿足社區需求或解決問題：活動執行之後，進行活動成效評估，有利於下次規劃相關活動時的修正意見，且了解待解決問題的處理情形，作為下次活動的參考與依據。

幼兒園若能將社區視為服務對象，以開放的心胸邀請社區民眾使用校園各項設施，有助於增加幼兒園與社區居民的交流和認同；前述服務的心

態可避免功利主義，培養幼兒園老師認同社區教育的理想，進而培養師生服務鄉里社區的熱情。

（四）將社區視為良性競爭的對手

如果幼兒園將社區視為相互發展的競爭對象，最好的方式便是將社區民眾皆納為幼兒園的服務對象，使得社區民眾能受到幼兒園的服務或影響。這種方式可能使幼兒園成員成為社區發展的核心，老師可擔任社區各系統的領導成員，園長則成為影響社區發展的關鍵人物。

（五）將社區視為生命共同體

幼兒園將社區視為生命共同體，從漸進式發展著手，先互為可運用的資源；其次是進入互為服務的對象；再次則進階到互為共同工作的夥伴，等到雙方皆體認到彼此相互需要，全體居民和幼兒園成員對整體社區發展形成共識並凝聚使命感，雙方逐漸形成互相需要與信賴的對象，便可全力為整體社區發展而共同努力。

以往的幼兒園與社區資源合作大多是幼兒園將社區當作是一種資源來使用，與前述所談幼兒園與社區不同的結合模式來看，目前的作法的確有相當大的落差。幼兒園仍然未曾認真思考將辦學的範圍擴大到校園外的社區，只想到利用社區資源來幫自己辦學。如果能夠一方面將社區當作服務的對象，一方面引導社區民眾參與幼兒園事務，將使得社區更為茁壯，則社區所能提供的資源將更為龐大。

黃義良（2002）乃嘗試規劃幼兒園與社區資源合作的中間機構模式。在幼兒園與社區間成立中間機構，即建立回饋系統，家長會與相關的志工團體則是其中的主要媒介；幼兒園訂定目標與辦法經由前述中間機構的運作，透過家長會等支援而與社區資源結合，並得以回饋修正。此外，許多幼兒園透過家長日遴選班級家長代表，作為老師與家長溝通的橋樑，遇有需要協商溝通的議題時，老師先邀請家長代表討論解決的方式，例如防疫

物資的募集、班級校外參訪的人力資源安排，或是商請家長協助交通工具的支持與協調等，可增加溝通的效率。再者，在運用社區資源的地點方面，可將其合作模式區分為以下二種方式：其一為將社區資源帶進教室，另一為將教室延伸到社區，由老師依據目標加以規劃執行。

三、社區資源與教保活動的結合

　　運用社區資源結合教保活動，是幼兒園老師常見的課程發展型態。一般而言，考量年幼孩子的行為能力與照顧需求，老師較不容易帶領幼兒進行社區參與，但林志鈞、吳淑敏與李欣如（2017）的研究指出，幼兒園老師之社區意識與對社區資源價值的認知，對其社區參與有顯著預測力。梁有章（2018）曾進行臺灣原住民族幼兒園實施沉浸式族語教學研究，指出現今幼兒園的社區參與共識仍待建立，建議須引進社區資源參與以及推動親子共學的普及化等。可見引領幼兒進行社區參與，對幼兒老師而言仍具有相當的挑戰性。

　　為適切地運用社區資源結合教保活動，建議可先從老師對於社區資源與社區參與的認知開始調整，依據幼兒的能力與社區資源的適切性，逐步嘗試並拓展幼兒社區參與的範圍，可讓幼兒園的學習活動與社區生活的關聯性更加強化。例如，老師可以將社區參與結合班級的主題課程，帶著幼兒到幼兒園附近的超市、菜市場，讓幼兒實際觀察與體驗，經由現場的互動，可以豐富幼兒的生活經驗、開啟探索主題的樂趣，同時延伸至日常生活，讓學習與生活密切結合，更強化幼兒應用的能力。

　　幼兒園與社區之間的合作，除教學上的需求之外，老師亦可配合節慶活動，帶著幼兒參與社區的相關慶典。例如，幼兒園可參加社區的聖誕節報佳音活動，藉由幼兒單純稚嫩的歌聲，唱著聖誕歌謠，為社區帶來許多歡樂的時光。因此，幼兒園規劃年度行事曆時，可依據社區的節慶活動，適度安排幼兒的社區參與，除了讓幼兒更加認識社區之外，也增加社區民

眾更願意親近幼兒園，提供更多資源，創造良性的互動循環。

　　此外，幼兒園可善用敦親睦鄰的策略，先從幼兒園鄰近的場地與機構，開始進行社區參與的計畫。例如，認養幼兒園附近的公園，由老師帶著幼兒協助照顧小花小草、撿拾落葉等，或協助布置具美感設計的幼兒作品。又如，與鄰近的社區關懷據點、托老中心合作，帶領幼兒與健康長者互動，唱歌、跳舞、玩遊戲等，逐步地發展老幼共融的社區方案。

　　總之，社區資源的運用與社區參與的方式，都對幼兒園的園務發展、課程規劃與幼兒的學習產生影響力。幼兒園不能獨立於社區之外，善用社區資源、創造社區參與的機會，與社區建立起友善的合作關係，都是幼兒園應持續發展的方向。

第三節　社區資源結合教保活動的案例與分析

　　幼兒園與社區是相互依賴、緊密相依的。幼兒園須認知社區環境及有效運用資源，才能有效地協助幼兒園發展；同樣的，社區也必須了解幼兒園是社區發展的重要成員，適時提供幼兒園所需資源，參與幼兒園活動並支持幼兒園的辦學願景，也能成為促使社區發展的最佳動力。

　　本節將先討論幼兒園與社區互動，並就社區資源的運用方式加以討論；其次，提出幼兒園結合社區資源教保活動案例，闡述幼兒園結合社區資源進行教保活動的可行作法；最後，就前述的案例內容加以評析與討論，說明前述實例如何使幼兒園與社區形成互助互惠與雙贏的局面。

一、社區互動與社區資源運用

　　有關學校與社區互動相關文獻的討論，多以幼兒園以外的教育階段為主，幼兒園階段的研究相對較少。以下將就學校與社區互動的方式加以分析，廣納各教育階段別的研究成果，並就在幼兒園的可行作法提出討論。

黃可欣（2007）曾以小學為研究對象，將學校與社區互動的方式分成四類；前述分類應用於幼兒園與社區互動則可區分如下：幼兒園主動了解社區、鼓勵社區參與幼兒園活動、幼兒園積極運用社區資源，以及提供幼兒園資源回饋社區等，茲將各類方式的內容分述如後：

（一）幼兒園主動了解社區

幼兒園利用家庭訪問、參與社區活動、舉辦座談、進行社區輿論調查與需求評估，以及加入社區組織等方式，主動了解社區運作的情況，與社區進行互動。

（二）鼓勵社區參與幼兒園活動

幼兒園可透過家庭聯絡簿、學校月刊、活動宣傳單、公布欄、舉辦新生說明會或親職講座、班級親師會、使用社群媒體推廣幼兒園活動等，邀請家長及社區居民參與幼兒園活動；除鼓勵社區成員參與外，也有助於社區居民了解幼兒園的辦學情形與可用資源，與社區成員形成互動連結。

（三）幼兒園積極運用社區資源

社區存在諸多有利於幼兒園師生或園務發展的資源，如果能加以蒐集並設法引進園務運作與教學，對師生都會產生正向的幫助。有關幼兒園積極運用社區資源的方式，茲說明如後：

1. 邀請家長及社區居民共同維護及管理幼兒園的設施設備。
2. 利用社區場地舉辦活動、請家長及社區居民捐助經費或物品設備以協助辦理活動。
3. 邀請家長與社區人士擔任園務諮詢顧問。
4. 利用社區公共設施或史蹟場所進行校外教學。
5. 邀請家長或是社區居民參與，協助幼兒園規劃及執行特色課程。

（四）提供幼兒園資源回饋社區

幼兒園擁有不錯的專業資源，可提供社區教保服務諮詢與支持，空間與教學設備等也可適度地開放給社區成員適用，成為可共享社區資源的一部分，如此將有助於連結幼兒園與社區的情感並增加互信感。關於幼兒園可提供社區使用的資源，茲要述如後：

1. 主動聯繫村里長或社區管委會成員，表達提供教保專業或親職教育等意願，成為社區的可用教保資源。

2. 協助社區成立人力與資源資料庫，匯集園內有意願加入服務的名單，彙整並盤點社區可用的人力、物力、財力及組織等，成為社區發展的重要後盾。

3. 擬定開放本園設備與資源的相關計畫或辦法，主動將可用設備與資源開放給社區居民使用，鼓勵教師及幼兒積極參與社區活動及關心社區事項，並就資源使用提供專業諮詢。

4. 整合幼兒園園長、主任以及老師的專長，提供諮詢，或協助社區舉辦親職講座或父母成長團體。

5. 整合社區及幼兒園的人力，參與社區發展委員會或工作小組，主動協助推展社區發展計畫，協力推動幼兒園與社區關係。

有關鼓勵幼兒園與社區互動，優先採用的方式包含「幼兒園主動了解社區」及「鼓勵社區參與幼兒園活動」等兩種，前者包含利用電話或家庭訪問、參加社區活動、加入社區組織，閱讀文獻資料及刊物，獲知社區的相關訊息等；後者除了利用公布欄、社群媒體外，也可以使用家庭聯絡簿、新生說明會、班級親師會、親職講座等，邀請家長及社區居民參與幼兒園活動，增進幼兒園與社區的互動與了解。在鞏固彼此的互動基礎後，幼兒園可以接續推動與社區更深層的互動模式，包含積極運用社區資源，以及主動提供資源以回饋社區等策略。在互動之初，幼兒園與社區互動的

規劃可從單次參與活動開始，逐步善用各園的條件以規劃社區探索、社區資源運用等活動，甚至進一步規劃回饋社區的活動，以形成雙贏的局面。

衡諸近年幼教發展，有愈發重視幼兒園與社區互動的趨勢，例如鼓勵設置非營利幼兒園便是一例。有別於其他公立及私立的幼兒園，非營利幼兒園的設置，便將增進幼兒園與社區互動列入經營的核心價值之一；其次，非營利幼兒園在與政府簽訂的營運契約的辦理事項中，規定各園提出四年營運計畫和每學期的行事曆，其中開放社區參與的親職講座與活動都是必備的辦理項目；此外，有些非營利幼兒園更成立「幼兒園社區自治委員會」，明訂除了園方、專家學者、家長代表外，必須邀請社區代表與會，討論營運方向、社區服務、社區資源納入教保課程活動等面向，為幼兒園與社區的互動合作與資源共享，提出創新的發展方向，成為幼兒園經營的重要面向。

二、幼兒園結合社區資源的教保活動案例及分析

以下將以兩個教保活動實例：「社區小偵探」方案課程及「親子假日歡樂營」活動計畫等，介紹幼兒園教保活動結合社區資源的具體規劃與可行作法，後續再就案例進行分析與討論，茲分述如後。

（一）「社區小偵探」方案課程

由於生活中的經驗是種整體的概念，運用社區資源進行教學，是一種與實際生活相連結的教學取向，課程組織也應朝向統整的方式進行。Tchudi與 Lafer（1996）認為，統整性課程是以論題、主題或問題作為教學的起點，較傾向知識建構論的觀點；前述透過方案課程的實施，不僅有利於幼兒建構知識，也可以提供合作學習的經驗，是開放且具有彈性的。由老師及幼兒針對某一個特殊的主題，從事深入的了解、探討和研究，是一個有系統的過程，包括主題的選擇、事前的籌畫、解決問題及最終的知識獲

得，並與他人分享，因此「從做中學」、「第一手經驗」和「主動學習」都是方案課程的主要精神。「社區小偵探」方案課程內容說明如後。

1.「社區小偵探」方案課程介紹

本課程是由臺北市立大同幼兒園王柔雅、莊欣宇老師所進行，以下將著重於說明該課程如何引入社區資源融入課程發展的內容。有關該課程的目標及教保活動主軸，茲說明如下：

♣ 課程目標

1. 分享鄰近社區的相關資訊，嘗試以圖文的方式進行記錄。
2. 蒐集並整理社區中的各類訊息，與同儕合作解決問題。
3. 認識社區中多元的人事物，培養關懷與尊重的態度。

♣ 教保活動歷程與內容

讓幼兒認識自己所處的社區環境，關懷身邊的人、事、物，以及實際走訪社區探索相關事物，是本課程的三大學習重心。活動歷程包含三個階段：社區觀察家、變身社區小偵探，以及社區經驗的統整與呈現等。透過實際的社區踏查，引發幼兒對社區濃厚的興趣，讓幼兒不只認識社區，更培養出對身處環境的認同，進而成為關懷社區、愛社區的小小公民。

在「社區觀察家」中，幼兒分享自己的舊經驗及照片，教師輔以Google Map 來探究社區景點與幼兒園之間的距離，讓孩子形成初步的空間概念。經由團體討論，孩子們決定第一次踏查出遊的地點為：萊爾富（看看裡面有什麼）、建成圓環（欣賞圓環噴水秀）、建成公園（做運動、玩盪鞦韆及躲貓貓遊戲）；接著要製作「帶我們去旅遊」小書，引導即將參訪的社區地點。第一次踏查回來後，進行經驗的統整及分享。

在「變身社區小偵探」中，幼兒將自身舊經驗與第一次踏查經驗結合，然後規劃第二次社區踏查。經由團體討論，決定第二次踏查出遊有四

項任務：分別是到便利商店買茶葉蛋、回贈感謝禮物給店長、到花店買康乃馨送媽咪、到公園野餐及玩遊戲等；之後商討踏查需準備的物品及共同繪製的鄰近社區地圖；第二次踏查回來後，再次進行經驗的統整及分享。除此之外，老師持續擴展幼兒的社區經驗，在教室以「鞋店」、「鬆餅店」、「小物店」、「消防局」進行小組討論與相關活動。

在「社區經驗的統整與呈現」中，幼兒發想出「帶家人一起去認識社區」作為第三次社區踏查的主要任務。幼兒以前兩次踏查的經驗出發，討論出想要與家人分享的內容有：「去公園吹泡泡」、「去捷運站找線索」、「去萊爾富買東西」、「去花店買花」、「去建成圓環看噴水池」等；確定了任務內容後，幼兒討論著如何增加親子互動的方法，決定要以闖關的方式進行。在闖關卡的設計上除了有幼兒繪製的店家圖案外，還有圖文小謎題及店家特徵等，展現幼兒的社區經驗及知識，很有創意。在第三次踏查回來後，幼兒分享在三次的社區踏查中自己最喜歡、最有印象的事，並將之記錄下來。幼兒筆下的社區樣貌相當精彩，包含到訪的景點及鄰近街道的風景和事物，具體展現「社區小偵探」的課程成果。有關整個方案課程的實施歷程，如表 10-3-1 所示。

每次的社區踏查前，除了規劃本次踏查主軸外，還加入幼兒的舊經驗統整。例如：在第二次踏查前，讓幼兒嘗試規劃及分享各景點可以進行的活動，就是將第一次踏查的舊經驗加以統整，如表 10-3-2。統整的經驗除了探討想去的地點外，還包含了其功能及幼兒們在此些地點想做的事。

除此之外，在第二次踏查結束後，老師也期待幼兒不只限於在社區踏查時進行探索，同時也能在教室中持續擴充社區的相關經驗，如表 10-3-3。在教室以「鞋店」、「鬆餅店」、「小物店」、「消防局」進行小組討論與相關活動。

最後，幼兒發想出「帶家人一起去認識社區」作為高峰活動。在這個活動中，幼兒討論的焦點在於如何在認識社區的途中，增加和父母的互動？最後孩子們決定採取闖關的方式，設計闖關卡和父母一起挑戰。闖關

卡上除了有幼兒繪製的店家圖案外，還有圖文小謎題及店家特徵等，充分展現幼兒的社區經驗及知識。此次踏查使用的「社區闖關卡」，如表10-3-4。

表 10-3-1　　「社區小偵探」方案課程之歷程與內容

活動階段	主軸目的	時間	課程內容
社區觀察家	舊經驗的分享	活動前的團體討論	探討： 1. 社區裡面有什麼？ 2. 社區有哪些好玩的地方？
	增加幼兒共同的新經驗	第一次踏查（前）	1. 討論要去那裡以及可以做什麼？ ・第1站：萊爾富（看看裡面有什麼）。 ・第2站：建成圓環（欣賞圓環噴水秀）。 ・第3站：建成公園（做運動、玩盪鞦韆及躲貓貓遊戲）。 2. 要如何記得要去哪些地方？ ・製作「帶我們去旅遊」小書。
		第一次踏查（後）	社區經驗分享。
變身社區小偵探	將自身舊經驗與第一次踏查經驗結合	第二次踏查（前）	1. 要到社區進行第二次踏查，可以怎麼做？ ・嘗試自己規劃。 ・分享各景點可以進行的活動。如表10-3-2。 2. 要準備哪些東西呢？ ・還需要準備什麼呢？ ・討論如何對萊爾富老闆表示感謝呢？ ・探險小背包要帶什麼呢？
	與社區進行雙向的互動	第二次踏查	執行社區踏查的四大任務： 1. 便利商店買茶葉蛋。 2. 回贈感謝禮物給店長。 3. 花店買康乃馨送媽咪。 4. 到公園野餐、玩遊戲。
		第二次踏查（後）	經驗分享：社區大發現。
	持續擴展幼兒的社區經驗	第二次踏查（後）	在教室中持續擴充社區的相關經驗：以「鞋店」、「鬆餅店」、「小物店」、「消防局」進行小組討論與相關活動。如表10-3-3。

表 10-3-1 「社區小偵探」方案課程之歷程與內容（續）

活動階段	主軸目的	時間	課程內容
社區經驗的統整與呈現	製作社區闖關卡	第三次踏查（前）	1. 闖關活動：「去公園吹泡泡」、「去萊爾富買東西」、「去花店買花」、「去鞋店看鞋子」、「去鬆餅店吃鬆餅」。 2. 闖關卡設計：幼兒繪製的店家圖案、圖文小謎題、店家特徵。如表10-3-4。
	帶家人一起去認識社區	第三次踏查	透過親子活動，幼兒擔任小嚮導，與家人共同漫步在社區中，將整學期所探索、認識的社區環境深入的介紹與分享。如表 10-3-5。
	社區新經驗、新知識的獲得	第三次踏查（後）	社區經驗分享： 1. 幼兒經驗分享自己最喜歡、最有印象的事。 2. 社區樣貌畫作及記錄。

資料來源：感謝謝美琪園長提供。

表 10-3-2 不同社區地點可以進行的活動

便利商店	功能：可以寄收包裹、買東西
	想做的事：買氣球、去寄包裹、買草莓果醬、買茶葉蛋
捷運站	功能：可以搭車去想去的地方
	想做的事：坐捷運、看捷運、去看手扶梯
花店	功能：可以買花
	想做的事：買花給媽咪、看花、賞花、看有什麼花
公園	功能：可以讓很多人一起玩
	想做的事：吹泡泡、野餐、玩盪鞦韆、玩旋轉盤

資料來源：感謝謝美琪園長提供。

表 10-3-3　教室內的社區小組活動

組別	幼兒好奇的事	探索活動
 鞋店組	1. 鞋子一雙多少錢？ 2. 漂亮鞋子有哪些樣子？ 3. 老闆都幾點營業、休息？	◎美勞區「鞋子設計師」欣賞各種鞋款設計的不同照片，並嘗試選擇自己喜歡的款式，進行設計繪製。 ◎扮演區「美麗的鞋行」運用鞋子設計師的創作，營造出鞋店情境，進行相關扮演。
 小物店組	1. 店裡有賣什麼東西？ 2. 這些東西要怎麼用？ 3. 一個賣多少錢？	◎美勞區「串珠高手」提供各式串珠以及相關創作圖片，鼓勵幼兒動手嘗試多元型式，並展示作品進行交流。 ◎扮演區「可愛小物店」運用串珠作品及相關布置，營造出小物店情境，進行扮演。
 鬆餅店組	1. 想知道老闆怎麼做的 2. 吃起來是什麼味道？ 3. 鬆餅要多少錢？	◎烹飪區「香香鬆餅店」提供幼兒鬆餅粉與簡易烹飪工具，由成人協助共同製作，並透過買賣遊戲與全班分享體驗。
 消防局組	1. 消防局裡面有什麼？ 2. 想知道消防車、救護車裡面長什麼模樣？	◎扮演區「藍天消防隊」欣賞消防隊職業介紹影片，提供幼兒相關扮演服裝及道具（如背心、水管等），進行相關扮演。

資料來源：感謝謝美琪園長提供。

表 10-3-4　社區闖關卡

地點	文字描述	圖案特徵	闖關圖示
公園	「有可以推的盪鞦韆」 「會有螞蟻」 「可以玩鬼抓人」 「有長長圓圓的溜滑梯」	溜滑梯草皮 旋轉樓梯 盪鞦韆	
捷運站	「去幼兒園會經過的地方」 「裡面有鐵軌」 「去遊樂園會經過的地方」 「有手扶梯和電梯」	電扶梯六號 出口標示捷 運	
便利商店	「這裡可以買東西」 「從學校走路會到」 「裡面常常有很多人」 「門口有愛心圖案」 「有老闆在裡面」	房子 自動門 窗戶 商品（水）	
花店	「有很香的玫瑰花」 「有去買過康乃馨」 「裡面有很多花」 「這裡很漂亮」 「是一家店」	康乃馨 賣花的老闆 玫瑰花	
建成圓環	「會噴水」 「有發光的地板」 「旁邊有紅綠燈」 「有很漂亮、亮晶晶的水」	噴水 發亮的燈 洞洞的地板	

資料來源：感謝謝美琪園長提供。

　　透過親子活動，幼兒擔任小嚮導，與家人共同漫步在社區中，將整學期所探索、認識的社區環境深入地介紹與分享。如表 10-3-5，幼兒們向家人展現社區新經驗、新知識的獲得。

　　在「社區小偵探」的課程中，幼兒透過嘗試規劃、實際執行、檢視想法、調整後繼續執行的循環修正概念，建構屬於自己的學習經驗及知識。

表 10-3-5　社區親子導覽活動

便利商店：帶著媽媽找到萊爾富，跟它合照一張	捷運站：看看這裡是不是有數字的捷運站	闖關過程：關主研究地圖帶著家人去下一個景點

花店：小關主陪給爸爸看花店的圖案和提示內容	建成圓環：跟媽媽說圓環的提示內容，讓她推理	闖關終點站公園：完成任務大合照！

資料來源：感謝謝美琪園長提供。

此活動是從社區踏查出發，引導幼兒從社區資源探查開始，了解社區資源、組合社區資源、進而充分運用社區資源，引導幼兒從中學習，引發學習樂趣，展現學習成果。在幼兒的眼中，社區的任何人、事、物、活動都是有趣且值得探索的；從適應與學習的觀點，社區生活值得學習的，幼兒園運用社區資源納入教保活動，就基於前述原則，可以鼓勵幼兒園課程多加運用「社區資源」，以協助師生獲得「在地知識」。

　　此課程目的是在培養幼兒成為「社區的學習者」，讓社區內的人、地、事、物等資源成為幼兒學習的教材，社區的人士及家長都可以扮演幼兒學習的鷹架角色。幼兒園結合社區的學習資源，和社區相互合作，共同擔負教育幼兒的重責大任。在教保活動課程的規劃及執行過程中，透過社區資源的踏查與統整，老師及幼兒感受到幼兒園與社區密不可分，深化與社區的情感連結，重新認定幼兒園與社區的互動關係。

2.「社區小偵探」結合社區資源的課程發展評析

　　以下運用第八章所採行之親職教育方案綜合評估模式，就「社區小偵探」結合社區資源的課程發展內容進行評估。就課程目標而言，「社區小偵探」主題課程與第八章所介紹的親職教育方案有所不同；其次，在課程屬性方面，主題課程與活動性課程也有所差異，故評估指標的內容需要針對課程的目標與屬性進行部分調整。

　　就評估面向而言，在背景層面方面，刪除「方案符合社區民眾需求」一項指標，以符合主題課程屬性；在投入層面方面，刪除「提升家長及社區民眾參與率之作法」指標，因該項指標較偏向活動性課程的評估；在成果層面方面，應加強了解方案課程的實施成效，擬增加「增進幼兒六大核心素養」及「增進老師教學的專業能力」等兩項新發展的評估指標。關於「社區小偵探」結合社區資源之課程發展評估結果，詳如表 10-3-6。

表 10-3-6　「社區小偵探」結合社區資源之課程發展評估檢核表

評估面向	評估細項	評估指標	說明
背景層面	幼兒園的內部組織分析	符合幼兒園的願景 ■符合　□不盡符合	本園的願景包含快樂、尊重、美感、活力。此課程發展特別著重快樂、尊重與活力，美感的部分在後續課程可以再予補強。
		符合幼兒園的發展目標 ■符合　□不盡符合	此課程有助於「幼兒園、家庭、社區之教育協力」的發展目標，增進家園合作以及結合社區資源的教保活動。
		現有條件可否支持 ■具備條件　□不完全具備條件	園內教師進行主題課程很有經驗，環境與設施設備可以提供此課程充分支持。
	幼兒園的外部環境	融合幼兒園發展特色的程度 ■融合　□不盡融合	此課程能結合社區資源發展與特色，有助於建立園本位的課程。

表 10-3-6　「社區小偵探」結合社區資源之課程發展評估檢核表（續）

評估面向	評估細項	評估指標	說明
背景層面	幼兒園的外部環境	符合社區在地文化的程度 □符合　■不盡符合	有關在地文化的應用，教師仍需要更多外部專家或資源的支持。建議由園長、老師、家長及社區人士成立「幼兒園社區自治委員會」，檢視社區資源納入教保課程活動的程度及增加教保課程的在地文化元素。
		具備可支持的外部資源 ■符合　□不盡符合	本園位於熱鬧的中山捷運站附近，校園周遭林立著相當多元的店家與公共設施等，幼兒的住家也居住在鄰近社區，前述外部資源可提供主題課程發展的必要支持。
	參與對象需求評估	方案符合家長需求 ■符合　□不盡符合	課程發展過程中，透過聯絡簿和公告充分與家長溝通，頗能和家長產生共鳴，家長反應相當良好，部分家長還主動提供資源並參與課程。
		方案符合幼兒需求 ■符合　□不盡符合	課程發展是接近幼兒生活經驗的，與他們的生活息息相關，符合幼兒的學習需求。
投入層面	方案課程的適切性	理念與目的之適切性 ■符合　□不盡符合	課程理念與目的切合程度高，引導幼兒從自身的生活環境、社區環境的探索，了解自己的社區並尊重關懷社區。
		時程與工作分配的合適度 ■合適　□不盡合適	課程納入教保活動的行事曆，並在教學會議中討論工作分配。
		運用社區資源的合理性 ■合理　□不盡合理	課程進行社區踏查，充分結合社區資源。

表 10-3-6 「社區小偵探」結合社區資源之課程發展評估檢核表（續）

評估 面向	評估細項	評估指標	說明
投入 層面	方案課程的 適切性	經費及人力資源的充分性 ■充分　□不盡充分	本次課程經費及人力資源充分，尤其有家長支援，使課程實施得很順暢。
	教學活動設計的合宜度	活動是否符合幼兒的發展特性 ■符合　□不盡符合	教保活動符合幼兒的學習特性與身心發展需求。
		環境資源設備規劃的充分性 ■充分　□不盡充分	環境與設施設備優。
執行 層面	執行過程之 適切性	社區踏查實施時段的適切性 ■合適　□不盡合適	事先在課程發展會議協調，並規劃於行事曆。
		教材與資源的充足性 ■充足　□不盡充足	教材與資源充足，臨時有需要的部分，家長也協助解決。
		社區踏查的順暢程度 □順暢　■不盡順暢	雖已安排幼兒家長及志工隨行照顧，還是有突發狀況產生，未來在課程實施前，建議有志工共識會議。
		社區踏查人力資源調配的恰當性 □恰當　■不盡恰當	校外教學之照顧者與幼兒人數比例為一比八，若能降至一比五更佳。
成果 層面	方案課程目標達成度	方案課程符合預期目標的程度 ■符合　□不盡符合	讓幼兒認識自己所處的社區環境、關懷身邊的人、事、物，以及實際走訪社區探索相關事物，是課程的三大學習目標。整體而言，本課程達成預期的目標。
		教學活動設計及內容適切性 ■合適　□不盡合適	教學活動的師生參與度高，多數孩子能完成活動並提供回饋，成效頗佳。

表 10-3-6 「社區小偵探」結合社區資源之課程發展評估檢核表（續）

評估面向	評估細項	評估指標	說明
成果層面	方案課程成效	增進幼兒六大核心素養 ■符合　□不盡符合	本次活動特別看到幼兒在覺知辨識與自主管理兩大核心素養的成長，在覺知辨識方面，幼兒能主動覺察到社區與自己的關聯，並能説出自己的經驗與感受。在自主管理方面，幼兒在社區踏查過程中，能遵守規範並相互提醒，能自律和合作，有助於以後相關活動的實施。
		增進教師教學的專業能力 ■符合　□不盡符合	在課程發展會議進行教學經驗分享、發表教學成果，獲得同仁很多回饋，有助於增進專業能力。
		建立家庭與幼兒園及社區的合作關係 ■符合　□不盡符合	家長對此次社區課程持正向肯定的看法，認為課程和生活結合度高，能看見孩子的轉變，正向看待幼兒參與關心社區的行為，並建立家庭與幼兒園的合作關係。

（二）「親子假日歡樂營」活動

　　依據《幼兒教育及照顧法》第 14 條：「教保服務機構得提供作為社區教保資源中心，發揮社區資源中心之功能，協助推展社區活動及社區親職教育。」並依《幼兒教育及照顧法施行細則》第 8 條第一項及第二項：「……社區教保資源中心，應擬定相關計畫，報直轄市、縣（市）主管機關核准後，始得為之；經核准之計畫內容變更時，亦同。前項社區教保資源中心，其服務項目如下：一、教保問題之諮詢。二、親職教育講座及親子活動之辦理。三、圖書借閱、教具、玩具及遊戲場所之提供使用。」

基於前述，各縣市著手推動社區教保資源中心。除了運用公立幼兒園外，更結合社區、社會等資源辦理各項親子活動及親子教養諮詢，提供家庭支持性活動，開放社區民眾參與及利用，提供家長或其他照顧者都可共用育兒資源，強化社區服務功能（林秀鸞，2017）。舉臺北市為例，以公立幼兒園為規劃據點，尤其是公立單設幼兒園在可用規模與資源相對充裕之餘，便成為規劃為社區教保資源中心的優先選擇。在社區教保資源中心的規劃方面，主要有以下三項特色：

1. 適齡適性：環境規劃、教養諮詢及課程設計符合 6 歲以下幼兒需求。並依據年齡規劃設計。
2. 服務可近性：辦理時間為假日固定時段及活動設計以親子共同參與為原則。
3. 多元開放：空間、活動及課程須對外開放，並優先讓社區 6 歲以下幼兒及其照顧者參加，活動計畫需詳列社區民眾參與之名額或比例。

以下以臺北市中山幼兒園作為社區教保資源中心，利用假日辦理「親子假日歡樂營」活動為例，將相關活動內容介紹與分析如後。

1.「親子假日歡樂營」活動介紹

社區教保資源中心為推廣教保活動，除開放校舍資源供社區居民使用外，也利用假日辦理親職教育活動，鼓勵居民參與並推廣親職教育知能。茲將該計畫內容詳列如表 10-3-7。

依據該計畫書的內容，可以歸結出以下三項重點：首先，從計畫書中可知，計畫理念為「加強資源整合與分享運用，提升家庭功能，促進社區多元融合」。其次，執行的方式為資源共享及提供親職教育講座及親子活動，與社區教保資源中心之服務項目吻合。再次，計畫的實施內容，採創意多元的方式辦理。包括：親子歡樂屋、昆蟲營、親子教養個案諮詢、幼

表 10-3-7 「親子假日歡樂營」活動計畫

臺北市立中山幼兒園
109 年度社區教保資源中心「親子假日歡樂營」活動計畫

一、依據：《幼兒教育及照顧法》第 14 條規定辦理。
二、目的：
　　（一）加強資源整合與分享運用，提升家庭功能，促進社區多元融合。
　　（二）開放本園專業安全的教保資源，提供社區親子運用。
　　（三）運用本園圖書、教玩具及遊戲設施設備，提供社區親子到園共學
　　　　　共玩，以豐富幼兒生活經驗，充實家庭生活，並促進親子關係。
　　（四）運用本園與相關專業服務人力之專業知能與實務經驗，加強服務
　　　　　有教養困擾的家長，以增進家長親職效能及幼兒發展。
三、辦理單位：
　　（一）指導單位：臺北市政府教育局。
　　（二）主辦單位：臺北市立中山幼兒園（臺北市中山區大直街 25 號）。
　　（三）協辦單位：臺北市立圖書館大直分館。
四、實施期程：109 年 7 月至 12 月止（實際辦理日期詳如實施內容表）。
五、實施地點：臺北市立中山幼兒園。
六、實施對象：臺北市中山區及其他社區學前幼兒親子。
七、實施內容：如附件。
八、經費預算：

名稱	數量	單價（元）	預算數（元）	說明
講座／助理鐘點費（人節）	40	2,000	80,000	親子成長營（幼兒場及家長場）外聘講座講授鐘點費
	8	1000	8,000	外聘教師助理鐘點費
	30	400	12,000	內聘教師助理鐘點費
合計			100,000	

資料來源：感謝陳玫秀園長提供。

兒發展篩檢闖關活動（2～3 歲組、4～5 歲組）及不同主題的親子成長營
（如表10-3-8）；並依社區家長的需求，於星期六上午及暑假等時間辦理。

表 10-3-8 「親子假日歡樂營」實施內容

活動名稱	活動內容		開放對象	日期／時段	辦理次數
親子歡樂屋	開放本園圖書、教玩具及戶外遊戲場設施等資源，提供社區親子進行共讀與共玩活動。		2～6 歲幼兒親子，每次提供 20 對親子參與。	9/12、9/19 11/7、11/21 12/5、12/12	6 次
昆蟲營	帶領幼兒經由活體昆蟲與標本觀察並認識不同棲地的昆蟲習性與特徵，進而激發幼兒對學習的熱誠。		4～6 歲幼兒親子，每次提供 30 對親子參與。	7/27、7/28、7/29、7/30、7/31	5 次
親子教養個案諮詢	聘請臨床心理師駐點並提供家長一對一的教養諮詢。		2～6 歲幼兒親子，每次提供 2 對親子參與，共計 10 對。	7/27、7/28、7/29、7/30、7/31	5 次
幼兒發展篩檢闖關活動（2～3 歲組）	由專業的職能治療師針對幼兒大動作、感覺統合、小肌肉發展、注意力等發展項目進行評估。並採分齡分梯方式進行。		2～3 歲小班幼兒親子，每次提供 60 對親子參與。	9/12 上午 9:30-11:30	1 次
幼兒發展篩檢闖關活動（4～5 歲組）			4～6 歲中大班幼兒親子，每次提供 60 對親子參與。	9/19 上午 9:30-11:30	1 次
親子成長營（2～3 歲組）	幼兒場	親子捏塑	2～3 歲幼小班幼兒親子，每次提供 15 對親子參與。◆本課程屬連續課程（能全程參與者優先錄取）	11/7、11/21 上午 9:30-11:30	2 次
	家長場	◆第一堂～【讀懂孩子的內在需求 1】 ◆第二堂～【讀懂孩子的內在需求 2】			
親子成長營（2～3 歲組）	幼兒場	繪本點心派	2～3 歲幼小班幼兒親子，每次提供 15 對親子參與。◆本課程屬連續課程（能全程參與者優先錄取）	12/05、12/12 上午 9:30-11:30	2 次
	家長場	◆第一堂～【關照情緒的行為改變策略】 ◆第二堂～【擬定在家可用的行為策略】			

資料來源：感謝陳玫秀園長提供。

　　中山幼兒園變身為社區教保資源中心，期能藉由「親子假日歡樂營」活動的實施與推動，促使社區與幼兒園的關係更加緊密，使幼兒園成為改變策動者（change agent），結合社區資源並貢獻社區，讓幼兒的學習也會與社區緊密結合；同時使幼兒園生活與社會生活更合為一體，讓兩者的發展更加緊密。

2.「親子假日歡樂營」活動評析

　　以下依舊運用第八章的親職教育方案綜合評估模式，以背景、投入、執行及成果的四個核心層面，發展評估內容。有關「親子假日歡樂營」活動評估結果，詳如表 10-3-9 所示。

表 10-3-9　「親子假日歡樂營」活動之評估檢核表

評估面向	評估細項	評估指標	說明
背景層面	幼兒園的內部組織分析	符合幼兒園的願景 ■符合　□不盡符合	本園願景為身心健康、多元學習、快樂成長。此活動特別著重多元學習、快樂成長，符合幼兒園的願景。
		符合幼兒園的發展目標 ■符合　□不盡符合	活動目的在整合社區資源、提供資源與社區共享、強化社區服務功能，符合幼兒園的發展目標。
		現有條件可否支持 ■具備條件　□不完全具備條件	本園具備經費及人力條件，可支持「親子假日歡樂營」活動。
	幼兒園的外部環境	融合幼兒園發展特色的程度 ■融合　□不盡融合	運用「親子假日歡樂營」活動之外部資源協助本園發展特色，例如：邀請外聘的專家，臺灣生態教育推廣協會的講師、臨床心理師、專業職能治療師等，和本園特色可相互結合。

表 10-3-9　「親子假日歡樂營」活動之評估檢核表（續）

評估面向	評估細項	評估指標	說明
背景層面	幼兒園的外部環境	符合社區在地文化的程度 □符合　■不盡符合	由於開放所有家長與社區居民參與，在活動設計難以限定本社區文化。
		具備可支持的外部資源 ■符合　□不盡符合	獲得教育局的經費補助與外聘講師支持，資源應屬充分。
	參與對象需求評估	方案符合家長需求 ■符合　□不盡符合	活動規劃針對家長進行的親子教養個案諮詢、發展篩檢闖關活動及親子成長營等，符合家長需求。
		方案符合幼兒需求 ■符合　□不盡符合	親子歡樂屋及昆蟲營活動，符合幼兒需求。
		方案符合參與民眾需求 ■符合　□不盡符合	本方案沒有在地文化限制，應可滿足居民需求。
投入層面	方案計畫書的適切性	理念與目的之適切性 ■符合　□不盡符合	符合社區教保資源中心規劃的理念。(1)地點的開放；(2)物質資源的開放：圖書、教玩具、遊具設施等；(3)課程的開放：親職教育講座、家長成長團體、專家教養諮詢。
		計畫時程與工作分配的合適度 ■合適　□不盡合適	納入幼兒園的工作行事曆，並定期召開工作會議討論工作分配相關事宜。
		運用社區資源的合理性 □合理　■不盡合理	考量參與者的背景，本次活動未能特別使用社區資源，應用社區資源方面相對較少。
		經費及人力資源的充分性 □充分　■不盡充分	申請教育局經費挹注外聘的專家人力。但社區教保資源中心沒有正式的人員編制，整個活動的規劃與執行運用幼兒園園內人力及招募志工。

表 10-3-9　「親子假日歡樂營」活動之評估檢核表（續）

評估面向	評估細項	評估指標	說明
投入層面	方案計畫書的適切性	提升家長及社區民眾參與率之作法 □合適　■不盡合適	本次活動採限額參與，報名踴躍，未特別啟動廣告機制，仍有許多人抱怨無法參加，有些遺憾。
	教學活動設計的合宜度	結合幼兒園課程主題的程度 □符合　■不盡符合	本活動未限制本園師生參與，故不結合現有主題。
		活動是否能回應家長需求 ■符合　□不盡符合	方案規劃針對家長進行的親子教養個案諮詢、發展篩檢闖關活動、及親子成長營等，回應家長親子互動及親職需求。
		活動是否符合幼兒的發展特性 ■符合　□不盡符合	親子歡樂屋及昆蟲營活動，符合幼兒求知探索、快樂學習的發展特性。
		環境資源設備規劃的充分性 ■充分　□不盡充分	活動充分運用本園環境資源和設施設備。
執行層面	執行過程之適切性	實施日期與時段的適切性 ■合適　□不盡合適	配合幼兒園的工作行事曆，昆蟲營在暑假舉辦，其他活動都在假日舉行，符合參與者的需求。
		地點與場地設備的適切度 ■合適　□不盡合適	這次活動的規模與內容設計得宜，本園環境設備可充分支持。
		教材與資源的充足性 ■充足　□不盡充足	教材與資源充足。
		活動流程的順暢程度 □順暢　■不盡順暢	當天許多參與者非本園家長與幼兒，不大熟悉場地和資源，活動的過程有時會因為協助前述人員取得資源而遭打斷。
		經費調配的恰當性 □恰當　■不盡恰當	經費主要挹注在外聘講師，其他費用由業務費支持，實際支出稍微超過預算。

表 10-3-9 「親子假日歡樂營」活動之評估檢核表（續）

評估面向	評估細項	評估指標	說明
執行層面	執行過程之適切性	人力資源調配的恰當性 □恰當 ■不盡恰當	運用幼兒園園內人力及招募志工，仍有些活動區域有時會有人力不足的情況。
成果層面	方案滿意度	整體方案規劃的滿意度 ■滿意 □不盡滿意	回饋單內容包含課程活動安排、對課程內容的了解程度、本次課程活動的收穫程度。資料整理分析後，發現對方案的滿意度很高。
		講座或指導教師的專業程度 ■專業 □不盡專業	外聘專家專業程度高，家長反應良好。
		教學活動設計及內容適切性 ■合適 □不盡合適	運用多元的方式進行活動。例如親子闖關、親子捏塑、繪本點心派等。
		課程或活動氣氛的友善度 ■友善 □不盡友善	參與者回饋課程活動的氣氛很友善。
		場地及設備的滿意度 ■滿意 □不盡滿意	參與者回饋很滿意幼兒園的設施設備。
	方案成效	有效提升親職知能 ■符合 □不盡符合	有家長回饋：「參加這些活動，增進我們親子互動關係，尤其是發展篩檢的闖關活動，讓我更了解我的孩子發展相關資訊。」
		建立家庭與幼兒園的合作關係 □符合 ■不盡符合	依據回饋單內容分析，此部分的回饋證據仍有不足，建議未來辦理相關活動可增加相關題項，並請家長填答。
		增進教師溝通能力的專業性 □符合 ■不盡符合	
		提升幼兒園在社區的教保專業地位 □符合 ■不盡符合	

　　以上介紹兩個有關主題課程與教保活動的實施案例，強調以幼兒、家庭及社區為活動發展的主軸，將幼兒的生活世界與及其賴以生活的土地相結合，從家庭、社區出發，重視本土文化，規劃運用社區資源的教保活動。教育部自民國 90 學年度實施之「公私立幼兒園評鑑及獎勵實施計畫」以來，社區融合度便列為評鑑項目，該項目的評鑑範圍主要包含下列五項：辦理親職教育活動情形、幼兒參與社區各項活動情形、教師參與社區辦理或學校辦理之促進社區生活成長活動情形、辦理幼兒認識社區之保育活動情形、教保工作能充分運用社區資源情形，可見社區資源應用情形很早便納入幼兒園評鑑之列。另以 2017 年 8 月 1 日實施的《幼兒園教保活動課程大綱》為例，其內容更是強調「須與家庭及社區密切配合」、「建立幼兒園、家庭與社區的網路，經營三者間的夥伴關係」等，可知幼兒園與社區互動關係的議題愈來愈受到重視。

　　利用社區資源，體現了幼兒園與社區互動的方式及特色，從幼兒園運用社區資源進展到運用幼兒園資源乃至到貢獻社區，讓幼兒園與社區成為相互成長的夥伴，不僅是幼兒園應該修為的重要功課，同時帶領家長與社區成員看見幼教工作的專業性。在強調幼教專業發展的今日，幼兒園、家庭與社區建立合作的夥伴關係，不僅是責任，更是專業能力的展現！

研究題目

1. 請依據社區資源的定義，說明目前居住的社區中有哪些社區資源？

2. 在幼兒園運用社區資源與社區參與的不同方式中，請說明你最欣賞哪一種運用方式，原因為何？

3. 有關鼓勵幼兒園與社區互動，優先採用的方式包含「幼兒園主動了解社區」及「鼓勵社區參與幼兒園活動」，請提出具體可行的策略？

延伸活動

1. 請訪談一所幼兒園的園長或是老師，了解該幼兒園社區參與的方式？

2. 請訪問一位幼兒老師，了解其如何運用社區資源在班級的活動設計上？

3. 請列舉一項曾參與的社區參與活動？以及說明該活動對社區的貢獻？

4. 請依據幼兒園的理念及條件等因素，提出一個結合社區資源的教保活動案例並進行分析。

參考文獻

❖ 中文部分

中央社（2001年6月1日）。**網路家庭聯絡簿帶不會電腦的家長進網路世界**。2001 年 6 月 25 日，取自 http://news.kimo.com.tw/2001/06/01/leisure/cna/1789090.html

井敏珠（1995）。從親職教育之理念論國民中小學親職教育之實施。**輔導季刊**，3（3），13-20。

內政部戶政司（2020）。**人口政策及統計資料**。取自 https://www.ris.gov.tw/app/portal/346

內政部移民署（2020）。**外籍配偶與大陸（含港澳）配偶人數**。取自 https://reurl.cc/2gm5z4

尤薏茹（2010）。**幼稚園運用部落格進行親師溝通之參與式行動研究**（未出版碩士論文）。臺中市：朝陽科技大學。

王天苗（1996）。臺灣地區心智發展障礙幼兒早期療育服務供需及相關問題之研究。**特殊教育研究學刊**，4，21-44。

王文科、吳清山、徐宗林、郭秋勳、陳奎憙、陳聰文、黃政傑、黃德祥、詹棟樑、雷國鼎（1995）。**教育概論**。臺北：五南。

王以仁（2001）。社會變遷與家庭學習。嘉義大學家庭教育中心（編），**單親學習型家庭方案執行策略彙編**。2001 年 7 月 28 日，取自 http://140.130.43.145/fecenter/301（單親）學習型家庭彙編.htm

王全興（2009）。CIPP 評鑑模式的概念與發展。**慈濟大學教育研究學刊**，5，1-27。

王宏仁（2001）。社會階層化下的婚姻移民與國內勞動市場：以越南新娘為例。**臺灣社會研究季刊**，41，99-127。

王俐文（2017）。幼兒園教師親師溝通之情緒地理研究（未出版碩士論文）。高雄市：樹德科技大學。取自華藝線上圖書館系統。

王婉屏（2006）。方案規劃者對規劃理論的應用與規劃成效相關之研究－以親職教育方案為例（未出版碩士論文）。國立中正大學，嘉義市。

王彬如（2020）。托嬰中心家長對電子聯絡簿的應用滿意度與親師溝通成效初探。長庚科技學刊，32，49-84。

王鍾和（2000）。單親家庭的親職教育。載於何福田（主編），單親家庭之教育與輔導（頁3-38）。臺北：心理。

王叢桂（2000）。促使參與父職因素的探討。應用心理研究，6，131-171。

王麗容（1994）。社會變遷中的親職教育需求、觀念與策略。國立臺灣大學社會學刊，23，191-216。

丘愛鈴、何青蓉（2008）。新移民教育機構推動新移民教育現況、特色與困境之調查研究。臺東大學教育學報，19（2），61-93。

幼兒教育及照顧法（2018）。

幼兒教育及照顧法施行細則（2020）。

幼兒教保及照顧服務實施準則（2019）。

各級學校及幼兒園通報兒童少年保護與家庭暴力及性侵害事件注意事項及處理流程（2013）。

江岱蓉（2013）。臺北市公立幼兒園親師溝通情況與因應溝通障礙方式之研究（未出版碩士論文）。臺北市：國立臺北教育大學。取自華藝線上圖書館系統。

江啟昱（1993）。CIPP 評鑑模式之研究（未出版碩士論文）。國立臺灣師範大學，臺北市。

江琬瑜（1999）。訓練成效評估之研究（未出版碩士論文）。國立中央大學，桃園市。

行政院主計處（2001）。人力資源調查統計年表。2001 年 6 月 4 日，取自

http://www.dgbas.gov.tw/dgbas03/bs3/analyse/new90191.htm

行政院主計處（2010）。**人力資源調查統計年報**。取自 http://www.dgbas.gov.tw/ct.asp? xItem=18844&ctNode=4943

行政院主計總處（2017）。**婦女婚育與就業調查報告（105 年 10 月版）（線上電子書）**。臺北：主計總處。取自 https://www.stat.gov.tw/ct.asp? xItem=41524&ctNode=6426&mp=4

行政院主計總處（2019）。**108 年 5 月人力運用調查統計結果**。取自 https://www.dgbas.gov.tw/public/Attachment/91127145944J204GCI5.pdf

行政院性別平等會（2018）。**重要性別統計資料庫**。臺北：作者。取自 https://www.gender.ey.gov.tw/gecdb/Stat_Statistics_Category.aspx?fs=EcfUJy%24sRRPbnOe4TvO%24Jg%40%40

行政院性別平等會（2020）。**重要性別統計資料庫**。臺北市：作者。取自 https://www.gender.ey.gov.tw/gecdb/Stat_Statistics_Category.aspx?fs=EcfUJy%24sRRPbnOe4TvO%24Jg%40%40

行政院教育改革審議委員會（1996）。**教育改革總諮議報告書**。臺北：行政院。

何祥如、蔡佳燕（2010）。跨文化親師溝通與聯結活動之探究。**國際文化研究**，6（2），75-105。

何華國（1996）。**特殊兒童親職教育**。臺北：五南。

何瑞珠（1999）。家長參與子女的教育：文化資本與社會資本的闡釋。**教育學報**，27（1），233-261。

余孟和（2013）。以全球在地化觀點推動學校社區化之實踐。**學校行政**，83，121-133。

余明仁（2020）。勞動階級國小家長參與學校教育之研究。**美和學報**，38（2），67-82。

余漢儀（2012）。**兒童及少年受暴問題之研究**。內政部家庭暴力暨性侵害防治委員會委託報告。臺北市：中華心理衛生協會。

余靜文（2015）。幼兒園親職教育活動評鑑指標之建構（未出版碩士論文）。中國文化大學，臺北市。

吳宗立（1997）。**學校行政研究**。高雄：復文。

吳宗立（1999）。學校與社區關係的經營。**中等教育，50**（6），19-25。

吳柏緯（2019 年 5 月 17 日）。2019 年 5 月 17 日——臺灣寫下歷史，成為亞洲第一個同婚合法國家。**報導者**。取自 https://www.twreporter.org/a/taiwan-first-legalize-same-sex-marriage-asia-country

吳惠祝（2016）。**教保服務人員親師溝通與家園合作之策略分析——以三位資深幼教人員為例**（未出版碩士論文）。臺中市：朝陽科技大學。

吳瑞華（2011）。**單親家庭接受社會福利對家庭壓力減輕效果——以家扶基金會貧困兒童家庭扶助方案為例**（未出版碩士論文）。屏東科技大學，屏東市。

李昕芮（2015）。**幼兒園家長使用 LINE App 進行親師溝通之相關研究**（未出版碩士論文）。高雄市：樹德科技大學。

李俐誼（2012）。**公立幼兒園教師親師溝通經驗之研究**（未出版碩士論文）。高雄市：樹德科技大學。

李建興（1994）。**運用社會資源協助社區發展可行途徑之研究**。臺北：五南。

李建興（1999）。社會變遷中的親職教育。**社會教育年刊，47**，12-15。

李富言（2001）。社會變遷與家庭學習。嘉義大學家庭教育中心（編），**隔代教養學習型家庭方案執行策略彙編**。嘉義：編者。2001 年 7 月 28 日，取自 http://140.130.43.145/fecenter/601（隔代教養）學習型家庭彙編.htm。

李雯佩（2012）。幼稚園鄉土教學之研究－以三峽的一所幼稚園為例。**幼兒教育年刊，23**，1-22。

谷瑞勉（譯）（1999）。L. Berk 等著。**鷹架兒童的學習——維高斯基與幼兒教育**。臺北：心理。

兒童及少年福利與權益保障法（2020）。

周百信（2018）。國民教育階段家長參與學校事務之權利內涵與概況分析。**學校行政雙月刊**，118，145-164。

周念麗、張春霞（1999）。**學前兒童發展心理學**。上海：華東師範大學。

周宣辰（2016）。沉浸式族語教學幼兒園計畫之回顧與前瞻。**臺灣教育評論月刊**，5（9），25-30。

周素惠（2019）。**幼兒園繪圖式聯絡簿的實施──家長的觀點**（未出版碩士論文）。臺北市：國立臺灣師範大學。

周愚文（1996）。**宋代兒童的生活與教育**。臺北：師大書苑。

周慧君、張美玲（2003，4月）。**臺灣虛擬社區發展模式之分析**。發表於臺灣電子商務學會主辦之 2003 電子商務與數位生活研討會（頁976-1002），臺北市。

孟偉銘、高薰芳（2000）。國民小學教師在職進修成效之評鑑研究──以臺北市為例。**視聽教育雙月刊**，41（5），1-12。

孟憲蓓（2010）。**從部落格探討幼稚園親師溝通之研究**（未出版碩士論文）。臺北市，國立臺北教育大學。

林玉枝（2018）。**臺灣 Y 世代未婚者家庭價值觀與擇偶偏好關係之研究**（未出版之碩士論文）。國立暨南國際大學，南投市。

林志鈞、吳淑敏、李欣如（2017）。學校協力發展特色型態、社區意識、社區資源價值認知對教師社區參與之研究。**育達科大學報**，44，173-204。

林秀娟（2015）。女人的家和天下──婦女角色的可能想像和展望。**新使者**，148，15-18。

林秀鑾（2017）。**臺北市社區教保資源中心方案實施現況之研究**（未出版碩士論文）。國立臺灣師範大學，臺北市。

林明地（2002）。**學校與社區關係**。臺北：五南。

林東泰（1997）。國家發展與社會價值改變。**理論與政策**，11（2），

15-23。

林芳瑜（2016）。以科技接受模式探討幼兒園教師透過 Facebook 進行親師互動之行為研究（未出版碩士論文）。南華大學資訊管理研究所，嘉義縣。

林思騏、郭力平（2016）。新課綱課程施行之教學歷程～以在地化課程實踐為例。**兒童照顧與教育**，6，35-51。

林家興（1997）。**親職教育的原理與實務**。臺北：心理。

林家興（2010）。哪些因素最能預測親職教育團體的效果？**教育心理學報**，41（4），847-858。

林振春（2002）。從社區教育理論談學校社區化策略。**教育資料集刊**，27，1-18。

林晏瑢（2007）。**臺北市公立幼稚園家長參與親職教育活動現況與需求之調查研究**（未出版碩士論文）。國立臺北教育大學，臺北。

林淑玲（2000）。臺灣地區親子互動的真面貌：期許研究觀點的突破。**應用心理研究**，7，7-9。

林淑玲（2001）。社會變遷與家庭學習。嘉義大學家庭教育中心（編），**身心障礙者學習型家庭方案執行策略彙編**。2001 年 7 月 28 日，取自 http://140.130.43.145/fecenter/401（身心障礙者）學習型家庭彙編.htm

林惠雅（2000）。母親與幼兒互動中之教養行為分析。**應用心理研究**，6，75-96。臺北：五南。

林智娟（2011）。ADHD 親職訓練方案的內容及趨勢。**雲嘉特教期刊**，14，26-35。

林慧芬、涂妙如（2013）。國小低年級家長參與及學童學校生活適應之關聯研究。**輔仁民生學誌**，19（1），63-86。

林懿嬅（2018）。幼兒園運用即時通訊軟體之親師溝通現況探討（未出版碩士論文）。高雄市，樹德科技大學。

邵次英（2000）。單親家庭對小學生情緒的影響。**基礎教育研究論文集**

（貳）（頁 141-168）。香港：浸會大學持續進修學院教師教育部編印。

邱書璇（譯）（1995）。C. Gestwicki 著。**親職教育——家庭、學校和社區的關係**。臺北：揚智文化事業。

凃保民、黃月琴（2017）。行動即時通訊（LINE）與親師溝通－探究影響教師接受之正、負向影響因子。**資訊社會研究**，33，115-146。

姜得勝（1998）。社會變遷中親子關係的反省與重建。**臺灣教育**，567，6-11。

施欣欣、劉瓊瑛、張秀如、曾嫦娥、蘇淑貞、溫世貞（1995）。**親職教育**。臺北：匯華。

柯平順（1996）。**嬰幼兒特殊教育**。臺北：心理。

柯妤姍（2019）。**以科技接受模式觀點探討公立幼兒園教師應用網路社群軟體進行親師溝通數位化之研究**（未出版碩士論文）。臺北市：國立臺灣師範大學。

洪福財（1996）。如何強化學校家長會的功能。**教育資料文摘**，26，148-174。

洪福財（2000a）。**臺灣地區幼兒教育歷史發展及未來義務化政策之探討**（未出版博士論文）。國立臺灣師範大學教育學系，臺北市。

洪福財（2000b）。**幼兒教育史——臺灣觀點**。臺北：五南。

洪福財（2004）。社會變遷中的親職教育：從幾項趨勢談起。**國民教育**，44（3），30-38。

洪福財、翁麗芳（2004）。**新臺灣之子——兒童教養與幼托機構的角色**。發表於 12 月 22 日內政部兒童局主辦「新社區工程——多元文化的兒童學習環境建構」學術研討會。臺北：國立臺北師院。

洪福財、謝如山、林曜聖（譯）（2003）。D. Bagin, & D. R. Gallagher 著。**學校與社區關係**。臺北：五南。

胡海國（編譯）（1976）。Hurlock 著。**發展心理學**。臺北：華新文化事

業中心。

夏曉鵑（2000）。資本國際化下的國際婚姻——以臺灣的「外籍新娘」現象為例。**臺灣社會研究季刊**，39，45-92。

夏曉鵑（2002）。**流離尋岸——資本國際化下的「外籍新娘」現象**。臺北：臺灣社會研究。

家庭教育法（2019）。

家庭教育法施行細則（2020）。

徐澄清（1999）。**因材施教——氣質與兒童發展**。臺北：健康世界雜誌社。

特殊教育法（2019）。

特殊教育法施行細則（2020）。

馬鏞（1997）。**中國家庭教育史**。湖南：湖南教育。

高傳正、徐敏琪、李湘凌（2016）。綜合社區文化特色探究原住民幼兒科學學習特性與能力。**科學教育月刊**，388，14-31。

涂肇慶（譯）（1992）。G. Lanski, J. Lanski, & P. Nolan 著。**社會變遷**。臺北：桂冠圖書。

張友蓉（2019）。**幼兒園班級網頁用以親師溝通成效之探討——以高雄市公立幼兒園**（未出版碩士論文）。樹德科技大學，高雄市。

張弘勳、蔡雅琳（2009）。學校經營公共關係之探究。**學校行政**，62，120-148。

張再明（2015）。突破親職教育推展的困境：論有效適切之親職教育方案。**臺灣教育評論月刊**，4（12），14-17。

張欣戊、林淑玲、李明芝（譯）（2014）。D. R. Shaffer, & K. Kipp 著。**發展心理學**。臺北：學富。

張美惠（2012）。探討跨國婚姻家庭的親職教育。**家庭教育雙月刊**，40，6-18。

張茂源（2004）。從家長參與談學校與社區關係。**學校行政**，31，

266-275。

張蓓莉、孫淑柔（1995）。**特殊需求兒童親職手冊**。教育部國教司補助國立臺灣師範大學特殊教育中心印行。

張樹倫（1998）。臺灣地區五十年來的社會變遷。**人文及社會學科教學通訊**，9（2），37-52。

教育基本法（2013）。

教育部（2013）。《各級學校及幼兒園通報兒童少年保護與家庭暴力及性侵害事件注意事項及處理流程》。臺教學(三)字第1020041588C號令。取自 https://edu.law.moe.gov.tw/LawContent.aspx? id=GL000547

梁有章（2018）。**臺灣原住民族幼兒園實施沉浸式族語教學之研究**（未出版博士論文）。國立暨南大學，南投市。

梁佳蓁（2016）。國小附幼實施品德教育親師聯絡簿之探究。**幼兒教育年刊**，27，25-45。

許芳懿（2009）。全球在地化的幼兒課程發展。**幼兒教保研究**，3，91-107。

許梅樺（2017）。**以科技接受模式探討網路社群應用於親師溝通之使用意願研究——以高雄市幼教教師行動 LINE 群組為例**（未出版碩士論文）。義守大學，高雄市。

許瑋倫（2017）。親師溝通　創造三贏。**師友月刊**，598，57-59。

許錦雲（2008）。幼兒園良好親師關係之探究。**幼兒教保研究期刊**，創刊號，13-29。

郭全育（2005）。**運用PDCA改善方法強化晶圓廠成本競爭力之實例研究**（未出版碩士論文）。國立清華大學，新竹市。

郭佳華（2001）。父親參與父職教育方案相關因素之研究（未出版碩士論文）。國立嘉義大學，嘉義市。

郭淑敏（2016）。社區資源融入幼兒園親子活動之探討——以快樂幼兒園為例。**輔仁民生學誌**，22（2），61-68。

郭紫宸（2012）。幼教師與家長知覺親師溝通困境之研究（未出版碩士論文）。朝陽科技大學，臺中市。

郭靜晃、吳幸玲（合譯）（1993）。**兒童發展——心理社會理論與實務**。臺北：揚智。

陳幸仁、王雅玄（2007）。偏遠小校發展社區關係與組織文化之優勢：以一所國中為例。**臺東大學教育學報**，18（2），1-29。

陳奎憙（1996）。**教育社會學研究**。臺北：師大書苑。

陳姿蘭、張靜文、廖鳳瑞、陳韻如（2019）。從幼兒園聯絡簿探究親師關係。**嘉大教育研究學刊**，43，109-128。

陳娟娟（1991）。跟孩子一起成長——談如何推廣親職教育。**幼教天地**，7，79-90。

陳淑貞（2020）。**桃園市公立幼兒園應用通訊軟體 LINE 於親師溝通之研究**（未出版碩士論文）。國立臺北教育大學，臺北市。

陳淑敏（2002）。匯流與分殊：論社區作為全球化與本土化交會的實踐場域。載於中華民國社區教育學會（主編），**社區教育理論與實踐**（頁27-46）。臺北：師大書苑。

陳幗眉、洪福財（2001）。**兒童發展與輔導**。臺北：五南。

陳韶聿（2016）。社區資源融入幼兒園主題教學之歷程探究——以愛心幼兒園為例（未出版碩士論文）。朝陽科技大學，臺中市。

傅仰止、章英華、廖培珊、謝淑惠（2017）。**臺灣社會變遷基本調查計畫第七期第二次調查計畫執行報告**。中央研究院社會學研究所專案研究，計畫編號：MOST 104-2420-H-001-005-SS3。

勞動部（2019）。**勞動情勢統計要覽**。臺北：作者。取自 https://www.mol.gov.tw/statistics/2452/2458/40133/

勞動部（2020）。**外勞人數統計資料**。取自 https://statdb.mol.gov.tw/evta/jspProxy.aspx? sys=100&kind=10&type=1&funid=wqryme nu2&cparm1=wq14&rdm=I4y9dcIi

景雲（2019）。家庭結構變遷下家庭教育問題及解決途徑。**教育評論**，1，49-52。

曾玉娣（2010）。**輔導新手教師親師溝通之研究**（未出版碩士論文）。朝陽科技大學，臺中市。

曾端真（1998）。從家庭結構觀點論親職功能。**測驗與輔導**，5，3128-3131。

游恆山（編譯）（1991）。R. M. Liebert, R. Wicks-Nelson, & R. V. Kail 著。**發展心理學**。臺北：五南。

黃于芳（2017）。**臺中市幼兒園教保服務人員親師溝通與教學效能之關係研究**（未出版碩士論文）。中臺科技大學，臺中市。

黃世鈺（1997）。特殊兒童之親職教育。刊於王文科（主編），**特殊教育導論**（頁 562-591）。臺北：心理。

黃可欣（2007）。**促進鄉村學校與社區之夥伴關係以邁向永續發展之行動研究——以臺東縣利吉和富源社區為例**（未出版碩士論文）。國立花蓮教育大學，花蓮市。

黃正鵠（1973）。**嬰兒期親子關係之研究**。臺北：臺灣商務印書館。

黃信維（2020）。**金融機構公司治理與內部控制——制度與組織之間**（未出版碩士論文）。國立臺灣大學，臺北市。

黃盈斐（2019）。**家長感恩對學生學習成就的影響——Epstein 家長參與模型之應用**（未出版博士論文）。國立臺南大學，臺南市。

黃迺毓（1988）。**家庭教育**。臺北：五南。

黃義良（2002）。學校與社區資源的合作教學模式探討。**學校行政**，21，64-77。

黃德祥（1997）。**親職教育**。臺北：偉華書局。

黃慧真（譯）（1989）。D. E. Papalia, & S. W. Olds 著。**發展心理學**。臺北：桂冠圖書。

楊玉如、王雅雲（2019）。我國女性勞動情勢及友善職場概況。**臺灣勞工**

季刊，57，16-31。

楊坤堂（1993a）。親子溝通的基本類型與技巧（上）。**臺北市研習資訊**，10（3），30-34。

楊坤堂（1993b）。親子溝通的基本類型與技巧（下）。**臺北市研習資訊**，10（4），29-32。

楊國樞（1986）。家庭因素與子女行為：臺灣研究的分析。**中華心理學刊**，28（1），7-28。

楊麗櫻、陳棟樑、陳俐文（2019）。國小學童家長運用即時通訊軟體LINE進行親師溝通行為意圖與滿意度之研究。**兩岸職業教育論叢**，3（1），44-57。

萬家春（1992）。班都拉的社會學習論。刊於郭為藩（主編），**現代心理學說**（頁299-336）。臺北：師大書苑。

詹棟樑（1983a）。親職教育理論探討。載於中國教育學會（主編），**親職教育研究**（頁31-54）。臺北：華欣文化事業中心。

詹棟樑（1983b）。從親子關係談親子教育。載於中國教育學會（主編），**親職教育研究**（頁159-184）。臺北：華欣文化事業中心。

雷庚玲（2000）。情緒的緣起與發展：演化、氣質與依戀。載於洪蘭、雷庚玲、蔣文祁主編，0～3歲嬰幼兒發展研究彙編-0123（頁152-215）。臺北：信誼。

雷庚玲、許功餘（2002）。由「依戀理論」與「氣質理論」分別解析兒童的情緒發展與親子關係。載於雷庚玲、黃世錚和許功餘主編，0～3歲嬰幼兒發展研究彙編──情緒、氣質與親子關係（頁86-163）。臺北：信誼。

廖秀娟（2016）。**幼兒園教師運用臉書於親師溝通之探究**（未出版碩士論文）。朝陽科技大學幼兒保育系，臺中市。

廖俊松（2004）。社區營造與社區參與：金鈴園與邵社的觀察與學習。**社區發展季刊**，107，133-145。

廖鳳瑞（1995）。收視行為與親子互動的關係研究報告。臺北：文化總會
　　電研會。

廖麗雲（2011）。親師溝通從友善開始。**師友月刊，532**，95-97。

翟永麗（2004）。成人教育師資培訓方案成效評估（未出版碩士論文）。
　　國立中正大學，嘉義縣。

臺北市政府教育局（1991）。**臺北市國民中小學推展親職教育實施要點。**
　　2001 年 6 月 30 日，取自 http://miss.taipei.gov.tw/miss/lwh/lwh5-1.asp?
　　textFile=H5125

劉國光（1989）。社會變遷中家庭教育的重要。**社教雙月刊，29**，48-51。

劉焜輝（1983）。親子關係的心理探討及親職教育的有效途徑。載於中國
　　教育學會（主編），**親職教育研究**（頁 69-92）。臺北：華欣文化事
　　業中心。

劉慧月、李長河（2020）。**什麼是社區？**2020 年 9 月 25 日，取自 http://
　　www.ljjh.tc.edu.tw/teach/society/community/__.html

劉燕雯、鄭束芬（2008）。社區資源運用於幼稚園教學之教學紀實——以
　　「浦心探險記」為例。**幼兒教育，289**，39-51。

劉豫鳳（2014）。芬蘭幼兒園親師夥伴關係初探。**幼兒保育學刊，11**，
　　65-79。

滕大春（1990）。**外國教育通史第三卷。**山東：山東教育。

蔡佩君（2019）。**即時通訊 LINE 軟體融入幼兒園親師溝通之研究**（未出
　　版碩士論文）。國立臺北教育大學，臺北市。

蔡春美（1998a）。**走進孩子的世界——父母成長大學有聲教學系列(1)。**
　　臺北：小太陽文化。

蔡春美（1998b）。**愛、教、管三部曲——父母成長大學有聲教學系列(6)。**
　　臺北：小太陽文化。

蔡春美、張訓誥（2010）。**教養子女百寶箱。**臺北：心理。

蔡春美、張翠娥、陳素珍、廖藪芬、陳美君（2020）。**幼兒園教保行政管**

理與實務：幼兒教育體系與運作觀點。臺北：心理。

蔡雅玉（2001）。臺越跨國婚姻現象之初探（未出版碩士論文）。國立成功大學，臺南市。

衛生福利部（2019）。中華民國 107 年兒童及少年生活狀況調查報告兒童篇。臺北市：編者。

衛生福利部（2020）。中華民國 108 年 15-64 歲婦女生活狀況調查報告。臺北市：編者。

衛生福利部統計處（2020）。對兒童及少年施虐者身分別人數統計。取自 https://dep.mohw.gov.tw/DOS/lp-2985-113.html

蕭仲廷（2012）。論家長參與類型與親師溝通。休閒與社會研究，5，63-75。

錢杭（1994）。幼兒心理保健。臺北：五南。

戴曉雯、郭葉珍（2020）。幼兒接受評估前的親師溝通。臺灣教育評論月刊，9（7），155-159。

薛文光（譯）（1990）。Dr. Jeanne Calliham 主講。親子之間——愛的溝通觀看孩子的心靈世界。幼教天地，7，21-41。

謝文全（1993）。學校行政。臺北：五南。

謝文全（2003）。教育行政學。臺北：高等教育。

謝坤鐘（1993）。職業婦女婚姻角色衝突、婚姻適應與婚姻滿足之研究（未出版碩士論文）。中國文化大學，臺北市。

謝明昆、杜雪淇、范筱惠、楊麗娜、鍾海萍（2018）。融合班發展遲緩幼兒生活事件情緒能力之課程影響研究——幼兒園社區融合課程之生態影響——探討融合班課程模式。幼兒教育年刊，29，39-65。

謝若蘭（2008）。聯合國婦女會議與人權。臺灣國際研究季刊，4（2），53-79。

鍾思嘉（1993）。二十一世紀的親職教育。臺北：桂冠圖書。

簡宗堯（2007）。金門縣國小教師對學校運用社區資源意見之研究（未出

版碩士論文）。國立臺灣師範大學，臺北市。

顏之推原著（1999）。**顏氏家訓**。湖南：岳麓書社。

魏美惠（1995）。**近代幼兒教育思潮**。臺北：心理。

蘇建文、林美珍、程小危、林惠雅、幸曼玲、陳李綢、吳敏而、柯華葳、
陳淑美（1991）。**發展心理學**。臺北：心理。

蘇錦麗（2004）。展望我國教育評鑑專業之發展。載於國立臺灣師範大學
教育研究中心主辦之「**教育評鑑回顧與展望學術研討會**」論文集（頁
24-27），臺北市。

❧ 英文部分

Ainsworth, M. D. S. (1979). Infant-mother attachment. *American Psychologist, 34*, 932-937.

Ainsworth, M. D. S. (1989). Attachments beyond infancy. *American Psychologist, 44*, 709-716.

Ainsworth, M. D. S., Blehar, M.C., Waters, E., & Wall, S. (1978). *Patterns of attachment: A psychological study of the strange situation*. Hilladale, NJ: Erlbaum.

Alberts, E., Kalverboer, A. F., & Hopkins, B. (1983). Mother-infant dialogue in the first days of life: An observational study during breast-feeding. *Journal of Child Psychology and Psychiatry, 24*, 145-161.

Austin, E. W. (1990). Effects of family communication on children's interpretation of television. In J. Bryant & J. A. Bryant (Eds.), *Television and the American family* (pp. 377-395). Hillsdale, NJ: Lawrence Erlbaum Associates, Inc.

Aviezer, O., Sagi, A., & van IJzendoorn, M. (2002). Balancing the family and the collective in raising children: Why communal sleeping in Kibbutz was predestined to end. *Family Process, 41*(3), 435-454.

Aviezer, O., Sagi, A., Joels, T., & Ziv, Y. (1999). Emotional availability and attachment representations in kibbutz infants and their mothers. *Developmental Psychology, 35*(3), 811-821.

Bagin, D., Gallagher, D. R., & Moore, E. H. (2001). *The school and community relations.* MA: Allyn & Bacon.

Ballantine, J. H. (1999). Getting involved in our children's education. *Childhood Education, 75*(30), 170-71.

Barglow, P., Vaughn, B. E., & Molitor, N. (1987). Effects of maternal absence due to employment on the quality of infant-mother attachment in a low-risk sample. *Child development, 58*(4), 945-954.

Baumrind, D. (1967). Child care practices anteceding three patterns of preschool behavior. *Genetic Psychology Monographs, 75*, 43-88.

Baumrind, D. (1971). Current patterns of parental authority. *Developmental Psychology Monographs, 4*(l, Pt. 2).

Baumrind, D. (1978). Parental disciplinary patterns and social competence in children. *Youth & Society, 9*(3), 239-276.

Beckwith, L., Cohen, S. E., & Hamilton, C. E. (1999). Maternal sensitivity during infancy and subsequent life events relate to attachment representation at early adulthood. *Developmental Psychology, 35*(3), 693-700.

Bell, R. Q. (1968). A reinterpretation of the direction of effects in studies of socialization. *Psychological Review, 75*, 81-95.

Belsky, J., & Rovine, M. J. (1988). Nonmaternal care in the first year of life and the security of infant-parent attachment. *Child Development, 59*(1), 157-167.

Belsky, J., Fish, M., & Isabella, R. A. (1991). Continuity and discontinuity in infant negative and positive emotionality: Family antecedents and attachment consequences. *Developmental Psychology, 27*(3), 421-431. https://doi.org/

10.1037/ 0012-1649.27.3.421

Benn, R. K. (1986). Factors promoting secure attachment relationships between employed mothers and their sons. *Child Development, 57*(5), 1224.

Bigner, J. J. (1985). *Parent-child relations*. New York, NY: Macmillan.

Boulmetis, J., & Dutwin, P. (2000). *The ABCs of evaluation: Timeless techniques for program and project managers*. San Francisco, CA: Jossey-Bass.

Brody, S. (1956). *Patterns of mothering*. New York, NY: International University Press.

Bronfenbrenner, U. (1979). *The ecology of human development*. Cambridge, MA: Harrard University Press.

Bronfenbrenner, U. (1984). The parent/child relationship and our changing society. In E. L. Arnold (Ed.), *Parents, children and change*. Lexington, Mass.: Lexington Books.

Buckley, W. (1967). *Sociology and modern systems theory*. New York, NY: Prentice-Hall.

Buckley, W. (Ed.) (1968). *Modern systems research for the behavioral scientist*. Chicago, IL: Aldine.

Cassady, A., Diener, M., Isabella, R., & Wright, C. (2001). *Attachment security among families in poverty: Maternal, child, and contextual characteristics*. ED473457, 1-52.

Chisholm, K. (1998). A three year follow-up of attachment and indiscriminate friendliness in children adopted from Romanian orphanages. *Child Development, 69*(4), 1092-1106.

Connell, J. P., & Thompson, R. A. (1986). Emotion and social interaction in the Strange Situation: Consistencies and asymmetric influences in the second year. *Child Development, 57*, 733-745.

Crosby, S. A., Rasinski, T., Padak, N.,& Yildirim, K. (2015). A 3-year study of a school-based parental involvement program in early literacy. *Journal of Educational Research, 108*(2), 165-172.

Cutright, M. J. (1989). *The National PTA talks to parents: How to get the best education for your child.* New York, NY: Doubleday.

De Witt, M. W. (2010). The implementation of community-based care: a case study. *Early Child Development & Care, 180*(5), 605-618.

De Wolff, M. S., & van IJzendoorn, M. H. (1997). Sensitivity and attachment: A meta-analysis on parental antecedents of infant attachment. *Child Development, 68*(4), 571-591.

Deans, C. L. (2020). Maternal sensitivity, its relationship with child outcomes, and interventions that address it: A systematic literature review. *Early Child Development & Care, 190*(2), 252-275.

Department for Education and Skills (2004). *Department for Education and Skills: Five Year Strategy for Children and Learners.* London: TSO.

Dighe, S., & Seiden, J. (2020). Understanding parental engagement in early childhood education in ethiopia: Perceptions, practices, and challenges. *International Journal of Early Childhood, 52*(1), 37-54.

Dinkmeyer, D., & McKay, G. D. (1976). *The parent's handbook: Systematic training for effective parenting.* Minn.: AGS.

Dozier, M., Stovall, K. C., Albus, K. E., & Bates, B. (2001). Attachment for infants in foster care: The role of caregiver state of mind. *Child Development, 72*(5), 1467-1477.

Duberman, L. (1973). Step-kin relationships. *Journal of Marriage and the Family, 35*, 283-292.

Durden, T., Escalante, E., & Blitch, K. (2015). Start with us! Culturally relevant pedagogy in the preschool classroom. *Early Childhood Education Journal, 43*(3), 223-232.

Duvall, E. M. (1977). *Marriage and family development* (5th ed.). Philadelphia, PA: J. B. Lippincott.

Dymacek, R. M. S. (1988). *Parent involvement: relationship of parent participation, and stress, coping, and satisfaction* (Unpublished doctor dissertation). University of Nebraska- Lincoln, Lincoln. UMI No.8974073.

Epstein, J. L. (1986). Parent's reactions to teacher practices of parents' involvement. *The Elementary School Journal, 85*(5), 274-293.

Epstein, J. L. (1987). Parent involvement: What research says to administrators. *Education and Urban Society, 19*(2), 119-136.

Geringer, P. S. (1989). *Development of children's metacognition through parent involvement in higher level thinking activities* (Unpublished doctor dissertation). Seattle University. UMI No. 9009126.

Goldsmith, H. H., Buss, A. H., Plomin, R., Rothbart, M. K., Thomas, A., Chess, S., Hinde, R. A., & McCall, R. B.(1987). Roundtable: What is temperament ? Four approaches. *Child Development, 58*, 505-529.

Groh, A. M., Narayan, A. J., Bakermans, K. M. J., Roisman, G. I., Vaughn, B. E., Fearon, R. M. P., & IJzendoorn, M. H. (2017). Attachment and temperament in the early life course: A meta-analytic review. *Child Development, 88*(3), 770-795.

Hamer, J., & Loveridge, J. (2020). Exploring notions of community in a privately owned early childhood education and care centre in New Zealand. *Early Years: Journal of International Research & Development, 40*(2), 254-266.

Hamilton, C. E.(2000). Continuity and discontinuity of attachment from infancy through adolescence. *Child Development, 71*(3), 690-694.

Hornby, G. (2000). *Improving parental improvement.* New York, NY: Cassell Educational Limited.

Iruka, I. U., Winn, D.-M. C., Kingsley, S. J., & Orthodoxou, Y. J. (2011). Links between parent-teacher relationships and kindergarteners' social skill: Do child ethnicity and family income matter? *Elementary School Journal, 111* (3), 387-408.

Isabella, R. A. (1993). Origins of attachment: Maternal interactive behavior across the first year. *Child Development, 64*(2), 605-621.

Isabella, R. A. (1998). Origins of attachment: The role of context, duration, frequency of observation, and infant age in measuring maternal behavior. *Journal of Social & Personal Relationships, 15*(4), 538-554.

Isabella, R. A. (1999). *Origins of attachment: Infant age as a factor in the measurement of maternal interactive behavior.* Paper presented as part of a symposium entitled New perspectives on the study of maternal care-giving behavior and attachment. At the biennial meeting of the Society for Research in Child Development, Albuquerque, NM.

Ishii-Kuntz, M., Makino, K., Kato, K., & Tsuchiya, M. (2004). Japanese fathers of preschoolers and their involvement in child care. *Journal of Marriage and Family, 66*(3), 779-791.

Karabon, A. (2017). They're lovin' it: How preschool children mediated their funds of knowledge into dramatic play. *Early Child Development & Care, 187*(5/6), 896-909.

Karther, D., & Lowden, F. (1997). The home-school contextual continuum of learning of families characterized as at-risk. *Journal of Early Education and Family Review, 5*(1), 8-13.

Kellaghan, T., Sloane, K., Alvarez, B., & Bloom, B. S. (1993). *The home environment and school learning.* San Francisco, CA: Jossey-Bass Publishers.

Kirkpatrick, D. L. (1975). *Evaluating training programs.* Madison, Wisconsin: American Society For Training and Developmen.

Kochanska, G. (1998). Mother-child relationship, child fearfulness, and emerging attachment: A short-term longitudinal study. *Developmental Psychology, 34*(3), 480-490.

Koehn, A. J., & Kerns, K. A. (2018). Parent-child attachment: Meta-analysis of associations with parenting behaviors in middle childhood and adolescence. *Attachment & Human Development, 20*(4), 378-405.

Koren-Karie, N., Oppenheim, D., Dolev, S., Sher, E., & Etzion-Carasso, A. (2002). Mothers' insightfulness regarding their infants' internal experience: Relations with maternal sensitivity and infant attachment. *Developmental Psychology, 38*(4), 534-542.

Kuhn, M., Marvin, C. A., & Knoche, L. L. (2017). In it for the long haul: Parent-teacher partnerships for addressing preschool children's challenging behaviors. *Topics in Early Childhood Special Education, 37*(2), 81-93.

Lamb, M. E. (1981). The development of father-infant relationships. In M. E. Lamb (Ed.), *The role of the father in child development.* New York, NY: Wiley.

Lareau, A. (1989). *Home advantage: Social class and parental intervention in elementary education.* New York, NY: Falmer Press.

Leerkes, E. M., Nan Zhou, & Zhou, N. (2018). Maternal sensitivity to distress and attachment outcomes: Interactions with sensitivity to nondistress and infant temperament. *Journal of Family Psychology, 32*(6), 753-761.

Lewis, M., Feiring, C., & Rosenthal, S. (2000). Attachment over time. *Child Development, 71*(3),707-720.

Lux, C., & Stephens, L. (2020). Farm to Early Care and Education: Growing Healthy Eaters, Classrooms, and Communities. *Young Children, 75*(1), 76-82.

Manning, L. B. (2019). The relation between changes in maternal sensitivity and attachment from infancy to 3 years. *Journal of Social & Personal Relationships, 36*(6), 1731-1746.

Martinez-Fuentes, M. T., Brito de la Nuez, A. G., & Perez-Lopez, J.(2000). Infant temperament and maternal personality as precursors of attachment security. *Aunario de Psicologia, 31*(1), 25-42.

McElwain, N. L., Holland, A. S., Engle, J. M., & Wong, M. S. (2012). Child anger proneness moderates associations between child-mother attachment security and child behavior with Mothers at 33 months. *Journal of Family Psychology, 26*(1), 76-86.

Minke, K. M., Sheridan, S. M., Kim, E. M., Ryoo, J. H., & Koziol, N. A. (2014). Congruence in parent-teacher relationships. *Elementary School Journal, 114*(4), 527-546.

Moles, O. C. (1996). *Reaching all families: Creating family-friendly schools.* Washington, DC: U. S. Department of Education, Office of Education.

Moran, P., Ghate, D., & van der Merwe, A. (2004). *What works in parenting support? A review of the international evidence (RR574).* London: Department for Education and Skills. Retrieved from: http://www.prb.org.uk/wwiparenting/RR574.pdf

Nathanson, A. I. (1999). Identifying and explaining the relationship between parental mediation and children's aggression. *Communication Research, 26*(2), 124-143.

Nitecki, E. (2015). Integrated school-family partnerships in preschool: Building-quality involvement through multidimensional relationships. *School Community Journal, 25*(2), 195-219.

Owen, M. T., & Cox, M. J.(1989). Maternal employment and the transition to parenthood. In A. E. Gottfried & A. W. Gottfried (Eds.), *Maternal employment and children's development: Longitudinal studies* (pp. 85-119). New York, NY: Plenum.

Papousek, H., & Paponsek, M. (1983). Biological basis of social interactions:

Implications of research for an understanding of behavioural deviance. *Journal of Child Psychology and Psychiatry, 24*, 117-129.

Park, K. J. (2001). Attachment security of 12 month old Korean infant: Relations with maternal sensitivity and infants' temperament. *Early Child Development & Care, 167*, 27-38.

Pederson, D. R., & Moran, G. (1995). A Categorical description of infant-mother relationships in the home and its relation to Q-sort measures of infant-mother interaction. In E. Waters, B. E. Vaughn, G. Posada, & K. Kondo-Ikemura (Eds.), Caregiving, Cultural, and Cognitive Perspectives on Secure-Base Behavior and Working Models: New Growing Points of Attachment Theory and Research (pp. 111-132). *Monographs of the Society for Research in Child Development, 60*(2-3, Serial# 244).

Posada, G. E., Trumbell, J. M., Lu, T., & Kaloustian, G. (2018). III. The organization of attachment behavior in early childhood: Links with maternal sensitivity and child attachment representations. *Monographs of the Society for Research in Child Development, 83*(4), 35-59.

Powell, D. R. (2005). Searches for what works in parenting interventions. In T. Luster, & L. Okagaki (Eds.), *Parenting: An Ecological Perspective* (pp. 343-373). Mahwah, NJ: Lawrence Erlbaum Associates.

Presley, R., & Martin, R. P. (1994). Toward a structure of preschool temperament: Factor structure of the temperament assessment battery for children. *Journal of Personality, 62*(3), 415-448.

Pugh, G. (1989). Parents and professionals in preschool service: Is partnership possible? In S. Wolfendale (Ed.), *Parental involvement: Developing networks between school, home and community* (pp. 1-19). New York, NY: Cassell Educational Limited.

Ree, M., Alvestad, M., & Johansson, E. (2019). Hallmarks of participation - children's conceptions of how to get access to communities in Norwegian Early Childhood Education and Care (ECEC). *International Journal of Early Years Education, 27*(2), 200-215.

Rimm-Kaufman, S. E., & Kagan, J. (2005). Infant predictors of kindergarten behavior: The contribution of inhibited and uninhibited temperament types. *behavioral Disorders, 30*(4), 331-347.

Robson, K. S., & Moss, H. A. (1971). *Bethoesda, Maryland: Child Research Branch, NIMH.* Unpublished findings as cited in H. F. Harlow.

Sameroff, A. J. (1986). Environmental context of child development. *Journal of Pediatrics, 9*, 192-200.

Sarason, S. B. (1995). *Parental involvement and the political principle.* San Francisco, CA: Jossey-Bass.

Scarr, S. C. (1992). Developmental theories for the 1990s: Development and individual differences. *Child Development, 63*, 1-19.

Scharf, M. (2001). A natural experiment in childrearing ecologies and adolescents' attachment and separation representations. *Child Development, 72*(1), 236-251.

Scher, A., & Mayseless, O. (2000). Mothers of anxious/ambivalent infants: Maternal characteristics and child-care context. *Child development, 71*(6), 1629-1639.

Schiamberg, L. B. (1988). *Child and adolescent development.* New York, NY: Macmillan.

Seifer, R., Schiller, M., Sameroff, A. J., Resnick, S., & Riordan, K.(1996). Attachment, maternal sensitivity, and infant temperament during the first year of life. *Developmental Psychology, 32*(1), 12-25.

Shaffer, D. R. (1989). *Developmental psychology.* California, CA: Brooks/Cole Publishing Company.

Silvern, S. (1985). Parent involvement and reading achievement: A review of re-search and implications for practice. *Childhood Education, 62*(1), 44-50.

Smith, C., Perou, R., & Lesesne, C. (2002). Parenting education. In M. H. Bor-nstein (Ed.), *Handbook of parenting, V. 4* (pp. 389-409). Mahwah, NJ: Er-lbaum.

Spring, K. W., & Stegelin D. A. (1999). *Building school and community partner-ships through parent involvement.* New Jersey: Prentice-Hall, Inc.

Sroufe, L, A., & Waters, E. (1977). Attachment as an organizational construct. *Child Development, 48*(4), 1184-1199.

Stern, D. (1977). *The first relationship: Infant and mother.* Cambridge, MA: Har-vard University Press.

Stevenson-Hinde, J., & Shouldice, A. (1995). Maternal interactions and self-reports related to attachment classifications at 4.5 years. *Child Develop-ment, 66*(3), 583-596.

Stevenson-Hinde, J., Chicot, R., Shouldice, A., & Hinde, C. A. (2013). Maternal anxiety, maternal sensitivity, and attachment. *Attachment & Human Devel-opment, 15*(5/6), 618-636.

Stifter, C. A., Coulehan, C. M., & Fish, M. (1993). Linking employment to attachment: The mediating effects of maternal separation anxiety and inter-active behavior. *Child Development, 64*(5), 1451-1460.

Stufflebeam, D. L., & Shinkfield, A. G. (1985). *Systematic evaluation.* Boston: Kluwer- Nijhoff.

Susman-Stillman, A., Kalkoske, M., Egeland, B., & Waldman, I. (1996). Infant temperament and maternal sensitivity as predictors of attachment security. *Infant Behavior and Development, 19*(1), 33-47. https://doi.org/10.1016/ S0163-6383(96) 90042-9

Sussell, A. et al. (1996). Building a parent/school partnership. *Teaching Excep-*

tional Children, 28(40), 53-57.

Tan, E. S., McIntosh, J. E., Kothe, E. J., Opie, J. E., & Olsson, C. A. (2018). Couple relationship quality and offspring attachment security: A systematic review with meta-analysis. *Attachment & Human Development, 20*(4), 349-377.

Tchudi, S., & Lafer, S. (1996). *The interdisciplimary teacher's handbook: A guide to integrated teaching across the curriculum.* Portsmouth, NH: Boynton / Cook Publishers.

U.S. Department of Education (2002). *No Child Left Behind: A Desktop Reference.* Washington, DC: Author.

Vaughn, B. E., Stevenson-Hinde, J., Waters, E., Kotsaftis, A., Lefever, G. B., Shouldice, A., Trudel, M., & Belsky, J. (1992). Attachment security and temperament in infancy and early childhood: Some conceptual clarifications. *Developmental Psychology, 28*(3), 463-473.

Vygotsky, L. (1978). *Mind in society: The development of higher psychological processes.* Cambridge, MA: Harvard University Press.

Wagonseller, B. R. (1992). *Strategies for developing a positive parent-school partnership.* Las Vegas, NV: University of Nevada. (ERIC Document production Service No. ED 349665)

Walberg, H. J. (1984). Family as partners in educational productivity. *Phi Delta Kappa, 65,* 363-368.

Weinfield, N. S., Srouf, L. A., & England, B. (2000). Attachment from infancy to early adulthood in a high-risk sample: Continuity, discontinuity, and their correlates. *Child Development, 71*(3), 703-706.

Wolfendale, S. (1989). *Parental involvement: Developing networks between school, home and community.* London: Cassell Educational Limited.

Wolfendale, S. (1992). *Working for children: Empowering parents and teachers.*

London: Cassell Educational Limited.

Worthen, B. R., & Sanders, J. R. (1987). *Educational evaluation: Alternative approaches and practical guidelines*. New York, NY: Longman.

Yetmar, J., Uhlenberg, J., May, C. R., & Traw, R. C. (2006). Rescuing the child-care center: One community's efforts to manage change through generating and coordinating resources. *Early Childhood Education Journal, 33*(4), 269-272.

國家圖書館出版品預行編目（CIP）資料

幼兒園、家庭與社區：親職教育的規劃與實施／
洪福財，涂妙如，翁麗芳，陳麗真，蔡春美著.
--初版.--新北市：心理出版社股份有限公司，2021.03
面；公分.--（幼兒教育系列；51214）

ISBN 978-986-191-942-3（平裝）

1. 親職教育　2. 家庭與學校　3. 學校與社區

528.21　　　　　　　　　　　　　　　110000698

幼兒教育系列 51214

幼兒園、家庭與社區：親職教育的規劃與實施

審 閱 者：洪福財
作　　者：洪福財、涂妙如、翁麗芳、陳麗真、蔡春美
執行編輯：高碧嶸
總 編 輯：林敬堯
發 行 人：洪有義
出 版 者：心理出版社股份有限公司
地　　址：231026 新北市新店區光明街 288 號 7 樓
電　　話：(02) 29150566
傳　　真：(02) 29152928
郵撥帳號：19293172　心理出版社股份有限公司
網　　址：https://www.psy.com.tw
電子信箱：psychoco@ms15.hinet.net
排 版 者：辰皓國際出版製作有限公司
印 刷 者：辰皓國際出版製作有限公司
初版一刷：2021 年 3 月
初版二刷：2022 年 5 月
Ｉ Ｓ Ｂ Ｎ：978-986-191-942-3
定　　價：新台幣 500 元